全国高等教育自学考试指导委员会／中国市场学会

全国高等教育自学考试工商企业管理专业（品牌管理方向）指定教材
中国品牌管理岗位水平证书考试

# 服务品牌管理
# Service Brand Management

（附考试大纲）

主　编◎王淑翠
副主编◎杨　敏　汤筱晓

全国高等教育自学考试工商企业管理专业（品牌管理方向）教材编写委员会

经济管理出版社
ECONOMY & MANAGEMENT PUBLISHING HOUSE

图书在版编目（CIP）数据

服务品牌管理/王淑翠主编. —北京：经济管理出版社，2011.3
ISBN 978-7-5096-1302-3

Ⅰ.①服… Ⅱ.①王… Ⅲ.①企业管理—商业服务 Ⅳ.①F274

中国版本图书馆 CIP 数据核字（2011）第 036494 号

出版发行：经济管理出版社
北京市海淀区北蜂窝 8 号中雅大厦 11 层
电话：(010)51915602　　邮编：100038
印刷：三河市海波印务有限公司　　经销：新华书店

| 组稿编辑：勇　生 | 责任编辑：璐　栖 |
| 责任印制：杨国强 | 责任校对：曹　平 |

720mm×1000mm/16　　13.75 印张　　254 千字
2012 年 5 月第 1 版　　2012 年 5 月第 1 次印刷
定价：28.00 元
书号：ISBN 978-7-5096-1302-3

·版权所有　翻印必究·

凡购本社图书，如有印装错误，由本社读者服务部
负责调换。联系地址：北京阜外月坛北小街 2 号
电话：(010)68022974　　邮编：100836

总顾问：成思危　俞晓松　陈佳贵
顾　问：戴家干　刘军谊　徐二明　高德步　高　闯
总主编：高铁生
总副主编：郭冬乐　王　莉　沈志渔

# 编委会

主　任：张世贤
副主任：赵宏大　杨世伟　郑祖辉　勇　生
编委会委员（按姓氏笔画排序）：

　　　　丁俊杰　丁桂兰　卫军英　王淑翠　刘光明　孙文清
　　　　张世贤　张树庭　李易洲　李桂华　杨世伟　沈志渔
　　　　勇　生　赵宏大　徐莉莉　郭海涛　高　闯　焦树民
　　　　魏中龙

# 专家指导委员会

**主　任**：郭冬乐

**副主任**：赵宏大

**委　员**（按姓氏笔画排序）：

丁俊杰　中国传媒大学学术委员会副主任、国家广告研究院院长、教授、博士生导师

丁桂兰　中南财经政法大学工商管理学院教授

万后芬　中南财经政法大学工商管理学院教授

卫军英　浙江理工大学文化传播学院教授

王方华　上海交通大学安泰管理学院院长、教授、博士生导师

王永贵　对外经济贸易大学国际商学院副院长、教授、博士生导师

王淑翠　杭州师范大学副教授

王稼琼　北京物资学院院长、教授、博士生导师

甘碧群　武汉大学商学院教授

白长虹　南开大学国际商学院教授

乔　均　南京财经大学营销与物流管理学院院长、教授

任兴洲　国务院发展研究中心市场经济研究所所长、研究员

刘光明　中国社会科学院研究生院教授

吕　巍　上海交通大学教授、博士生导师

孙文清　浙江农林大学人文学院教授

庄　耀　广东物资集团公司董事长、党委书记

纪宝成　中国人民大学校长、教授、博士生导师

许敬文　香港中文大学工商管理学院教授

吴波成　浙江中国小商品城集团股份有限公司总裁

宋　华　中国人民大学商学院教授、博士生导师

宋乃娴　中房集团城市房地产投资有限公司董事长

张士传　中国国际企业合作公司副总经理

# 服务品牌管理

**专家指导委员会**

| | |
|---|---|
| 张云起 | 中央财经大学商学院教授 |
| 张世贤 | 中国社会科学院研究生院教授、博士生导师 |
| 张永平 | 中国铁通集团有限公司总经理 |
| 张昭珩 | 威海蓝星玻璃股份有限公司董事长 |
| 张树庭 | 中国传媒大学MBA学院院长、BBI商务品牌战略研究所所长、教授 |
| 张梦霞 | 首都经济贸易大学工商管理学院副院长、教授、博士生导师 |
| 李　飞 | 清华大学中国零售研究中心副主任、教授 |
| 李　蔚 | 四川大学工商管理学院教授 |
| 李天飞 | 云南红塔集团常务副总裁 |
| 李先国 | 中国人民大学商学院教授、管理学博士 |
| 李易洲 | 广东商学院教授 |
| 李桂华 | 南开大学商学院教授 |
| 杨世伟 | 中国社会科学院工业经济研究所编审、经济学博士 |
| 杨学成 | 北京邮电大学经济管理学院副教授、管理学博士 |
| 汪　涛 | 武汉大学经济与管理学院教授、博士生导师 |
| 沈志渔 | 中国社会科学院研究生院教授、博士生导师 |
| 周　赤 | 上海航空股份有限公司董事长、党委书记 |
| 周　南 | 香港城市大学商学院教授 |
| 周勇江 | 中国第一汽车集团公司副总工程师 |
| 周济谱 | 北京城乡建设集团有限责任公司董事长 |
| 洪　涛 | 北京工商大学经济学院贸易系主任、教授、经济学博士 |
| 荆林波 | 中国社会科学院财经战略研究院副院长、研究员、博士生导师 |
| 赵　晶 | 中国人民大学商学院副教授、管理学博士后 |
| 徐　源 | 江苏小天鹅集团有限公司原副总经理 |
| 徐二明 | 国务院学位委员会工商管理学科评议组成员，中国人民大学研究生院副院长、教授、博士生导师 |
| 徐从才 | 南京财经大学校长、教授、博士生导师 |
| 徐莉莉 | 中国计量学院人文社会科学学院副教授 |
| 晁钢令 | 上海财经大学现代市场营销研究中心教授 |
| 涂　平 | 北京大学光华管理学院教授 |
| 贾宝军 | 武汉钢铁（集团）公司总经理助理 |
| 郭国庆 | 中国人民大学商学院教授、博士生导师 |
| 高　闯 | 国务院学位委员会工商管理学科评议组成员，首都经济贸易大学校长助理、教授、博士生导师 |

| | |
|---|---|
| 高德康 | 波司登股份有限公司董事长 |
| 黄升民 | 中国传媒大学广告学院教授 |
| 彭星闾 | 中南财经政法大学教授、博士生导师 |
| 焦树民 | 中国计量学院人文社会科学学院副教授 |
| 董大海 | 大连理工大学管理学院副院长、教授、博士生导师 |
| 蒋青云 | 复旦大学管理学院市场营销系主任、教授、博士生导师 |
| 谢贵枝 | 香港大学商学院教授 |
| 裴长洪 | 中国社会科学院经济研究所所长、研究员、博士生导师 |
| 薛　旭 | 北京大学经济学院教授 |
| 魏中龙 | 北京工商大学商学院教授 |

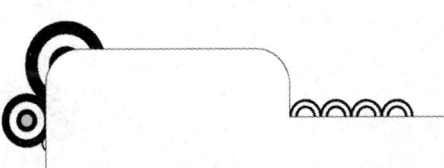

# 前 言

面对日益激烈的竞争格局，中国企业发现，是否拥有"品牌"已关系到企业的生存与发展，参与市场竞争就必须打造"品牌"，形成自己的核心竞争力。但是，中国企业目前仍面临着对品牌管理专业人员的巨大需求与品牌管理专业人员严重短缺的突出矛盾。为了解决这一矛盾，多渠道、多层次、多方面加快复合型实用人才的培养，促进企业持续、健康的发展，教育部考试中心与中国市场学会决定，在全国共同实施中国品牌管理岗位水平证书考试（Brand Management Accreditation Test，BMAT）。

中国品牌管理岗位水平证书考试分为初级、中级、高级三个级别。初级证书包括品牌管理学、品牌公共关系与法律实务、品牌质量管理、品牌营销管理、服务品牌管理、品牌传播管理6门课程（含实践环节），取得以上6门课程单科合格证者，可获得"中国品牌管理岗位（初级）水平证书"。中级证书包括品牌形象与设计、品牌价值管理、品牌案例实务3门课程（含实践环节），取得以上3门课程单科合格证并通过企业品牌管理案例研究报告评审者，可获得"中国品牌管理岗位（中级）水平证书"。高级证书包括品牌战略管理、品牌危机管理、品牌国际化管理3门课程（含实践环节），取得以上3门课程单科合格证、具备3年以上工作经验并通过企业品牌管理案例研究报告评审及答辩者，可获得"中国品牌管理岗位（高级）水平证书"。

中国品牌管理岗位水平证书单科考核合格，可以在全国高等教育自学考试工商企业管理专业（品牌管理方向）（专科、独立本科段）中获得相应课程的学分。

凡在市场营销、广告策划、产品管理、公关策划、品牌管理等领域工作或希望从事相关工作的人员，均可自愿选择不同级别证书的考试。中国品牌管理岗位水平证书考试报名资格没有学历、专业等方面的限制，也不需要逐级报考。

本课程既是中国品牌管理岗位水平证书考试的课程，又是高等教育自学考试工商企业管理专业（品牌管理方向）的课程，详见网站 www.chinanb.org.cn 和 www.bmat.org.cn。

由于这套教材的编写时间仓促，难免有不妥之处，敬请读者批评指正！

教育部考试中心
中国市场学会品牌管理专业委员会

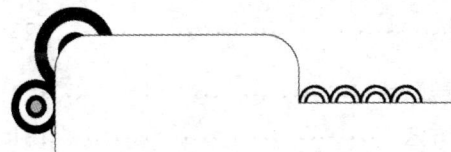

# 目 录

**第一章 绪论** ········································································· 1
　第一节　一般品牌 ································································· 2
　第二节　服务品牌 ································································ 12

**第二章 相关概念和理论** ······················································ 23
　第一节　公司品牌 ································································ 24
　第二节　品牌化维度 ···························································· 33

**第三章 品牌化模型** ····························································· 49
　第一节　品牌化模型 ···························································· 50
　第二节　内部化和外部化的关系 ·········································· 56
　第三节　公司品牌内涵的根源 ·············································· 61
　第四节　公司品牌外部化过程 ·············································· 64

**第四章 服务品牌创建过程** ·················································· 73
　第一节　服务品牌创建过程文献综述 ··································· 74
　第二节　战略视角的公司品牌创建过程 ······························· 84
　第三节　价值视角的服务品牌创建过程 ······························· 92

**第五章 创建服务品牌的其他支持要素** ······························· 109
　第一节　品牌创建需要内外结合 ········································ 110
　第二节　品牌创建需要内部营销导向的企业文化 ··············· 112
　第三节　品牌创建需要流程型组织结构 ···························· 115
　第四节　品牌创建需要企业社会责任 ································ 118

## 第六章 服务质量管理 ·············· 127
### 第一节 服务质量的内涵及其研究发展阶段 ·········· 128
### 第二节 服务质量的模型构建及测量方法 ··········· 131

## 第七章 内部服务质量管理和外部服务质量管理 ········ 143
### 第一节 内部服务和外部服务的关系 ············ 144
### 第二节 内部服务质量管理 ················ 148
### 第三节 外部服务质量管理 ················ 154

## 第八章 内部营销 ····················· 167
### 第一节 员工重要性 ··················· 168
### 第二节 内部营销理念及实施 ·············· 170

## 第九章 关系营销 ····················· 179
### 第一节 顾客重要性 ··················· 180
### 第二节 利益相关者理论 ················· 182
### 第三节 关系营销理念及实施 ··············· 186

## 参考文献 ························ 195

## 后 记 ·························· 201

## 附：中国品牌管理岗位水平证书考试《服务品牌管理》考试大纲 ······ 203

# 第一章 绪论

## 学习目标

**知识要求** 通过本章的学习,掌握:

- 一般品牌的定义
- 品牌权益的相关研究内容
- 服务品牌的发展状况
- 服务品牌创建的特殊性

**技能要求** 通过本章的学习,能够:

- 理解品牌的功能
- 懂得如何管理品牌权益
- 了解服务不同于商品的特殊性
- 学会从内部管理中创建服务品牌
- 如何实现内外部沟通的一致性

## 学习指导

1. 本章内容包括:了解一般品牌的定义,品牌权益的内容,服务品牌发展状况以及服务品牌创建的特殊性等。

2. 学习方法:独立思考,抓住重点;与同学讨论品牌的含义与功能;讨论服务品牌管理的特殊性;举例分析周围的服务品牌管理现状,并力求发现其不足和误区等。

3. 建议学时:4学时。

## 第一节 一般品牌

周末有空去好友阿哲家,阿哲是公司的项目经理,一套两居室的公寓在海边的28层。客厅里一套喜梦宝的蓝白格子布艺沙发,简单而素雅,最新款的康佳银色外壳的时尚彩电摆放在原木矮柜上,宜家的纸艺地灯旁是整排的CD和书,墙角摆放着景德镇的青花瓷、西安的兵马俑、巴厘岛的木马和云南的蜡染、银饰……餐桌旁的海尔小王子冰箱里整齐地摆放着新鲜的青岛啤酒、伊利纯牛奶、黑松汽水和可口可乐……

卧室里,Esprit的苏格兰格子床单别致大方,靠墙的宜家布制衣橱里,金利来衬衫、Boss西服、耐克运动装、Levi's牛仔裤、纪凡希T恤挂得整整齐齐,衣橱边的写字桌上,正在整理资料的联想笔记本电脑旁边是阿哲最喜欢的一支黑色万宝龙笔、Zippo打火机和555香烟……整洁的卫生间摆放着吉列剃须刀、大卫杜夫CoolWater香水、沙宣洗发水、斑点狗的牙杯里薄荷味的高露洁牙膏和牙刷、蓝白相间的Esprit毛巾和浴衣……

和好友阿哲一样,我们生活在一个真实而多元的品牌世界里……

资料来源:品牌的塑造与提升. www.wenku.baidu.com.

**思考题:**

1. 你是否和阿哲一样生活中离不开品牌商品?
2. 品牌可以为阿哲带来哪些感受和满足?

### 一、品牌定义

与营销学里其他领域的研究一样,品牌定义显得过多。"太多的定义使得比较、整合和累积发现变得困难。"(Kollat et al., 1970)结果,"非结论性的、模糊的或者矛盾的发现成了普遍现象而非例外"(Jacoby, Kyner, 1973)。除此之外,尽管Churchill(1979)呼吁"研究者必须精确到概念结构,具体化到明确'什么是和什么不是其中内容'的程度",但是,学者们还是没有发展出品牌结构和它的边界，品牌理论依然迷失。

  Leslie de Chernatony, Francesca Dall'Olmo Riley（1998）通过文献分析，在对20位领先的品牌顾问访谈的基础上，深入研究了品牌构造，提出了一个多维度结构的品牌概念，总结出与消费者行为和心理需求相匹配的品牌功能和情感价值。他们采用Churchill（1979）和Singh（1991）的建议，进行了全面的品牌定义文献回顾，然后搜寻相似的主题并归类，更好地定义了品牌结构和边界。通过20位领先品牌顾问对这些解释的集中访谈和描述，总结出当前和未来的品牌主题。这些主题从重点关注品牌的符号性质转移到关注有关企业功能和情感价值的品牌含义，体现了和顾客搜寻表现和心理价值相匹配的整合观点。在100多篇贸易和学术期刊里的有关品牌文献中，分析发现超过80%的文章是在20世纪80年代和90年代发表的，在80年代末和90年代初对品牌价值和资产的研究兴趣浓厚，而在20世纪90年代中期，讨论的焦点是"品牌之死"。作为文献分析结果，提炼出了12个有关品牌定义的主题：

（1）合法手段。
（2）标识。
（3）公司名称。
（4）速记器。
（5）风险降低器。
（6）身份识别系统。
（7）消费者心中的形象。
（8）价值系统。
（9）个性。
（10）关系。
（11）附加价值。
（12）进化实体。

  这种分类并不是互相排斥的，有一定的交叉关系。研究结果得到了消费者行为学者、战略学者和营销学者的支持，下面对这些品牌主题逐一进行介绍。

1. 合法手段

  最简单的说法，品牌被定义为"所有人的合法声明"（Crainer，1995），或者被作为"区别合法所有人的标识"（Broadbent和Cooper，1987），《牛津词典》中的定义是"被商标标志的某种或某类商品"，这是品牌的最初含义。品牌代表着投资者和相关后续的企业可以得到合法身份和法律保护，品牌的合法化即为商标，作为一项重要的资产，其价值在于保护和防止模仿者侵权的能力（Simonson，1994）。法律虽然为商标所有者提供了保护机会，但看着相似的标识依然不在法律保护范围之内。

2. 标识

最早来自于美国营销协会 1960 年的品牌定义:"品牌是一个名称、术语、标记、象征、设计,或是它们的联合体,目的在于明确卖方的产品或服务,并将其与竞争者的产品或服务区分开来。"品牌标识和可视特征可作为产品差异化的基础。

美国营销学家菲利普·科特勒为品牌下的定义是:品牌就是一个名字、称谓、符号或设计,或是上述的总和,其目的是要使自己的产品或服务有别于其他竞争者的产品或服务。广告大师奥格威对品牌的定义:品牌是一种错综复杂的象征,它是品牌属性、名称、包装、价格、历史、声誉、广告风格的无形组合,品牌也因消费者的印象和体验而形成和受到影响。

3. 公司名称

由于品牌之间的竞争加剧和营销成本不断增长,一个便于识别的公司身份变得很重要(Economist,1994)。通过从公司名字发展出品牌权益,产品线成为公司个性得以延伸的载体,正如 Barclays 从实践中也证明了全部金融产品与服务通过使用 Barclays 名字而获取到了额外的市场份额。这指出首席执行官们需要对公司品牌的健康负责(Vick,1993),因为公司名称作为品牌的优势就在于通过品牌向利益相关者传递一致的信息并获得了一致的关注,如果公司信誉不好,就会因此而感染公司旗下的各个产品形象继而影响到所有产品的市场业绩。

4. 速记器

对顾客而言,品牌是功能和情感特征的速记器,唤起记忆中的信息和快速做出购买决策。Brown(1992)认为"品牌名字是人们拥有的或多或少的全部心理的联想"。因为品牌名字提供了记忆的捷径(Jacoby et al.,1977),购物时间紧张的顾客更习惯去购买他们认识的品牌。这种速记器的解释让大家认识到,各种营销活动整合为顾客的认识从而形成了品牌本身。然而,从战略视角看,这却不能帮助营销者去分析和明确品牌的哪些属性和品牌名字有联系且更重要。

5. 风险降低器

当消费者购买产品和服务时,他们认识到有购买风险的存在,对感知风险的认识可以帮助营销者通过管理品牌来灌输给消费者自信(Assael,1995)。例如,承诺一致的质量保证则让品牌降低了消费者的购买风险。这个主题和"品牌概念是组织和消费者之间的契约"有关联(Staveley,1987;Kapferer,1995)。

### 6. 身份识别系统

持"分解"视角而强烈批判"把品牌视为合法工具和标识"（Mcwilliam, 1993）的学者是 Kapferer（1992），他认为品牌是整合的术语，"品牌不是产品，它是产品的本质，是意义、方向和身份。太多的品牌被看作是产品的某个构成部分：品牌名字、标识、设计、包装、广告、赞助者、形象、名字识别、最近的财务方面的品牌估价，等等。真正的品牌管理，始于战略和整合的远景，它的中心概念是品牌身份（Identity），而不是品牌形象（Image）"。"品牌作为标识"的定义和 Kapferer 的观点是两个极端，前者是逐条罗列创造品牌的必要元素（Kotler, 1996），后者则强调了品牌身份是有关六个方面的结构：文化、个性、自主发射（Selfprojection）、骨架、反映、关系。Kapferer 的贡献在于强调了品牌整合概念比产品其他的各个构成部分更加重要。品牌身份在发展品牌定位方面也是实践者强调的主题（Olins, 1989; Smytheetal, 1992; Bona, 1994; Burke, 1994; Haggin, 1994; Prinz, 1994; Wilson, 1994; Balmer, 1995; Aaker, 1996）。发展品牌身份不仅可以抵御竞争者，还可以使企业获得持久的经济收入（Fornbrun and Shanley, 1990）。对品牌身份系统的细致管理有助于管理者强化消费者对品牌的理解，还可以沟通和其他利益相关者的品牌价值，是一个更具战略性的手段（Diefenbach, 1992）。品牌身份系统的定义的缺陷在于过于依赖企业的投入活动，因为品牌身份与企业需要的定位相关，而不是如何被顾客感知，即品牌形象。

### 7. 消费者心中的形象

Boulding（1956）是意识到形象的商业重要性的最早的学者之一，他认为人们是对他们认知的现实作出反应，而不是对真实的现实作出反应。这提出了一个关于"现实"的有趣的哲学问题。尽管 Boulding 不能更深刻地解释这个问题，但他的贡献在于引起了对特定的感知理论和认知心理的关注，用来解释对相同刺激所产生的差异化反应行为。基于此，Martineau（1959）定义品牌为"在消费者心中的关于功能和心理特性的形象"。"以消费者为中心的视角"的品牌意义得到了 Newman（1957）的关于"品牌形象是人们联想到的有关品牌的一切"和 Pitcher（1985）的"品牌是消费者对产品的想法"观点的验证。无数的例子说明了品牌概念和消费者的心理相联系（Joyce, 1963; Arnold, 1992; Keller, 1993）。简洁的定义，如 Keeble（1991）"当品牌和消费者联系起来时，品牌才成为品牌"。采用品牌形象的定义使管理者面临了如何改变顾客观点和顾客感知的挑战。由于品牌身份和品牌形象的不一致性很突出，促使管理者不得不以改变战略来实现一致性；另外，从品牌身份视角管理品牌则强调员工对所有利益相关者采取一致行动的问题，而有效的品牌管理需要平衡供应商行为和顾客感知之间的关系。Gardner 和 Levy（1955）的定义在双价的品牌身份——品牌形象视角中得到了表达："一个品牌名字比表达产品差异化的标签更丰富，它是代表了许多想法和属性的复杂的符号。它说出了消费者的很多东西，不仅包括说出来的（它能表达出来的文字含义），更重要的是借助联系的实体，在一段时间内建立和获得了一个公众目标。"这个定义的优点是，通过平衡品牌身份和品牌形象，管理者能更好地避免 Kapferer（1992）提到的两个缺陷。这既不会依赖于消费者希望品牌如何形成的观点（过于民主），也不会因为没有注意到能改变的部分而限制了品牌的形成（过于教条）。Park（1986）等人明确提出品牌概念和品牌形象的关系可以通过品牌终生来管理，先选择一个普通的品牌概念（功能的、符号的或者体验的），然后介绍、阐述和加固品牌概念。

8. 价值系统

品牌管理是价值管理（Pringle 和 Gordon，2001），创建品牌就是要创造价值。营销领域对价值的理解之一就是消费者价值（Consumer Values）（Peter 和 Olson，1990），指消费者需要的、有用的且重要的东西，是对产品的一般且客观的评价，和产品利益（Product Benefits）的概念相对应。如果一个品牌要持续繁荣，它必须要有规律地调整品牌个性中的价值部分以同步跟随顾客的需求变化。消费者价值是一个随时代而改变的概念，为了研究方便，可以把消费者价值分为核心价值和边缘价值。Rohan（2000）讨论了价值的优先顺序，认为"人们的价值优先顺序会反映出他们对环境变化的反应"，例如女性服装价值中的庄重和时尚，时尚会不断改变，是边缘价值，而庄重是核心价值，决定了特定的审美标准。环境变化的规律性追踪会让管理者重新评估品牌中价值的持续性。Peter Doyle（2001）提出面向股东价值的品牌管理，认为品牌管理要做好四项工作：①一个强烈的消费者价值主张；②有效地整合企业的其他资源以创造资产；③定位在一个具有充分吸引力的市场上（不断创造利润）；④为了最大化品牌的长期现金流价值而所做的管理（让股东受益）。当管理者致力于这四个决定性因素时，他们就能够强化品牌价值和发展更有效的营销战略。

9. 个性

尽管品牌个性这个名词很早就有学者提出过（Gardner 和 Levy，1955），但一直以来，品牌个性理论的研究进展比较缓慢。自从 20 世纪 80 年代 Sirgy（1982）提出任何品牌或产品都应该具有个性，以及 Aaker（1997）运用心理学中的"大五"人格理论模型对品牌个性维度进行探索性研究以来，国内外众多学者开始涉足品牌个性的研究，并且品牌个性已经成为营销学、心理学研究领域的焦点之一。品牌个性（又称品牌人格）作为一个较新的专业术语，既根植于心理学的经典人格理论，又体现了品牌所特有的人格特征（Milas 和 Mlacic，

2007）。虽然很早就有学者运用人格的定义对品牌个性进行定义，但学术界对品牌个性概念界定还存在一些分歧。其中最主要的分歧表现为品牌个性与品牌形象的关系，这种分歧导致品牌个性定义分为两大派系。20世纪80年代以前，大部分学者认为品牌个性就是品牌形象，并将品牌形象定义为"购买者人格的象征"（Birdwell，1968；Freling 和 Forbes，2005），甚至有一部分学者直接将品牌个性与品牌形象统称为"品牌性格"（Bellenger，Earle 和 Wilbur，1976）。20世纪90年代，品牌研究学者开始以品牌个性概念本身及其与个性之间的关系为切入点，借鉴人格理论进行品牌个性维度的研究。基于不同人格理论的借鉴，品牌个性维度研究主要集中于两个方面：其一是基于人格类型论的品牌个性维度，其二是基于人格特质论的品牌个性维度。

10. 关系

令人尊敬的品牌个性是构建消费者和品牌之间关系的前提条件（Dufoff，1986；Woodward，1991）。品牌关系是品牌个性自然的延伸（Blackston，1992），品牌被赋予个性，消费者不仅能感知到，而且愿意与品牌建立关系（Kapferer，1992；Blackston，1993）。换句话说，消费者不仅对品牌可以形成态度，而且品牌对消费者也可以有自己的态度。这种互相尊重个性的关系会通过频繁购买产生更密切的联系和更强烈的态度。美国快递就是通过品牌关系成功定位自己"不仅是每个人的名片"，他还宣传自己能提供身份、权威和持卡人的权利。随着关系营销的重要性不断增加，Arnold（1992）提出AMA的定义应修正为"品牌是消费者和产品关系的表达"。于是，在关系构建的视角下，一个成功的品牌将在顾客和公司间具有某种特别的关系（Mckenna，1991）。

11. 附加价值

附加价值在文献中被用作差异化品牌、获得竞争优势的手段，并且可能产生一个合理的高价格。Jones（1986）和 King（1973）都把附加价值定义为超越产品功能性特征的非功能性利益，这需要和经济学视角下的"附加价值链模型"（Durand，1993）区别开来，未来的研究会呈现在消费者行为相关的文献中。Jones（1986）认为附加价值是品牌定义中最重要的部分，它能区分一个产品和一个品牌："品牌是能够提供功能性利益的产品和能让消费者认为值得购买的附加价值的综合。"同样，其他观点也指出品牌被购买是因为消费者能够通过核心产品和服务感知到更多的利益，"一个具体的产品、服务、人或者地点被某种方式组合到一起，让购买者和使用者感受到一种可以满足他们需要的独一无二的利益"（de Chernatony，1994）。品牌被认为是产品的附加价值，也就是"附加的产品"。

## 12. 进化实体（Evolving Entity）

许多学者（Young 和 Rubicam，1994；Goodyear，1996）按照品牌进化进行了分类，Goodyear（1996）按品牌演化的时间顺序分为：第一个阶段，"无品牌商品"（Unbranded Commodities）；第二个阶段，"参照物"（References）用在同类商品上，特别在 B2B 领域中流行；第三个阶段，"品牌个性"（Personality）在产品利益外提供了情感诉求，这三个阶段，重点都在从工厂向消费者转移；第四个阶段，消费者拥有了品牌，需要"图标内容"（Icon Connotations）；第五个阶段，"品牌作为公司"，聚焦于渗透到组织中的一组"品牌价值"；第六个阶段，"品牌作为政策"，名称代表了和消费者相关的社会和政策主题，如"Body Shop"。

阅读材料

### 2010 年度"世界品牌 500 强"排行榜揭晓

2010 年度"世界品牌 500 强"排行榜日前在纽约揭晓，美国的"脸谱"（Facebook）从 2009 年的第 10 名跃居第一位，苹果（Apple）从 2009 年的第 13 名晋升至第二，2009 年的"冠军"微软（Microsoft）位居第三；中国内地有 17 个品牌入选，其中中央电视台、中国移动、工商银行和国家电网跻身前 100 名。

此份榜单由世界品牌实验室编制。世界品牌实验室由 1999 年诺贝尔经济学奖得主罗伯特·蒙代尔教授担任主席，致力于品牌评估、品牌传播和品牌管理，其专家和顾问来自哈佛大学、耶鲁大学、麻省理工学院、牛津大学、剑桥大学等世界著名学府。

世界品牌实验室专家组成员、哈佛大学商学院市场系教授约翰·戴腾博士表示，连续 7 年发布的"世界品牌 500 强"排行榜的评判依据是品牌的世界影响力，即品牌开拓市场、占领市场并获得利润的能力，排行榜按照市场占有率、品牌忠诚度和全球领导力三项指标对世界级品牌进行了评分。

2010 年"世界品牌 500 强"排行榜涉及的国家共计 28 个，其中美国占"500 强"中的 237 席，比 2009 年少 4 席；法国以 47 个品牌数位居第二；日本以 41 个品牌排名第三。入选品牌数量前十名的国家还有英国、德国、瑞士、中国、意大利、荷兰和瑞典。中国入选的 17 个品牌中还包括海尔、联想、中国银行、中国人寿、长虹、中国石油、华为、中国国际航空、中国石化、中国中化、人民日报、青岛啤酒和中国电信。

2010 年的"500 强"入选品牌覆盖了 49 个小行业，传统媒体以 37 个品牌入选保持着行业第一,但总体排名下滑;消费品领域的食品与饮料行业有32个品牌入选居第二,与去年相同;紧随其后的是汽车与零件及零售行业,分别有27个和26个品牌入选。

资料来源:中国17个品牌入选2010年度世界五百强.北京:中国新闻网,www.cs.com.cn,2010年12月24日.

## 二、品牌权益

自20世纪80年代末美国营销科学研究院以"品牌权益"(Brand Equity)为主题召开会议后,它便成为营销学文献中讨论最激烈的议题之一。品牌权益代表了上述品牌观点在内的更丰富的含义。西方学术界都认同Farquhar为品牌权益归纳的概括性定义:"与没有品牌的产品相比,品牌给产品带来的超越其使用价值的附加价值或附加利益。"但是,对这个概念的进一步操作却出现了差异化。美国营销科学院认为品牌权益是"品牌的顾客、渠道成员、母公司等对于品牌的联想和行为,这些联想和行为使产品可以获得比在没有品牌名称条件下更多的销售额和利润,同时赋予品牌超越竞争者强大、持久和差别化的竞争优势"。Shocker等从两种角度界定品牌权益,即从消费者角度将其定义为产品物理属性所不能解释的在效用、忠诚和形象上的差异;从企业角度将其定义为有品牌的产品与没有品牌的产品相比获得的超额现金流。Aaker认为品牌权益指"与品牌、名称和标识等相关的一系列资产或负债,可以增加或减少通过产品或服务给企业或顾客带来的价值"。并指出品牌权益包括品牌忠诚、品牌认知、感知质量、品牌联想、其他专有资产(如专利、商标、渠道关系等)五个方面,这些资产提供给企业多种利益和价值。Keller提出基于顾客的品牌权益概念(Customer-Based Brand Equity),认为品牌之所以对企业和经销商等有价值,根本原因在于品牌对顾客有价值。因此,品牌权益本质上是由于顾客头脑中已有的品牌知识导致的顾客对品牌营销活动的差别化反应,包括品牌识别、品牌含义、顾客对品牌营销行为的反应及顾客与品牌之间的关系四个方面。Kevin Lane和Keller(2003)认为企业借助品牌知识对外部公众产生影响,品牌知识是多维度的概念,包括认知(类别识别和品牌带来的需要和满足)、属性(使品牌名字、产品本质或非本质不同的描述性特征)、利益(和品牌的产品属性相连的个人价值和意义)、形象(抽象或具体的可视信息)、想法(个人对品牌相关信息的认知反应)、感受(个人对品牌相关信息的情感反应)、态度(对品牌相关信息的总结性判断和整体评价)、体验(购买和消费行为与其他品牌相关事件)。Paul A. Argenti和Bob Druckenmiller(2003)认为品牌权益由品牌知晓、品牌态度、品牌道德三部分构成,品牌权益和价值权益、关系权益构成了品牌选择，并借助顾客终身价值实现顾客权益。

Millward Brown 的品牌权益框架提供了对不同品牌优点和价值的有效评估。他提出了品牌"金字塔"（The Brand Pyramid），把品牌联想（Brand Associations）划分为五个层次，由低到高的各层次分别为：展示（顾客熟悉品牌承诺）、关联（忠诚的消极驱动，如果人们不喜欢或不需要，则没有关联）、表现（品牌表现为可接受，符合类别标准）、优势（和竞争者不同的受欢迎的特点）、连接（高度认可品牌属性，对品牌偏好的关系）。

营销科学学会（简称MSI）的品牌权益定义是"品牌消费者、渠道成员和母公司的一组能够比较没有品牌名字而使品牌获得更多利润的联想和行为，另外，提供了一个强壮的、持续的和不同的优势"（Srivastava 和 Shocker，1991）。MSI 的定义体现了与消费者和渠道成员相关的品牌管理视角，并且更密切地联系了品牌的附加价值来理解成功品牌（de Chernatony 和 Mcdonald，1998）。有关品牌权益的几种概念如表 1-1 所示。

表 1-1 研究者如何概念化品牌权益

| Aaker (1991) | Keller (1993) | Sharp (1995) | Paul A. Rgenti, Bob Druckenmiller (2003) | Berry (2000) | Yoo 和 Donthu (2001) |
|---|---|---|---|---|---|
| 品牌知晓 品牌联想 品牌忠诚 感知质量 | 品牌知晓 品牌形象 | 公司/品牌知晓 品牌形象（或者公司/品牌名誉） 顾客关系/现存顾客特权 | 品牌知晓 品牌态度 品牌美德 | 品牌知晓 品牌意义 | 品牌知晓/联想 品牌忠诚 感知质量 |

资料来源：作者根据文献自己整理。

我国学者对品牌权益的理解也不尽相同。范秀成教授认为，品牌权益是企业以往在品牌方面的营销努力产生的赋予产品或服务的附加价值。符国群认为品牌权益是附于品牌之上，能够在未来为企业带来额外收益的顾客关系。卢泰宏归纳了"基于消费者的概念模型"、"基于市场的品牌力概念模型"和"财务会计概念模型"来理解品牌权益。于春玲和赵平强调品牌权益的消费者基础，认为品牌权益是"消费者对企业营销活动在认知、情感、行为意向、行为方面的差别化反应"。张传忠认为品牌权益能够给顾客和企业带来不同于产品的特别价值或利益，但是，品牌权益不等于这些特别价值或利益，而是能够产生这些特别价值或利益的有价值的"能量"。由于品牌与企业营销策略之间的相互作用，应该根据综合程度（广义与狭义）、贡献周期（长期与短期）、市场属性（质量与数量）等方面的差异清晰界定品牌权益的边界。

除了对品牌权益做概念化研究和定性分析外，学者也尝试发展测量程序和工具。但往往由于定义不同,很难产生统一的测量程序。Done Schultz（2005）认为应该从消费者权益测量转到利益相关者权益测量,品牌不只是连接了顾客,也是发展和利益相关者的关系的纽带。利益相关者是除了顾客之外关系企业生存发展的重要利益团体,企业和他们的关系好坏、信任程度、风险责任分担等会直接影响企业的盈利和发展。

Aaker（1991）的品牌权益观点影响重大,但是他没有发展一个有效与可靠的尺度,部分因为品牌评估的重大意义（Aaker 和 Biel,1993）,没有统一的被认可的方法来测量品牌权益（Barwise,1993；Mackay,2001；Vazquez,Delrio 和 Inglesias,2002),另外,提出了几个不同的品牌权益定义,产生了不同的测量程序（Simon 和 Sullivan,1993；Kamakura 和 Russell,1993；Park 和 Srinivasan,1994；Agarwal 和 Rao,1996）。

品牌认知（Brand Awareness）被 Agarwal,Rao（1996）和 Mackay（2001）否定作为一个品牌权益及测量的证据,认为这和市场份额不相关,品牌认知不能实现 MSI 定义中"增长的数量"这一条件。

## 阅读材料

### 锦江之星盈利能力排名经济型酒店最强

据商务部和中国饭店协会的统计,我国目前已经拥有经济型酒店连锁品牌100多个,其中拥有5间门店或500间客房以上的连锁品牌约40个。竞争加剧致使去年全国经济型酒店平均出租率下降了7%,平均房价也下降了5%。以上海为例,经济型酒店平均房价从202元跌至178元,平均出租率从96%降至89%。锦江之星去年的净利润水平逆市上扬,这应该归功于其管理能力、规模效应和品牌影响力。目前,锦江之星在全国60多个城市拥有近1.7万间客房。"十强榜"上排名第二的是如家快捷酒店连锁,所拥有客房数与锦江之星相差700多间,第三名是莫泰酒店连锁,它拥有的客房数比如家快捷酒店连锁少近5000间。

资料来源：http://biz.ppsj.com.cn.

## 第二节 服务品牌

### IBM 的服务品牌

美国 IBM 公司何以能成为世界计算机业的巨子？IBM 的品牌何以成为价值百亿的世界名牌？该公司的副总经理罗杰斯指出："IBM 是以顾客市场为导向，绝非技术。"该公司的口号是"IBM 就是最佳服务"。他们以服务为企业经营的最高准则，为客户提供优质、完善的服务，公司规定，"对任何抱怨或疑难，必须在 24 小时之内给予解决"。

美国人大都记得纽约城大停电事故。华尔街停电，纽约和美国证券交易所都关闭了，银行、公司一片混乱。IBM 纽约分部紧急动员，每一个人都忘我地投入工作，争取把客户的损失降到最低限度。在 25 小时的停电期间，户外的气温达华氏 95 度左右，空调、电梯、照明都停止了。而 IBM 的工作人员却不辞劳苦地为顾客服务，他们爬过的大楼包括有 100 多层的世界贸易中心大楼。

位于亚特兰大的兰尼公司使用的 IBM 主机发生了故障，IBM 公司在 12 小时之内请来 8 位专家，其中 4 位来自欧洲，一位来自加拿大，一位从拉丁美洲赶来，他们及时地为客户排除了故障。

IBM 就是这样不惜代价，为用户提供优质的服务直到用户满意为止。正是这些优质的服务使 IBM 的产品名扬四海，使 IBM 的用户遍及五洲，使 IBM 这一品牌 100 多年来长盛不衰。

资料来源：案例赏析——IBM 的服务品牌. www.8835.com, 2007 年 9 月 25 日。

**思考题：**
1. 你认为 IBM 是商品品牌还是服务品牌？理由是什么？
2. 如何理解 IBM 品牌和公司业绩之间的关系？

### 一、服务品牌创建研究的滞后

当前对服务品牌不断增长的认识是"承诺"（E.G. Berry 2000；Ward, Light

和 Goldstine 1999；Mistry 1998；Ambler 和 Styles 1996）。Ambler 和 Styles（1996）认为品牌是"关于购买到的一组属性的承诺，可以是实的或虚的，理性的或情感的，有形的或无形的"，一些服务品牌的营销者把品牌也视为承诺，像商品品牌管理那样，通过广告提升顾客预期，投在内部沟通、确保员工理解和一致性地传递服务上的努力却很少。今天，许多理论框架论及顾客对品牌所想和所做的反应，然而大多涉及的是商品，很少考虑服务品牌（Turley 和 Moore，1995；Van Riel et al.，2001），相比较于服务业所创造的价值大约占发达经济国家国内生产总值的 2/3 的经济现状（Lovelock，Vandermerwe 和 Lewis，1999），服务品牌在世界顶级的 60 大品牌中只占 23% 的管理现状令人担忧（Clifton 和 Maughan，2000）。在服务品牌的管理上，一直借鉴商品品牌管理的思想（Aaker 和 Joachimsthaler，2000）。有关品牌的解释众多（de Chernatony 和 Dall'Olmo Riley，1998），其中一个被广泛接受的观点是"品牌是一些功能价值和情感价值的集合"。对商品品牌管理而言，就是研究顾客的需要然后开发一个加工过程和作为品牌价值基础的沟通战略；在服务部分，由于服务产品的无形性和人员参与性，在形成品牌价值方面有很多因素会产生重大影响，需要更多关注（Heskett，1987；Zeithaml 和 Bitner，2003）。然而，实践中和理论上鉴别服务品牌及品牌化维度方面的研究甚少。

阅读材料

### 万豪酒店：人服务于人

万豪酒店管理集团最基本的理念是"人服务于人"，这有两方面的含义：公平对待每一位员工，同时重视员工的感受，让他们体会到"家"的感觉。万豪近 50% 的管理人员是从公司内部提拔的，公司的职位空缺要优先考虑内部员工。只有内部没有合适的人选，才从社会上招聘，而向外招聘时，提供的薪资水平一般高出行业平均水平的 50%~75%，这不仅是在考虑了市场的可接受度，而且也是在考虑了员工能否接受后做出的。酒店是典型的服务业，万豪认为只有公司对员工好，员工才会对客人好。

万豪有五个系统保证其旗下的酒店真正实施"人服务于人"的理念。第一，员工如果有意见，可以直接寄信给万豪在美国总部的总裁办公室，万豪下属的酒店都有一个写给总裁的信件的信箱。第二，员工也可以通过热线电话给总裁办公室打电话，总裁办公室会及时处理这些电话。第三，每年万豪都会聘请一家第三方公司为其他下属的酒店做匿名的员工满意度调查，集团通过这种方式真正了解下属酒店员工对公司、对领导或者管理满不满意。第四，万豪还有一个称为 Peer Review 的系统，这个系统类似于美国的陪审团制度，即当员工遇到一些问题的时候，除了找上级领导或者酒店总经理外，还可以通过这个系统寻求公平、公开、公正的对待，即员工可以拒绝由其上级对其面临的问题进行决策，他可以申请由具备一定资格的员工组成一个委员会来决定，而且委员会的决策将是最终决策。第五，每年万豪亚太的总部还会对所有旗下酒店的人力资源系统进行审查，此审查不仅包括检查酒店的大堂、公司文件以及各种系统的运作，而且还包括与经理和普通员工之间的面谈，聆听他们对酒店有些什么意见和看法。

万豪不相信惩罚的作用，而相信奖励的作用。公司设有两个主要奖项："最卓越员工奖"和 Alice S. Marriott Award for Community Service，颁给那些对工作或者当地社会做出了杰出贡献的个人和集体。得到这两个奖，在万豪是至高无上的荣誉。

资料来源：万豪酒店：人服务于人．北京：亚太人力资源网，http://www.chinahrd.net，2006 年 2 月 27 日．

## 二、服务品牌创建特殊性

Levy（1996）等提出成功的服务品牌概念和创建原则与快速消费品品牌的原则是一样的，都必须传递功能性和情感性价值，这些原则包括产品定义、清晰的产品利益识别、品牌差异化、消费者动机、产品优势的测量。由于服务品牌和产品品牌在运营上强调的重点不同，所以将有形产品的品牌模型应用到服务品牌就会产生一些问题（O'Cass 和 Grace，2003）。这些新问题到底是什么？如何解决？文献并没有给出具体答案。

随着研究的进一步推进，员工在服务管理中的特殊性得到关注和研究。如 Machay（2001）和 Jones et al.（2002）认为产品品牌和服务品牌在实施中有很大差异，将创建商品品牌方式应用到服务业需要做出调整，因为员工和顾客在传递和增强公司服务品牌方面扮演着重要角色（Mcdonald et al.，2001）。内部营销也被提出并应用到服务员工的管理中，希望能借助员工满意推动顾客满意。Mcdonald，de Chernatony 和 Harris（2001）提出公司识别要求超越传统的 4P 营销组合，应再增加 6 个 P：哲学、个性、人、表现、感知和定位。公司品牌为品牌定位提供一个战略重点，使不同的宣传计划保持一致，提高员工对服务组织的理解，帮助统一员工的行为。服务品牌需要更多的内部营销，要求通过招聘、培训、教育员工去传递品牌承诺，消费者与许多不同部门的员工互动产生不同的品牌体验。总而言之，服务品牌需要内部化品牌和组织文化的支持。de Chernatony et al.（2003）通过对 20 个资深专家进行深度访谈后得出结论，服务品牌需要更多的组织文化和内部化品牌，组织需要跨职能团队以及一个强烈的以顾客为导向支持品牌内涵以及价值共享的企业文化。服务品牌会因为员工的恶劣行为而消失不见，而不是因为顾客。招聘、教育和培训员工是关键因素，以此确保员工能传递品牌承诺。

Leslie de Chernatony 和 Susan Segal-Horn（2001）指出，尽管产品和服务部分的品牌概念是一样的，但服务品牌战略的执行却是不同的（de Chernatony 和 Dall'Olmo Riley，1999），同样需要外部导向，寻找市场机会，发展和支持可持续的独特的个性化品牌定位。但是，服务品牌需要内部视角，因此招聘的新员工的价值必须符合公司的价值，员工能理解并兑现品牌承诺，与品牌定位保持一致性。在服务品牌化中，公司内部的认可和公司外部的认可一样多。内部一致性和全部接触点的体验管理是重要的。在品牌推广给顾客之前，要先推广给员工。管理者要建立一种文化，能够体现品牌价值，并鼓励员工支持品牌。

国内较早研究服务品牌的当属南开大学的范秀成教授，他的"顾客体验驱动的服务品牌建设"从服务的过程属性出发，阐述了服务企业品牌建设的焦点应该是顾客体验的观点，并探讨了通过塑造顾客体验来创建服务品牌的策略，具体来说包括重视顾客体验的开发与设计、明确体验的主题、品牌的内部化、改进和完善经营管理系统。这篇论文在国内最早探讨了体验和服务品牌建设的关系。之后，范秀成教授和白长虹教授等又提出了"基于顾客感知价值的服务企业品牌管理"的观点，认为品牌之所以对企业有价值，其根本原因是它对于顾客有价值，即顾客感知价值，是顾客评价服务质量和企业关系质量的标准，并分析了基于顾客价值和服务特性来加强服务品牌建设的策略方法。其中首次提出了"建立企业品牌主导的品牌组合"、"创造强烈的组织联想"、"使用全方位的品牌要素"等公司品牌的内涵，并再次强调了"品牌内部化"。中南财经政法大学的刘雁妮和刘新燕从顾客感知服务质量角度探讨了服务品牌化建设，其中也提到了"公司品牌为主导"、"品牌内部化"等观点。中国农业大学的陆娟博士探讨了服务品牌忠诚的形成机理，从服务质量到顾客体验到顾客忠诚逐级驱动，强调了服务质量和顾客体验是服务品牌建设中的直接驱动因素。波士顿咨询公司的副总裁麦维德认为中国的品牌建设明显落后于世界，服务品牌建设落后于制造业；在服务品牌建设方面就是要"建立服务优势"；服务优势建立需要六个步骤：对整个服务过程负起责任、确保各部门及其员工都能充分扩大品牌的价值、使用弹性策略来应对关键时刻、利用客户信息来改进服务过程、实行品牌细分战略、利用服务的优势来涉足新的领域。综合概括上述学者的观点，在服务品牌建设中有内部化、全员参与、过程管理、员工重要性、公司形象等方面的新主题，与商品品牌建设的主题明显不同，需要进行更系统、深入的研究和阐述。而零售业的公司品牌研究基本是空白,只有笔者前期发表的两篇文献。在前期积累的基础上,笔者希望能够继续填补和丰富该研究领域,尽量全面系统地分析和论证零售业的公司品牌的本质和运行规律,为管理者和学者提供富有价值的理论和实践的指导。

综上所述,这些文献研究结果首先明确了服务品牌创建不同于商品品牌创建过程,需要结合服务产品的特征进行设计和开发。其次为后续研究提供了几个努力的方向,如员工管理、组织文化建设、品牌内部化等,但如何进行具体操作却没有涉及。这种研究现状明显落后于今天繁荣的服务经济社会的发展需要,尤其对较发达的服务产业如零售业、银行和酒店等行业的管理的指导力度不够,服务管理和品牌建设理论相对匮乏。

### 考试链接

1. 记住品牌定义中的不同主题,掌握品牌权益,理解服务品牌的特殊性。
2. 服务品牌和商品品牌在品牌主题上,有哪些需特别关注的内容?

### 案例分析

#### 洲际酒店投资品牌和员工

一手重塑洲际酒店集团品牌,一手储备未来人才,在经济低迷期,除了积极投资于品牌价值的提升,集团也强化了对员工的培训。

——柏思远(洲际酒店集团大中华区执行总裁)

洲际酒店集团是世界上最大的酒店品牌管理集团。从其全球业务来看,主要有特许经营、管理和拥有(或者出租)酒店三种商业模式。在中国市场,洲际酒店集团主要扮演酒店管理者的角色,对业主输出品牌和管理,帮助其获得最大的财务回报。

自1984年北京丽都假日饭店开张以来,洲际酒店集团进入中国市场已经25年。洲际酒店集团不仅是第一家进入中国市场的国际酒店集团,也是在华规模最大的国际酒店集团。旗下的中档酒店品牌——假日酒店及度假村、快捷假日酒店,豪华商务酒店品牌——皇冠假日酒店及度假村,奢华酒店品牌——洲际酒店及度假村,已先后进入中国市场,并在各自的细分市场处于领先地位。在世博会开幕之际,集团旗下的精品时尚生活品牌——英迪格酒店,也将首度落户黄埔江畔。

根据对本地客户的理解,集团调整了旗下各酒店品牌的服务标准和产品配置，确保该品牌既保持全球一致性，又能满足中国客户的特殊需求。以快捷假日酒店品牌为例，客房大小均为中国客户量身打造；早餐不是西方人喜欢的肉桂卷，而提供粥与面条等中国传统食物。

与本地酒店经营者相比，洲际酒店集团的优势在于——"我们是国际品牌"。集团旗下的各个酒店品牌都拥有全球知名度，当国际游客或商务人士来到中国，他们会首选自己熟知的酒店品牌。

由于全球性经济危机对旅游市场的打击，整个中国的酒店行业都受到一定影响。洲际酒店集团充分利用这次机会，继续投资品牌建设和员工培训，使自身变得更加强大。

目前，集团旗下的假日酒店品牌正经历酒店行业史上规模最大、耗资10亿美元的品牌重塑计划。假日酒店品牌创建于1952年，经历50多年的岁月洗礼，这个品牌无论是品牌标识给人的感觉还是酒店内的装饰风格都显得陈旧。为了给住客新的审美享受、满足客户新的住宿体验需求，全球的假日品牌家族酒店将在未来的一段时间内分阶段地重塑品牌形象，从而进一步提升品质及品牌同一性。这次的品牌重塑包括：全新的服务承诺、重新设计的客人抵店体验、全新的客房设计，以及重新设计的品牌标志性的睡床及淋浴产品。此外，所有酒店在顺利完成了重新包装后，将挂上全新的具有现代感的假日酒店品牌标识。

在中国市场，已有超过三分之一的假日品牌酒店完成了品牌重塑计划，业已开业的70家假日品牌酒店和新近开业及筹备开业的50余家假日品牌酒店预计将在2010年底全部完成品牌重塑计划。

在经济低迷期，除了积极投资于品牌价值的提升，集团也强化了对员工的培训。

洲际酒店集团按照全球通行的酒店标准，针对员工的不同需求，开发了不同层次的培训课程，如入职培训、在职培训、高级管理人才培训、未来人才储备培训等。集团为每一位员工制订个人发展计划（Personal Development Plan）。每个员工都很清楚酒店内岗位、级别的设置以及自己目前所处的层级。员工根据自己将来的发展方向和需要，选择适合自己的培训项目。这个计划每年都要进行评估并且更新，所有的培训项目均由具备丰富实战经验的管理者担任主要教学工作。

为拓展未来人才储备，洲际酒店集团已与国内各高校合作，在全国11个城市成立了25所洲际酒店集团英才培养学院，作为培养未来领导层的平台。在接受酒店管理课程的同时，学员还要学习洲际酒店集团的企业文化与管理模式，这使他们在毕业后能更快地进入角色。

"如果在这个世界上有一个地方最适合发展酒店业,那就是亚洲,而亚洲又属中国最好。"柏思远经常对人说这句话。经济危机不会改变洲际酒店集团在中国市场的长期发展策略,总部会一如既往地对中国市场投入更多资源和支持。

资料来源:经理人:洲际酒店投资品牌和员工. 浙江:中国饭店网,www.ch-ra.com,2009年11月3日.

**问题讨论:**

1. 洲际酒店在品牌管理方面采取了哪些不同于商品品牌管理的手段和措施?
2. 这样做的效果如何?为什么?

## 本章小结

和营销学里其他领域的研究一样,品牌定义显得过多。Leslie de Chernatony, Francesca Dall'Olmo Riley(1998)通过文献分析和聚焦20位领先的品牌顾问向品牌构造迈进了一步,提出了一个多维度结构的品牌概念,认为品牌是与消费者的行为和心理需要相匹配的企业的功能和情感价值。具体说,有12种功能和定义:合法手段、标识、公司名称、速记器、风险降低器、身份识别系统、消费者心中的形象、价值系统、个性、关系、附加价值、进化实体。自20世纪80年代末以来,"品牌权益"得到了营销学者的关注,一般认为,品牌权益是指"与没有品牌的产品相比,品牌给产品带来的超越其使用价值的附加价值或附加利益"。但是,对这个概念的进一步操作却出现了差异化,值得进一步研究和统一。

本章首先明确了服务品牌创建不同于商品品牌创建过程,需要结合服务产品的特征进行设计和开发。然后为后续研究提供了几个努力方向,如员工管理、组织文化建设、品牌内部化等。这些研究现状明显落后于今天繁荣的服务经济社会的发展需要,尤其对较发达的服务产业如零售业、银行和酒店管理等行业的指导力度不够,服务管理和品牌建设理论研究相对不足。

### 服务产品的特性

要做到对服务产品有效管理,首先需要熟悉服务的五个特性:

1. 不可感知性（Intangibility）：是由学者最先提出的服务的最基本特征。它的定义可以从两个不同的层次来理解。首先，它指出服务若与有形的消费品或产业用品比较，服务的特质及组成服务的元素，很多时候都是无形无质的，让人不能触摸或凭肉眼看见其存在。同时，它还指服务不仅其特质是无形无质，甚至使用服务后的利益也很难被察觉，或是要等一段时间后，享用服务的人才能感觉到利益的存在。

2. 不可分离性（Inseparability）：有形的产业用品或消费品在从生产、流通到最终消费的过程中，往往要经过一系列的中间环节，生产与消费的过程具有一定的时间间隔。而服务则与之不同，它具有不可分离的特征，是指服务的生产过程与消费过程同时进行，也就是说服务人员提供服务给顾客时，也正是顾客消费服务的时刻，二者在时间上不可分离。

3. 品质差异性（Heterogeneity）：指服务的构成成分及其质量水平经常变化，很难统一界定。这是因为服务行业是以"人"为中心的产业，由于人类个性的存在，使得对于服务的质量检验很难采用统一的标准。一方面，由于服务人员自身因素的影响，即使同一服务人员所提供的服务也可能会有不同的水准；另一方面，由于顾客直接参与服务的生产和消费过程，于是顾客本身的因素（如知识水平、兴趣和爱好等）也直接影响服务的质量和效果。

4. 不可储存性（Perishability）：基于服务的不可感知性和不可分离性，使得服务不可能像有形的消费品和产业用品一样被储存起来，以备未来出售；而且消费者在大多数情况下，亦不能将服务携带回家安放。当然，提供服务的各种设备可能会提前准备好，但生产出来的服务如不当时消费掉，就会造成损失（如车船的空位）。不过，这种损失不像有形产品损失那样明显，它仅表现为机会的丧失和折旧的发生。

5. 所有权的不可转让性（Absence Ownership）：指在服务的生产和消费过程中很少涉及所有权转移。

从服务的五个特性的分析来看，不可感知性是服务的最基本特征。而其他特征都是从这一特征派生出来的。事实上，正是因为服务的不可感知性，亦即无形性，它才不可分离。而差异性，不可储存性和缺乏所有权在很大程度上是由不可感知性和不可分离性两大特征所决定的。这些不同于有形产品的特征是影响服务产品营销管理的根本因素。

### 品牌排名是如何算出来的

千家品牌实验室每月发布的品牌指数就包括行业品牌排名,当然除了品牌排名还包括品牌的详细得分指标分析,也就是直观地告诉用户这些分数是如何计算出来的,这一点很重要,可以帮助客户了解每个品牌差别,甚至帮助客户理解品牌的内涵。品牌排名并不是简单地列出一个名次就可以了,而是要提供佐证这一名次的相关依据,没有详细数据作为支持的品牌排名其实也是站不住脚的。

表1-2 品牌指数

| | 大项 | 总分 | 小项 | 分数 |
|---|---|---|---|---|
| 静态指标 | 品牌识别 | 500 | 品牌设计 | 100 |
| | | | 品牌文化 | 100 |
| | | | 品牌最高荣誉 | 100 |
| | | | 品牌历史 | 100 |
| | | | 品牌国际化与资本化 | 100 |
| | 品牌实力 | 500 | 信息化建设 | 100 |
| | | | 品牌布局(渠道建设一) | 100 |
| | | | 分销渠道(渠道建设二) | 100 |
| | | | 客户拓展 | 100 |
| | | | 市场份额 | 100 |
| 动态指标 | 品牌活跃力 | 500 | 平面媒体 | 100 |
| | | | 网络媒体 | 100 |
| | | | 搜索力 | 100 |
| | | | 展会参与 | 100 |
| | | | 研讨活动 | 100 |
| | 口碑 | 500 | 产品应用消息 | 100 |
| | | | 企业荣誉 | 100 |
| | | | 企业公民行为 | 100 |
| | | | 用户推荐度/满意度 | 100 |
| | | | 网络用户反馈度 | 100 |
| | | | 负品牌现象 | -100~0 |
| 品牌指数总分 | | | | 2000 |

品牌指数包括静态指标和动态指标，一共21项，这21项中的10项属于静态指标，另外11项属于动态指标，除了负品牌现象总分为-100~0分外，其余每个指标项的总分是100分，这样品牌指数的实际总分将达到2000分。

品牌指数系统通过品牌监测后台录入品牌在每个月的详细数据，并按月发布行业列入监测范围的品牌的得分数据，包括了各个指标的得分、总分和排名，排名按总分由高到低排列就生成了品牌排名，这也就是品牌排名的来源。因此我们可以这样定义品牌排名：一个行业内的品牌根据品牌指数总分排列的名次，就是品牌排名。由于品牌指数只监测行业里的前50个品牌，因此品牌排名也不会超过50。

# 第二章 相关概念和理论

## 学习目标

**知识要求** 通过本章的学习，掌握：

- 公司品牌的定义
- 公司品牌化的内涵和意义
- 品牌化维度的含义和构成

**技能要求** 通过本章的学习，能够：

- 理解服务品牌和公司品牌的关系
- 理解公司品牌的产生及意义
- 了解各种品牌化维度的构成
- 学会从内部管理中创建公司品牌

## 学习指导

1. 本章内容包括：了解公司品牌的定义；公司品牌化的含义和意义；服务业的公司品牌化趋势以及品牌化维度等。
2. 学习方法：独立思考，抓住重点；与同学讨论公司品牌的含义与功能；讨论服务业的公司品牌化趋势；评价分析周围企业的公司品牌管理状况，发现不同行业的不同品牌化维度。
3. 建议学时：4学时。

## 服务品牌管理

# 第一节 公司品牌

### 世界零售之王——沃尔玛

沃尔玛公司（Wal-Mart）由美国零售业的传奇人物山姆·沃尔顿先生于1962年在阿肯色州成立。经过40多年的发展，沃尔玛公司已经成为美国最大的私人雇主和世界上最大的连锁零售企业。目前，沃尔玛在全球开设了6600多家商场，员工总数180多万人，分布在全球14个国家。每周光临沃尔玛的顾客达1.75亿人次。

沃尔玛的年销售额相当于全美所有百货公司的总和，而且至今仍保持着强劲的发展势头。至今，沃尔玛已拥有2133家沃尔玛商店，469家山姆会员商店和248家沃尔玛购物广场，遍布美国、墨西哥、加拿大、波多黎各、巴西、阿根廷、南非、中国、印度尼西亚等国家。它在短短几十年中有如此迅猛的发展，不得不说是零售业的一个奇迹。

沃尔玛提出"帮顾客节省每一分钱"的宗旨，实现了价格最便宜的承诺。沃尔玛还向顾客提供超一流服务的新享受。公司一贯坚持"服务胜人一等、员工与众不同"的原则。走进沃尔玛，顾客便可以亲身感受到宾至如归的周到服务。除此之外，沃尔玛还推行"一站式"购物新概念，顾客可以在最短的时间内以最快的速度购齐所有需要的商品，正是这种快捷便利的购物方式吸引了现代消费者。

此外，虽然沃尔玛为了降低成本，一再缩减广告方面的开支，但对各项公益事业的捐赠上，却不吝金钱、广为人善。有付出便有收获，沃尔玛在公益活动上大量的长期投入以及活动本身所具有的独到创意，大大提高了品牌知名度，成功塑造了品牌在广大消费者心目中的卓越形象。

资料来源：智库百科，http://wiki.mbalib.com/wiki/%E6%B2%83%E5%B0...

**思考题：**
1. 你信任沃尔玛品牌还是信任其经营的不同品牌的商品？
2. 沃尔玛经营的各种商品中，是否有让你特别偏爱的独家品牌？
3. 沃尔玛提供的所有商品和服务中，什么让你更喜欢？为什么？

## 一、公司品牌定义

公司品牌（Corporate Brand）是近十年来产生的新概念，相关概念和定义较多，本书仅就这个领域的几个重要学者的观点进行介绍。David A.Aaker（2004）明确了公司品牌（更一般的说法，组织品牌）的定义为"组织联想"（Organizational Associations）。当然，组织联想和产品品牌相关，但是公司品牌的数量、力度和可信度将比品牌可视部分大得多，一个公司品牌隐含丰富的传统、资产/能力、人、价值/优越性、当地/全球的参考框架、公民项目、业绩记录等丰富内容：

（1）传统：那些奋斗过的品牌都有历史传统，值得研究，公司品牌的传统要比产品品牌丰富得多。

（2）资产和能力：向市场传递了一种价值和创造能力。

（3）人：尤其在服务型公司，构成了公司品牌形象的基础。如果员工表现出了积极投入、对顾客的兴趣、授权、反应性和竞争性，公司品牌就会得到更多的尊重、喜欢和忠诚。雅芳（Avon）、四季（Four Seasons）等都有能定义出公司品牌的突出的员工个性，特别是公司可视的代言人，他们代表了公司的全部员工。

（4）价值和优势：一组价值和优势以及它们的结合成为商业战略的基础。一些企业建立成本驱动文化用来支持公司的价值主张，另外一些通过传递卓越的顾客体验创造顾客价值。创新、质量和顾客关怀等常被视为公司品牌的驱动器，特别值得研究和关注。

（5）当地/全球导向：这个特征影响顾客关系，尽管一些公司企图走两条路线，但最好选择其一。当地化指公司适合当地环境和顾客，提供至少两种利益，一是让顾客为该公司的声望感到自豪并选择购买；二是企业提供一种表现、感觉和适合当地文化的品牌定位。全球化指有全球视野、远景和目标，如果公司具备潜在优势以树立在世界各地消费者心目中的威望，并使消费者选择和使用其产品和服务，即可实现全球化发展。

（6）公民义务——创造良好的公司声誉：人们和组织倾向于和受尊重的公司合作，看公司是否是良好公民？是否不惜一切地提升股东价值？是否善待员工、社区和教育？是否关注社会和环境问题？是否关心环境是企业公民化的一个体现。如果公司得到了整体包装和公司品牌化，公民身份会得到强化。

（7）公司业绩和规模：公司品牌背后的物质和可视性是竞争力和持久力的信号。顾客一般认为大而成功的企业的服务和产品会更好，当然，这也是官僚机构、动作缓慢和成本高的信号。强大公司继续发展的最大挑战来自于创新的、成功的、具有动态适应性的品牌形象管理。

早在 2000 年，David A.Aaker, Erich Joachimsthaler 提出"品牌化屋"（Branded House）概念，是指把公司名称作为一个品牌来推广公司所有的供应物，本质就是"公司品牌"。他在"品牌关系谱：品牌建筑的挑战"一文中分析了品牌建筑和品牌关系谱等概念及关系，品牌建筑是一个组织的品牌组合的结构，体现了品牌地位和品牌间关系。该文介绍了有力的品牌建筑工具——品牌关系谱，在品牌关系谱中，两种极端的品牌战略是多品牌屋（a House of Brands）和品牌化屋。品牌化屋建筑，首先，可以最大限度地提高品牌内涵的清晰性，因为顾客要知道企业提供了什么，如 Virgin 代表了服务质量、创新、娱乐、价值和受压迫者。从产品品牌的长期管理上看，单一品牌的传播比较多个品牌要容易得多，单一品牌的清晰性和集中性促进和员工及合作伙伴的沟通更有效。其次，品牌化屋可以最大限度地产生协同效果，新产品会因为同一品牌下的老产品而产生联想和拉近与顾客的距离。最后，品牌化屋提供了杠杆作用，让品牌在更多领域发挥作用，当商业战略是为了创造更多盈利时，品牌化屋就成为最佳的选择。

Balmer（2001）认为公司品牌的内涵应该来自于组织身份，他还进一步说明公司品牌内涵包括"文化的、错综复杂的、切实的、像空气的元素"和来自员工和高级管理者的承诺。公司品牌概念强调把整个公司作为一个营销沟通工具，实现把组织价值传递给利益相关者（内部的和外部的）网络中的每个主体。身份、价值和沟通等概念在公司品牌中经常被提到（Ind, 1997）。

公司身份概念最近变得很热门，特别在金融领域和传媒领域更是高层管理者的热门话题。身份、品牌化、图形设计、沟通和形象调研，都在高层管理者的建议方面发挥着重要作用，但都仅仅是简单的、单一的提议。尽管越来越多人认同公司身份有卓越的战略意义，然而到今天为止的研究依然没有创造出一个多视角的理论框架。John M.T. Balmer、Stephen A.Greyser（2002）提出了称为 AC2ID 测试（AC2ID TEST）的框架填补了这个空白。其中包括实际身份（Actual Identity）、沟通身份（Communicated Identity）、构想身份（Conceived Identity）、理想身份（Ideal Identity）和需要身份（Desired Identity）。在这个模型中五个身份相互依存，任何两个身份概念的不一致都能引起利益相关者的一些问题，因此品牌管理的目标应是确保这些身份的一致与和谐。五种身份的含义解释如下：

实际身份——指当前公司属性由很多因素形成，包括公司所有人、管理者领导风格、组织结构、商业活动、市场覆盖、产品和服务的范围和质量、整个商业表现、管理者和员工的价值观。

沟通身份——是通过可控的公司沟通行为清晰体现出来的，包括广告、赞助者和公众关系。另外，它还来自于非控制的沟通，如口头传播、媒体评论等。

构想身份——是感知概念，包括公司形象、公司信誉和公司品牌化，是利益相关者对公司多重属性和全部的形象和信誉的认知，管理者必须明确哪个群体的认知对企业是最重要的。

理想身份——是组织在市场中在某个时段内的最佳定位，一般来自于战略规划者对组织能力、所在行业和竞争环境的综合认识。

需要身份——存在于公司领导人的心里和脑里，它是组织的远景。尽管这种身份类型经常被误认为实际身份或理想身份，但需要的身份更多受CEO的个性影响，有时并不是理性地对组织实际身份和特定时期名声的评估。

与公司品牌相似的概念很多，它们之间的联系可借助表2-1进行解释。

表2-1　公司品牌相关概念比较

| 概　念 | 管理根基/规律来源 | 简短解释 |
| --- | --- | --- |
| 公司品牌<br>Corporate Brand | 营销<br>沟通<br>图表设计 | 覆盖整个公司的品牌（可以有分散的产品品牌），对公司期望的传递，产品、服务与顾客体验有关，是公司远景的体现 |
| 公司身份<br>Corporate Identity | 营销<br>沟通<br>图表设计 | 使整体差异的属性组合，如公司的员工、产品、服务 |
| 公司品牌化<br>Corporate Branding | 营销<br>经济<br>战略 | 来自于组织身份，是描绘品牌有形和无形属性的品牌化定位的内在体现。品牌名声是关键利益相关者的联结纽带 |
| 形象<br>Image | 沟通<br>营销<br>社会心理 | 组织身份和公司品牌的反映。不同的形象取决于不同的支持者（顾客、投资者、员工等） |
| 名声<br>Reputation | 沟通<br>营销<br>社会心理 | 组织长期发展而形成的多个支持者形象的综合体现：公司项目、它的表现、支持者如何认知它的行为 |
| 整体公司沟通<br>Total Corporate Communications | 营销<br>沟通 | 多层面的组织沟通<br>第一位的也是最重要的包括产品表现、组织和领导者的行为<br>第二位的包括广告、公关、图表设计、代言人、其他可控方式<br>第三位的包括口碑、第三方沟通、旋转 |
| 公司个性<br>Corporate Personality | 营销<br>心理<br>组织行为 | 与组织身份概念接近，还包括创建人的个性及在身份形成中的地位 |
| 组织身份/特征<br>Organizational Identity/Identification | 组织行为 | 传统上是指组织文化，强调个人对组织的承诺 |

续表

| 概　念 | 管理根基/规律来源 | 简短解释 |
| --- | --- | --- |
| 公司文化<br>Corporate Culture | 组织行为 | 成为组织实际身份的重要因素的亚文化群和价值的组合 |

资料来源：1. John M.T.Balmer. Stephen A. Greyser. Managing the Multiple Identities of the Corporation [J]. California Management Review, 2002 (44)：72-87.

2. Paul A. Argenti. Bob Druckenmiller. Reputation and the Corporate Brand.Working Paper, No.03-13, 2003.

综上所述，我们认为公司品牌是指企业的利益相关者把整个公司作为产品包而产生的全部联想，公司品牌的推广必须借助一定的实物和行为，把公司名称作为全部产品的唯一或主要品牌标识进行促销宣传，以产品和服务为主要载体培育出顾客眼中不同于竞争企业的整个公司的差异化优势。公司品牌可以是一个概念性框架、一个管理过程、一个战略工具和沟通便利器（Majken Schultz, Leslie 和 de Chernatony, 2002）。其他相关概念是从不同角度、不同目的、不同职能部门、不同利益相关者对整个公司的评价和概括，公司品牌则是从营销视角对企业的概括和综合评价，和上面这些概念有程度不同的相关性，但不具替代性。

## 阅读材料

### 新东方的品牌营销

随着新东方知名度的提升，俞敏洪带领其教师团队在全国一线城市不断开展英语培训的宣讲会，新东方品牌随着俞敏洪幽默的形象迅速进驻广大学员学子的印象之中。更重要的是，新东方带去的是一种积极、轻松的学习方式，这很好地在新东方的目标顾客中形成品牌偏好。俞敏洪和他的团队在不知不觉中将新东方品牌推向整个中国教育领域，乃至整个社会公众的视野之中。

截至 2006 年 5 月 31 日，新东方已拥有 25 所学校、111 个学习中心和 13 家书店，大约有 1700 名教师分布在 24 个城市。新东方还拥有网络虚拟社区，大约有 20 万名付费用户。与此同时，新东方还同 McGraw-Hill 和 Thomson 等主要内容提供商也建立了合作关系。此次上市成功，无疑将为新东方带来更加长足的发展。

俞敏洪在面对媒体采访时表示，新东方教育的成功在很大程度上应当归因于公司有着良好的发展前景，以及中国经济的良好发展势头。其实，新东方在品牌营销上不乏可圈可点之处，这些亮点正是新东方取得成功的关键支撑。

## 1. 注重顾客满意的原则

俞敏洪深刻地了解其目标客户群——学生最需要什么，在学习的过程中又需要什么样的环境，新东方创造什么样的附加价值能够很好地赢得顾客满意和顾客忠诚。针对大学生对通过 CET 的乏力和无助，俞敏洪摸索出一种有效的应试教育方法，为他们解决"麻烦"。同时，摸索他们的喜好，通过有个性的讲师以调侃的讲课方式创造一个轻松、愉快的学习氛围，传递培训之外的附加价值，从而使学员获得愉快的体验。新东方不仅获得了顾客满意，同时还因为学员的人际传播，获得好的口碑及更大的价值。这使得新东方的企业形象不断得到提升，赢得了高的品牌美誉度和顾客忠诚度。

## 2. 不拘一格用人，提升核心竞争力

新东方之所以区别于其他同类企业而获得了高速发展，和其独特的师资有密切联系。新东方所具有的别具一格的教学方式的老师就是支持其高速发展并取得成功的核心竞争力。可贵的是，新东方不拘一格的用人方式使这种核心竞争力得以保持和延续。

开办培训业务之初，俞敏洪到国外把留学生说服回国，加入他的新东方教育事业。徐小平、王强、包凡一、杜伟等人加入新东方团队，以及众多海归的加盟，使很多学生因为新东方的专业化而信任新东方。而这批教师所具备的气质、个性，又在新东方这个相对自由的平台上得以淋漓尽致地发挥，从而渐渐形成了新东方授课的独特风格。这使新东方很快名噪一时，在市场中形成强大的影响力，获得比较高的知名度。而新东方所设置的一系列授课准则及风格，也逐渐成为新东方的代名词，新东方品牌得到了有效的传播。

## 3. 真诚的公关危机应对策略

新东方高层内斗事件由于新东方的高知名度而被置于媒体和公众瞩目的焦点，对新东方而言，如果处理不当，公关危机对其品牌造成的打击将会波及整个公司业务。而俞敏洪的责任感和真诚以及大度，化解了外部对新东方形成的压力，使得新东方顺利渡过危机。

以上三个品牌塑造和品牌营销的亮点，支撑着新东方品牌内涵的完善，为其赢得了良好的企业形象。新东方在今天拥有如此高的美誉度和投资者的信任，和这诸多做法紧密相关。

资料来源：新东方品牌：如何内外兼修？搜狐教育，http: //learning.sohu.com，2009 年 8 月 6 日.

# 二、公司品牌化

公司品牌化（Corporate Branding）概念在 20 世纪 90 年代晚期出现，也称

为机构品牌化（Institutional Branding），许多业绩领先的零售商都在支持和实施公司品牌化，是服务公司须关注的问题之一（Leonard L.Berry，1986）。

对公司品牌化概念的一种解释来自于品牌化战略（Branding Strategy）的研究。从品牌化战略角度看，公司品牌化是指把整个公司名称作为唯一标识供应物的品牌推广给外部公众，公司名称就是全部产品唯一品牌。品牌化战略是指公司品牌和产品品牌在一个公司产品组合上的应用状况。Done Schultz（2005）提出三个品牌化水平：产品品牌，如 Sony Trinitron；业务单元品牌，如 Sony Electronics；公司实体品牌，如 Sony Corporation。不同品牌化方法的结合会产生品牌建筑、品牌联盟（Brand Alignment）、品牌协同（Brand Synergy），特别是在一个全球化市场中。Olins（1989）用了三种分类方案解析品牌化，公司身份（公司名称作为全部产品和服务的唯一品牌）、公司名称加附属名称（公司名称和产品品牌联合共同使用）、多品牌化身份（多个产品和服务名称）；Murphy（1987，1989）建议四种分类方法：公司主导、品牌主导、平衡系统和混合系统；Laforet 和 Saunders（1994）也建议三种分类（按公司名称在产品上的应用情况）：公司名称为主、公司名称联合其他名称、公司名称不用于产品上；Vithala. Rao，Manoj Agarwal，Denise Dahlhoff（2004）也将其分为三类：公司品牌化（公司名称就是唯一产品品牌）（Corporate Branding）、品牌屋（多个产品品牌）（House of Brands）、混合品牌化（公司名称和产品品牌联合使用）（Mixed Branding），他们认为不同的品牌化战略对顾客和企业而言有不同的优缺点，如表 2-2 所示。三种战略在本质结构上和潜在成本收益上是不同的。尤

表 2-2 不同品牌化战略的供应方和需求方各自的优点和缺点

| 品牌化战略 | 供应方优点（+）和缺点（-） | 需求方优点（+）和缺点（-） |
| --- | --- | --- |
| 公司品牌化 Corporate Branding | 营销规模经济性（+） | 容易的品牌延伸（+） |
| | 广告/促销总成本可降低（+） | 扩展新种类的企业能力的局限性（-） |
| | 创造品牌权益的低成本（+） | 企业内品牌内讧的较高可能性（-） |
| | 推广新产品的低成本（+） | 对不同利益相关者沟通的有效方式（+） |
| 品牌屋 House of Brands | 不明显的营销规模经济（-） | 提供了不同的定制品牌（+） |
| | 高广告成本（-） | 较低的内讧（+） |
| | 获得更大的零售货架空间（+） | |
| | 新产品引入的显著高成本（-） | |
| 混合品牌化 Mixed Branding | 公司品牌化和品牌屋的优缺点的结合 | 公司品牌化和品牌屋的优缺点的结合 |

注：优点为正号，缺点为负号。

资料来源：Done. Schultz.Branding's New Horizons Reclaim the Future with an Improved Research Agenda [J].Marketing Research，2005：22-23。

其是通过对 5 年中 113 个美国企业的调查，考察了品牌化战略和企业无形价值之间的关系，通过控制一些重要和相关的要素，发现公司品牌化战略有较高的托宾 Q 值，混合品牌化战略有较低的托宾 Q 值，这种控制下变量之间的关系和先前预期的一致。另外，大多数企业可以通过采用不同于以前的品牌化战略来改善托宾 Q 值。

阅读材料

### P&G（宝洁公司）：品牌管理的创始者

宝洁公司规定，一份备忘录不能超过 1 页。1931 年 5 月 31 日，公司职员、哈佛毕业生尼尔·麦克罗向公司递交一份长达 3 页的备忘录，详细介绍了他的品牌管理思想。公司总裁杜普利破例详细阅读了这份超长的备忘录，并予以批准：将品牌管理作为一项事业来经营。于是，一份备忘录改变了宝洁的发展史。

在新的品牌管理体系之下，品牌经理要对某一品牌的营销全权负责，其收入与该品牌业绩挂钩。由此，品牌经理充分发挥其智慧和才能，在内外部双重竞争的压力下，争取"自己的"品牌获得成功。简单地说，宝洁品牌管理系统的精要，就是让自己的品牌相互展开竞争。这对当时的美国工商业来说是个全新的概念。

宝洁要求它旗下的每个品牌都"独一无二"，都必须自我建立顾客忠诚度。同类产品的多种宝洁品牌，相互竞争，但又各有所长，为消费者提供不同的好处，从而保持自己的吸引力。如洗发水品牌，各自承诺不同的利益：头屑去无踪，秀发更出众——海飞丝；洗护二合一，让头发飘逸柔顺——飘柔；含维他命原 $B_5$，令头发健康，加倍亮泽——潘婷。在全球范围之内，宝洁还有 9 个洗衣剂品牌、6 个香皂品牌、3 个牙膏品牌、2 个衣物柔顺剂品牌。《时代》杂志称宝洁是个"毫无拘束、品牌自由的国度"。

资料来源：P&G（宝洁公司）：品牌管理的创始者.广东：中国美容人才网，http://www.138job.com，2009 年 11 月 6 日.

另外一种对公司品牌化的解释是指企业展示给消费者的对商品加工负责的清晰程度（Fombrun, 1996），作为单片机式（Monolithic）的公司品牌战略既代表了企业对消费者的负责态度，也最大限度地促进和保护了公司的身份。一个企业的品牌化战略范围从单片机到完全品牌化战略（Branded Strategy）（Olins, 1990），取决于一个企业展示给消费者的对产品负责的态度和程度。根据 Olins 的分类，一个企业选择公司身份作为产品品牌就是单片机式的品牌化战略；在范围中间部分，使用公司身份和产品品牌是一种背书战略（an Endorsed Strategy）；在谱系终端，使用与单片机相反的方法，用单个品牌名字，就是完全品牌化战略（也称 P&G 模型）。经实证研究发现品牌化战略和公司身份促进正相关，也就是单片机式战略将比完全品牌化战略更大程度上促进了公司身份；品牌化战略和公司身份保护正相关，也就是单片机式战略将比完全品牌化战略更大程度上保护公司身份。总之，单片机式战略，即公司品牌，有利于促进和保护公司身份。

公司品牌化还有其他几种解释。Hatch 和 Schultz（2001）描述了公司品牌化是远景（高层管理者对公司的渴望），文化（组织的价值、行为和态度，也就是各层次员工对公司的感觉）和形象（外部世界对公司的整体印象，包括所有利益相关者）的结盟。管理者的任务就是确保三个要素之间没有差距，能联合一致促进公司品牌；de Chernatony（1999）认为公司品牌化过程中，需强调员工在关系构建中参与的价值，内部的品牌管理变成文化管理，外部的品牌管理是顾客接触管理，在公司品牌化模式中，公司品牌内部化集中于如何传递所需文化的信息，公司品牌外部化则是如何降低信息过量问题，降低顾客信息运行成本，公司品牌化便利了顾客更深刻地认识品牌和接近公司自然状态。一个未来的公司品牌化理由就是公司借助某个提供物建立顾客的信任和尊重，进而传递给顾客可能接受的其他供应物的公司承诺。

把公司作为供应物品牌的现象得到国际品牌（Interbrand）公司的调查验证，他们的调查显示 19/20 个世界最有价值品牌的公司名称和产品名称一样（Clifton 和 Maughan，2000）。尽管有些作者也说明了公司品牌和产品品牌的不同（King，1991；Ind，1998；Bickerton，2000），但和产品品牌相比较，显而易见，公司品牌具有战略重要性。公司品牌还有其他一些特征，如包含多重的利益相关者和不同利益相关者之间有不同的接触界面，公司品牌更无形和更复杂等。即便如此，Tapio Hedman、Nokia 的品牌管理副经理却坚信公司品牌可以做好。在谈到如何管理品牌时，他认为品牌一定要反映真实的公司内部特征和它的员工，品牌必须成长于内部。而在诺基亚，品牌就是公司，公司就是品牌，这样的做法把品牌管理工作更多地看成是企业内部的日常管理问题，而不会过多依赖于外部专家和外部沟通活动，企业更需要关注的是同员工和利益相关者的交流。

综上所述，公司品牌是指利益相关者对整个公司的全部组织联想，是企业把公司名称当作全部供应物标识进行战略性营销推广的结果，是企业对全部供应物的负责的清晰承诺，商品和服务只是公司品牌推广的载体，当支持者记住了强大、受欢迎和独特的对公司品牌的联想时就形成了公司品牌权益。公司品牌化是传递公司品牌价值的系列活动,公司品牌价值成长于公司远景、任务和文化的基础之上,表现于公司身份和公司形象,浓缩于便于顾客记忆和传播的公司品牌。公司品牌化活动的进行需要开发一个持续沟通的框架以确保品牌价值传递的连续性。接下来的内容将对品牌化模型和公司品牌化的维度(可以承载和传递公司品牌价值的主要可控载体和行为方式)进行研究,旨在建立一个较完整的持续有效沟通的框架。

## 第二节 品牌化维度

引导案例

### 中国医院,等待品牌

未来经济的竞争不是产品与服务的竞争,而是品牌之间的竞争,全球化的竞争需要全球化的品牌。全球化品牌的重要物质是企业所有要素领先性的全球化,品牌成为全球空间内资源整合的强有力工具。

有专家说,目前中国真正的世界品牌只有一个半,一个是青岛啤酒,另外半个是海尔,并且这些品牌在全球品牌行列中只是弱势品牌,仍然属于成长中的幼芽。未来的竞争要求中国在每一个市场领域中都有自己的世界级品牌。

而中国医疗领域的改革才刚刚开始,医疗机构的企业化转型与外资医疗机构进入中国市场刚好同步,中国的医疗机构面临的竞争将是前所未有的。

由于外资医疗机构在国外就是完全的商业化运作,经营经验丰富,医疗技术、设备、管理方式都是中国医疗机构所难以企及的,最重要的是他们手中握有光闪闪的成熟品牌。在进入中国市场之前,他们对中国整个医疗市场做了通盘的考虑与规划,这体现在他们的医院在区域市场布局上都将作科学的布设。

像当初的中国家电企业只拥有简单的生产厂,没有品牌、市场网络架构一样,今天的中国医院除了拥有自己的医院外,也是品牌与市场网络资源的"穷人"。

北京、上海等大中城市有许多非常著名的医院,但著名医院不等于"品牌医院","品牌医院"是完全公司化运作的商业组织,有超高的附加值。即使是国内十分著名的医院也仅仅是在单纯地卖服务,在他们的经营中很难看到品牌的影子。

## 服务品牌管理

医院的品牌化过程是一个商业化的过程，也是与市场充分沟通、建立良好互动关系的过程。经过漫长的进化，发达国家的医院大部分已经品牌化。中国的医疗机构即使实现了企业化的转变，但仍没有实现品牌化的转变，只有品牌化的转变，才是医院与市场良性关系扩大化的过程。我们绝大多数医院都是地方性医院，市场也是地方性的，医院与市场的关系从地方到全国的确立都需要一个艰苦的过程。

在目前的市场格局下，可以做这样的比喻，中外合资、合作医疗机构是凶猛的狼，中资医疗机构是羸弱的羊。可以预见，中国今后一段时期内的医疗市场上，将会上演狼吃羊与羊吃羊的惨剧，但我们期盼在这场饕餮的进化中会产生中国自己的医疗品牌，之后我们才会手持品牌圣火跑入品牌纷争的医疗奥运赛场。

资料来源：中国医院，等待品牌．百度文库，http://wenku.baidu.com/view/8d9760a1b0717fd5360cdc6f.html。

**思考题：**
1. 你如何看待今天的医院形象？这是由哪些因素造成的？
2. 医院形象形成中有哪些管理上的因素或原因？
3. 你觉得可以通过哪些管理和营销措施改善中国医院的形象？

## 一、公司品牌化的特殊性

在公司品牌化操作的特殊性方面，许多学者给出了建议。Ind（1997）在"公司品牌"一文中指出公司品牌的本质为"代表组织的一组价值"，并强调这些价值必须以许多方式传递给许多受众。Ind（1997）认为公司品牌化在三个方面不同于标准的产品品牌活动。第一，公司品牌是无形的，但是借助传递的信息和利益相关者关系得到了有形化；第二，公司品牌有高度的复杂性，部分因为多种关系和信息，部分因为潜在的混乱，部分因为许多公司的地方主义；第三，公司品牌化要关注人们在传递一致的品牌信息中的角色扮演和公司的道德感或社会责任感。这些属性使得公司品牌化在概念和运行上明显区别于产品品牌化或以设计 Logo 为中心的公司形象。Harris, de Chernatony（2001）也尝试解释公司品牌化原理。他们认为公司品牌化需要一个不同的方法，因为它需要沟通的一致、方法的一致，需要正确的人去传递正确的信息。如果一个公司已经定义了公司品牌价值，那么员工的价值和行为需要联合起来共同促进品牌信息。de Chernatony（1999）总结出新的品牌化模型强调员工在关系构建中的参与的价值。内部的品牌管理变成文化管理，外部的品牌管理是顾客接触界面

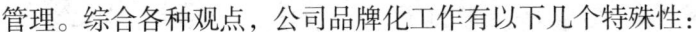

管理。综合各种观点，公司品牌化工作有以下几个特殊性：

A. 如何借助有形物和信息使公司品牌具体化？

B. 公司品牌化的沟通对象不只是顾客，而是全部利益相关者。

C. 公司品牌化过程中涉及企业的方方面面的要素和行为，如何保持内容的一致性？

D. 员工是公司品牌化过程中的第一批顾客，在传递公司品牌价值中如何对他们进行管理？

E. 如何看待企业远景、文化和价值同公司品牌的关系？

这些特殊问题可以归纳为一个问题，就是如何开发一个持续沟通的框架以确保品牌价值传递的连续性和一致性（Bickerton，2000），这正是本书需要阐述的关键问题之一，即公司品牌化模型和内部化维度模型。

阅读材料

### "变脸" 麦当劳让品牌更年轻

世界快餐食品老大麦当劳，近年来在全球各地市场受到了其他快餐品牌的挑战。在中国市场，麦当劳一直屈居老乡肯德基之下。营销专家米尔顿·科特勒在接受记者采访时提出，快餐食品对消费者健康的影响、民族和文化意识以及品牌老化是麦当劳在全球和中国遇到大麻烦的三大主要原因。

以前，笑容可掬的"麦当劳叔叔"对于儿童、青少年、父母等细分市场都非常有亲和力，是不错的"品牌代言人"。但是，随着时间的推移，麦当劳的定位以及品牌的概念随着社会外部环境的变化已经很陈旧了。根据麦当劳做过的一次顾客调查，很多年轻消费者认为，"麦当劳叔叔"的形象非常老土、可笑。麦当劳如果不进行品牌更新的话，只有一年年地老下去。

麦当劳的主要广告代理商集思广益，为这家全球最大的快餐连锁公司打造新品牌、制定新营销策略产生了一个新的全球营销主题——"我就喜欢"。麦当劳在全球同步推出的"我就喜欢"品牌更新活动，被很多人称为麦当劳的"变脸"行动。麦当劳一改几十年不变的"迎合妈妈和小孩"的快乐形象，变成了年轻化、时尚化的嘻哈形象。

与此同时，麦当劳连锁店的广告海报和员工服装的基本色都换成了时尚前卫的黑色。配合品牌广告宣传，麦当劳推出了一系列超"酷"的促销活动，比如只要对服务员大声说"我就喜欢"，就能获赠圆筒冰激凌。一些大学生认为这样的活动很新鲜、很有意思，很受敢作敢为的年轻人的广泛欢迎。

2003年11月24日，麦当劳与中国移动通信集团公司旗下"动感地带"

（M-Zone）宣布结成合作联盟，并共同推出了一系列的"我的地盘，我就喜欢"的"通信+快餐"的协同营销活动。中国移动副总裁鲁向东在活动发布仪式上，用"最酷、最炫、最动感"来形容这次营销活动。

资料来源：十大营销经典案例之"变脸"麦当劳让品牌更年轻. 广东：管理人网，http://marketing.manaren.com，2010 年 4 月 29 日。

## 二、公司品牌化的维度

在更为具体的品牌化过程的相关要素探索方面，学者们针对一般品牌、服务品牌和零售品牌都进行了探讨研究，对这些承载品牌内涵的可控要素和行为方式，学者们用了不同的概念来表达，如"要素"（Factor）、"媒介"（Medium）、"属性"（Attribute）、"方式"（Manner）、"维度"（Dimension）等，我们倾向于采用"维度"来表达品牌内涵的内外部传递载体要素或工具方式。以服务行业的零售企业为例，在维度相关概念的研究方面，主要的观点和成果概括为如表 2-3 所示。

表 2-3 品牌化维度相关概念和类型

| John Kunkel, Leonard L. Berry（1968） | Wolff Olin's（1995） | Francis Piron（2001） | Debra Grace, Aron O'Cass（2003） | Majken Schulz, Leslie de Chernatony（2002） | Kevin Lane Keller（2003） |
|---|---|---|---|---|---|
| 零售业品牌 | 一般品牌 | 零售业品牌 | 一般品牌 | 一般品牌 | 一般品牌 |
| 12 项要素 | 4 种媒介 | 9 个属性 | 13 个品牌化维度 | 2 个维度 | 4 种方式 |
| 商品价格<br>商品质量<br>商品分类<br>商品时尚<br>销售人员<br>地点便利<br>其他便利因素（商店内外环境）<br>服务<br>销售促进<br>广告<br>商店气氛<br>调整的信誉 | 产品<br>环境<br>员工行为<br>沟通 | 便利性<br>商店形象<br>商店氛围<br>商店设计<br>商品价格<br>商品种类<br>商品质量<br>商店和顾客的关系<br>顾客服务 | 核心服务<br>人员服务<br>价格<br>服务范围<br>自我形象的一致性<br>公共关系<br>口碑<br>广告<br>情感<br>品牌态度<br>购买意向<br>生产地<br>品牌名称 | 内部维度（和文化和身份相关，基于组织研究）<br>外部维度（强调形象和名誉，基于战略和营销） | 人（员工、转让人）<br>事情（活动、事件、第三方转让）<br>地点（发源国、渠道）<br>其他品牌（联盟品牌、成分品牌、公司品牌，延伸品牌） |

资料来源：作者根据文献整理。

最早较全面研究零售业品牌影响因素的是 John H.Kunkel 和 Leonard L. Berry（1968），他们考察了商品价格、商品质量、商品分类、商品时尚、销售人员、地点便利、其他便利因素（停车场、营业实践、与其他店铺比较、商店内布局、总的方便性）、服务、销售促进、广告、商店气氛、调整的信誉共12项因素。采用判别刺激（形象强化刺激和无强化刺激）—行为模式—结果（光顾习惯和放弃光顾）反应模式进行分析，并指出社会文化和情景变量会影响最后的行为结果。

Wolff Olin's（1995）认为一般品牌的中心思想可以通过四种媒介来表现：产品（如制造业）、环境（如游乐场）、员工行为（如警察）和沟通（如创造性的广告），有人强调沟通依然是服务品牌的基础，然而顾客的满意与否往往取决于与他交往的员工的行为。

Francis Piron（2001）研究了新加坡在零售百货的顾客忠诚方面服务效果和沟通刺激的关系，考察了顾客对店铺的9个属性的认识：便利性、商店形象、商店氛围、商店设计、商品价格、商品种类、商品质量、商店和顾客的关系及顾客服务，其中商店形象和商品种类、质量、价格对顾客行为影响明显，而便利性、广告、服务并不突出。

Debra Grace 和 Aron O'Cass（2003）对消费者考察验证了核心服务（Jones，Mothersbaugh，2000）、人员服务（Employee Service）（Nicholls，Gilbert et al.，1998）、价格（Price/Value）（Sweeney 和 Soutar，2001）、服务范围（Service Scape）（Robledo，2001）、自我形象的一致性（Self-Image Congruence）（Sirgy，Grewal，1997），公共关系（Public Relations）、口碑（Word-Of-Mouth）（Bansal 和 Voyer，2000）、广告（Advertising）（Holbrook 和 Batra，1987）、情感（Feelings）（Jayanti，1995）、品牌态度（Brand Attitude）（Yoo 和 Donthu，2001）、购买意向（Purchase Intentions）（Jones，Mothersbaugh，2000）等品牌化维度。如表2-4所示，还有起源国和品牌名称被采纳，总共包括86个项目。其中许多品牌维度被受访者提及，如价格、员工、设施、小册子和广告、品牌名称、品牌体验、口碑、其他使用者形象、发源国、情感和公开性（Publicity）；有些维度在商品和服务的不同品牌模型中被提到，如价格、品牌名称、发源国、情感和公开；有些维度在服务品牌中被描述过，如员工、设施、小册子和广告，品牌体验等（Berry's，2000）。总之，最频繁提到的服务品牌维度是员工、设施、体验、广告态度和口碑，这些维度也曾被直接或间接地在某些品牌模型中描述过（de Chernatony 和 Dall' Olmo Riley，1997；Berry，2000），但从未纳入到一个模型里。发源国、口碑和公开性与品牌之间的关系在商品品牌而非服务品牌中更明显。经过考证，核心服务、员工服务、价格、服务场景、广告和情感与服务品牌联想高度相关，服务品牌联想高度影响服务品牌态度，服务品牌态度又高度影响顾客使用意向。

Majken Schultz 和 Leslie de Chernatony（2002）提出内部维度和外部维度的概念，并尝试解释二者之间的联系。指出了公司品牌化内部维度（the Internal Dimension of Corporate Branding）的重要性，并解释了一系列有关内外维度关系的问题。最近的公司品牌化概念开发关注了品牌的感知和检验了对利益相关者的一致性，把公司品牌化从外部营销工具转化为必须内外联盟的战略框架。要成功实现内外部视角联盟，需要管理者首先发现内外部驱动因素如何互动联合，内部驱动因素就是本书研究的内部化维度。公司品牌化的内部维度被认为是和文化与身份相关（基于组织研究），而外部维度强调形象和名誉（基于战略和营销），过去许多的公司品牌化工作都关注为何内外部维度相关、外部维度如何理解以及它们怎样被分析等，本书对零售业的公司品牌化内外部关系、内部化维度的构成提出了独特的观点。

表 2-4 服务的品牌维度

| 品牌维度—服务 | A* | B* |
| --- | --- | --- |
| 服务设计和特点 | × | × |
| 服务范围 | × | × |
| 感觉 | × | |
| 品牌名字、商标等 | × | |
| 品牌个性 | × | |
| 品牌和自我形象 | × | |
| 典型使用者形象 | × | × |
| 价格 | × | |
| 品牌体验 | × | × |
| 产地国家 | | |
| 品牌广告 | × | |
| 口碑 | × | × |
| 公开性 | × | |
| 员工 | × | × |

*A 栏——被提到的有意义但很小的维度
*B 栏——在形成品牌形象和态度方面非常重要的维度

资料来源：作者根据 Debra Grace 和 Aron O'Cass（2003）的文献整理。

Kevin Keller（2003）认为企业借助品牌知识对外部的公众产生影响，创造品牌知识有四种直接方式：人（员工/代言人）、地点（来源国/渠道）、事情（大事/突发事件/第三方代言）、其他品牌（联合品牌/成分品牌/公司品牌/延伸品牌)。其中品牌知识是由下列维度构成的多维度概念：

A. 认知——类别识别和品牌带来的需要满足

B. 属性——使品牌名字产品本质或非本质不同的描述性特征

C. 利益——和品牌的产品属性相连的个人价值和意义（品牌购买或消费后的功能性、象征性、体验后果）

D. 形象——抽象或具体的可视信息

E. 想法——个人对品牌相关信息的认知反应

F. 感受——个人对品牌相关信息的情感反应

G. 态度——对品牌相关信息的总结性判断和整体评价

H. 体验——购买和消费行为和其他品牌相关事件

在上述众多观点中，对品牌构成要素或品牌传递媒介的定义不同，概念有差异，研究的品牌行业属性也不同，因此作者认为有必要对这些纷繁复杂的研究成果进行整合，可以遵循以下四个原则：重要性、可控性、可视性、明确性。重要性指所提炼的维度在文献中出现的频率高、得到较多学者认可的要素；可控性是指提炼出的品牌化维度在企业的管理范畴内；可视性是指顾客和企业可以感知到和观察到的品牌维度；明确性是指这些维度有独立而明确的含义。在上述原则基础上，提炼出的这些要素是品牌价值传递的载体和工具，是品牌文化的物化，是品牌形象的直接来源，因此作者认为，用品牌内部化维度来表达更合适。作者在充分研究和借鉴这些观点的基础上，遵循上述原则，希望能构建一个有关服务业的公司品牌内部化的维度框架。

1. 要记住公司品牌和公司品牌化定义，理解公司品牌化的特殊性和相关维度。

2. 制造业和服务业的品牌名称和品牌管理工作有何区别？

### 中国移动：动感地带

根据麦肯锡对中国移动用户的调查资料表明，中国将超过美国成为世界上最大的无线市场，从用户绝对数量上说，到2005年，中国的无线电话用户数量将达到1.5亿~2.5亿，其中将有4000万~5000万用户使用无线互联网服务。资料还表明，25岁以下的年轻一代消费群体将成为未来移动通信市场最大的增值群体。

中国移动敏锐地捕捉到了这一信息,将以业务为导向的市场策略率先转向了以细分的客户群体为导向的品牌策略,在众多的消费群体中将目标锁定在15~25岁年龄段的学生、白领,以此产生新的增值市场。锁定这一消费群体作为自己新品牌的客户,是中国移动"动感地带"成功的基础:

(1) 从目前的市场状况来看,抓住新增主流消费群体:15~25岁年龄段的目标人群正是目前预付费用户的重要组成部分,而预付费用户已经越来越成为中国移动新增用户的主流,中国移动每月新增的预付卡用户都是当月新增签约用户的10倍左右,抓住这部分年轻客户,也就抓住了目前移动通信市场大多数的新增用户。

(2) 从长期的市场战略来看,培育明日高端客户:以大学生和公司白领为主的年轻用户,对移动数据业务的潜在需求大,且购买力会不断增长,有效锁住此部分消费群体,三五年以后将从低端客户慢慢变成高端客户,企业便为在未来竞争中占有优势埋下了伏笔,逐步培育市场。

(3) 从移动的品牌策略来看,形成市场全面覆盖:全球通定位高端市场,针对商务、成功人士,提供针对性的移动办公、商务服务功能;神州行满足中、低市场普通客户通话需要;"动感地带"有效锁住大学生和公司白领为主的时尚用户,推出语音与数据套餐服务,全面出击移动通信市场,牵制住了竞争对手,形成预置性威胁。

选定了目标市场,接下来就是如何建立符合目标消费群体特征的品牌策略并进行传播。因此,品牌名称、品牌个性、广告用语等都应吻合年轻人的心理特征和需求。中国移动通信又是如何做的呢?

(1) 动感的品牌名称:"动感地带"突破了传统品牌名称的正、稳,以奇、特彰显,充满现代的冲击感、亲和力,同时整套VI系统简洁有力,易传播,易记忆,富有冲击力;

(2) 独特的品牌个性:"动感地带"被赋予了"时尚、好玩、探索"的品牌个性,同时提供消费群以娱乐、休闲、交流为主的内容及灵活多变的资费形式;

(3) 炫酷的品牌语言:富有叛逆的广告标语"我的地盘,听我的",及"用新奇宣泄快乐"、"动感地带(M-zone),年轻人的通讯自治区!"等流行时尚语言配合创意的广告形象,将追求独立、个性、更酷的目标消费群体的心理感受描绘得淋漓尽致,与目标消费群体产生情感共鸣;

(4) 犀利的明星代言:周杰伦,以阳光、健康的形象,同时有点放荡不羁的行为,成为流行中的"酷"明星,在年轻一族中极具号召力和影响力,与动感地带"时尚、好玩、探索"的品牌特性非常契合,因此可以更好地回应和传达动感地带的品牌内涵，从而形成年轻人特有的品牌文化；

（5）整合的营销传播：选择目标群体关注的报纸、电视、网络、户外、杂志、活动等，进行立体传播轰炸，在所有的营销传播活动中，都让目标消费群体参与进来，产生情感共鸣，特别是全国街舞挑战赛，在体验之中将品牌潜移默化地植入消费者的心智，起到了良好的营销效果。

"动感地带"凭借其市场细分和品牌策略，将中国电信市场从资源竞争时代带入了营销竞争时代。目前，"动感地带"的用户已远远超出一千万，并成为移动通信中预付费用户的主流。

资料来源：中国移动：动感地带.百度知道，http://zhidao.baidu.com.

问题讨论：
1. 中国移动在品牌管理方面采取了哪些营销措施？
2. 这些措施有哪些值得肯定的优势和不足之处？
3. 有哪些可以转嫁到其他服务性企业的品牌宣传中？

## 本章小结

公司品牌（Corporate Brand）是近十年来产生的新概念，首先需要了解它的定义。David A.Aaker（2004）明确了公司品牌（更一般的说法，组织品牌）的定义为"组织联想"（Organizational Associations）。我们认为公司品牌是指企业的利益相关者把整个公司作为产品包而产生的全部联想，公司品牌的推广必须借助一定的实物和行为，把公司名称作为全部产品的唯一或主要品牌标识进行促销宣传，以产品或服务为主要载体培育出顾客眼中不同于竞争企业的整个公司的差异化优势。公司品牌被认为是很多不同的东西，如一个概念性框架，一个管理过程，一个战略工具和沟通便利器（Majken Schultz，Leslie de Chernatony，2002）。

公司品牌化（Corporate Branding）概念在20世纪90年代晚期出现，许多处于领先地位的零售商拥护公司品牌化，并广泛地应用于支持者中。也称为机构品牌化（Institutional Branding），是服务公司须关注的问题之一（Leonard L. Berry，1986）。从品牌化战略角度看，公司品牌化是指把整个公司名称作为唯一标识供应物的品牌推广给外部公众，公司名称就是全部产品的唯一品牌。品牌化战略是指公司品牌和产品品牌在一个公司产品组合上的应用状况；另外一种对公司品牌化的解释是指企业展示给消费者的对商品加工负责的清晰程度（Fombrun，1996），作为单片机式（Monolithic）的公司品牌战略既代表了企对消费者的负责态度,也最大限度地促进和保护了公司身份。

公司品牌是指利益相关者对整个公司的全部组织联想,是企业把公司名称当做全部供应物标识进行战略性营销推广的结果（Paul A. Argenti, Bob Druckenmiller, 2003),是企业对全部供应物的负责的清晰承诺,商品和服务只是公司品牌推广的载体,当支持者记住了强大、受欢迎和独特的对公司品牌的联想时就形成了公司品牌权益。公司品牌化是传递公司品牌价值的系列活动,公司品牌价值成长于公司远景、任务和文化基础之上,表现于公司身份和公司形象,浓缩于便于顾客记忆传播的公司品牌。公司品牌化活动的进行需要开发一个持续沟通的框架来确保品牌价值传递的连续性（Bickerton, 2000)。公司品牌化工作有以下几个特殊性:

（1）如何借助有形物和信息使公司品牌具体化?

（2）公司品牌化的沟通对象是全部利益相关者,不只是顾客。

（3）公司品牌化过程中涉及企业方方面面的要素和行为,如何保持内容的一致性?

（4）员工是公司品牌化过程中的第一批顾客,在传递公司品牌价值中如何管理?

（5）如何看待企业远景、文化和价值与公司品牌的关系?

这些特殊问题归为一个,就是如何开发一个持续沟通的框架确保品牌价值传递的连续性和一致性（Bickerton, 2000),即公司品牌化模型和内部化维度模型。在更为具体的品牌化过程的相关要素探索方面,学者们针对一般品牌、服务品牌和零售品牌都进行了探讨研究,对这些承载品牌内涵的可控要素和行为方式,学者们用了不同的概念来表达,如"要素"(Factor)、"媒介"(Medium)、"属性"(Attribute)、"方式"(Manner)、"维度"(Dimension) 等,本书倾向于采用"维度"来表达品牌内涵的内外部传递载体要素或工具方式。

## 深入学习与考试预备知识

### 英国零售业品牌战略演变类型

在主要的公司品牌化文献中,零售商经常被作为例子而不是试验对象来发展公司品牌理论。Mitchell (1999) 提出许多建议用以促进零售商借助公司品牌化更上一层楼。零售业作为案例的理由部分缘于某些领先零售企业采用了公司品牌化战略;部分缘于零售商自然属性是商店、商品和服务的独一无二的混合物。在英国的百货公司（Burt, 2000)、服装和时尚零售领域（Moore, 2000),

公司品牌化获得了更多的关注。

在英国百货市场，零售商公司品牌已经演变为创新性的品牌战略。一个真正的公司品牌不仅是零售商的名称标识，产品包装、标签、整个店铺和公司形象（包括员工定位）都是公司品牌化过程的重要工具。这已经得到美国学者的认可。表2-5中列出了零售商品牌战略演变发展过程中的类型和形式，可概括为五种基本类型：第一代，无品牌化战略；第二代，自贴标签战略；第三代，自有商标战略；第四代，零售商品牌化战略；第五代，公司品牌战略。

表2-5 零售商品牌战略的类型

| | 第一代 | 第二代 | 第三代 | 第四代 | 第五代 |
|---|---|---|---|---|---|
| 品牌化形式 | 类别，无名字，未注册品牌，没品牌化 | 自贴标签，非法律保护的自有品牌 | 受法律保护的自有品牌 | 延伸的零售商品牌，如细分的零售商品牌 | 公司品牌 |
| 战略 | 多类别 | 低价格复制 | 重要品牌的复制 | 价值附加 | 公司定位 |
| 目标 | 增加利润，提供价格选择 | 增加利润，设置进场价格，降低生产商权利，提供更好的附加价值产品 | 强化类别利润，扩展产品种类和顾客选择，建立零售商形象 | 增加和保留顾客基数，强化类别利润，提升形象和差异化 | 培养优势定位和实践，顾客的首选，让利益相关者满意 |
| 产品 | 基础和功能性产品，商品 | 大宗的和基础的产品 | 大产品类别，重要销售项目 | 形成形象的产品群，品种多的小规模销售产品 | 公司和有形/无形属性 |
| 技术 | 简单的生产过程和基本技术 | 技术落后于市场领导者 | 接近品牌领导者 | 创新技术和过程 | 利益相关者关系管理 |
| 质量/形象 | 和生产者品牌比质量较低和形象较差 | 中等质量，但依然低于制造商品牌，形象较差 | 和品牌领导者不相上下 | 不比品牌领导者差，有创新和差异化产品 | 组织的高质量和一致性 |
| 价格定位 | 比品牌领导者至少低20% | 低10%~20% | 低5%~10% | 相同或高于知名品牌 | 集中于传递价值 |
| 消费者的购买动力 | 价格是主要的购买标准 | 价格依然重要 | 质量要和价格匹配 | 好的独一无二的产品 | 信任 |
| 供应商 | 全国的，非专业化 | 全国的，部分加工自己标签的产品 | 全国的，大部分加工自己的品牌 | 国际化的，大部分加工自己品牌产品 | 创新性的合作伙伴 |

**第一代：无品牌化战略（Generics）。** 无品牌商品是指零售商所经营的无品牌、包装简易、不做或少做广告、价格较低的普通商品。零售商推出无品牌化产品的主要目的是节省营销费用，降低产品价格，增加客流量，从而扩大产品销售。法国家乐福公司于1976年首先采用无品牌化策略。当时，家乐福公司在法国推出了50种无品牌化产品。无品牌产品剥去了多余的包装，因此，其平均价格比同类知名的制造商品牌低40%，比同档次的零售商自有品牌低20%。正由于无品牌产品的价格优势，对其他品牌的同类产品造成了一定的冲

击。现在，美国大多数零售商店都出售或多或少的无品牌商品。但销售具有较大价格优势的无品牌商品只能通过销售规模来增加零售商利润总额，这种品牌战略在商品识别和顾客忠诚领域毫无作为，因此，零售商绝不能过分依赖无品牌产品的销售。1984年，美国两个机构分别进行的研究表明：在美国有80%的食品杂货店销售无品牌产品，但其销售额仅占这些杂货店销售总额的4%。而在英国，部分零售商推出无品牌商品后又将其陆续撤出。

第二代：自贴标签战略（Own Label-Unsupported Own Brand）。这种战略是指某些销售的商品上有自己的但不受法律保护的品牌。这类商品通常表现为低价格，目的是借助自己的品牌来设置同类产品的进场价格门槛，降低生产商权利，索取更好的附加价值产品，增加商店利润。该类商品一般是大宗的和基础的产品，在技术上通常落后于市场领导者，质量中等，明显低于制造商品牌，或者仅次于制造商品牌。价格依然重要，比制造商品牌低10%~20%。由于品牌未注册，零售商一般不会做大力宣传，这必然导致在市场定位和竞争优势方面效果一般。低价格、低质量的自贴标签的产品也难以培养满意和忠诚的顾客。

第三代：自有商标战略（Supported Own Brand）。也称零售商自有品牌（Retailer Private Brand），是指为零售商所拥有、控制和销售的注册品牌。零售商通过收集、整理、分析消费者对某类商品的需求信息，提出新产品的开发设计要求，然后选择合适的制造商进行加工生产或自行设厂生产，最终在本商店内以自有品牌进行销售。零售商自有品牌策略本质上是零售商由流通领域向生产领域延伸的后向一体化扩张策略，是零售业品牌与制造业品牌的抗衡，其结果必然是零售商自有品牌对消费者的影响力增强而制造商品牌的市场支配地位则大大下降。西方一些营销评论家甚至预言：除最强有力的制造商品牌之外，零售商自有品牌最终将击败所有的制造商品牌。越来越多的零售商已经成功创建了自有品牌。例如，在美国，沃尔玛的"奥罗伊"自有品牌狗食市场占有率排名第一，其市场占有率高达25%~30%，对于这一深受消费者喜爱的产品，顾客只在沃尔玛的连锁店里能买到。

第四代：零售商品牌化战略（Extended Retailer Brand Segmented Retail Brands）。该战略意味着发展出延伸的零售商品牌，如细分的自有品牌，在不同类别产品上使用不同的零售商注册、保有的品牌名称，以增加产品的附加价值。借助零售商自己的独特的若干品牌，吸引和维系顾客，不断扩大忠诚的顾客规模，提高不同类别产品的利润，提升零售商整体形象，并很好地塑造差异化优势。该战略一般适用于品种多但销售规模小的几个产品群上。为了保证产品附加价值和差异化，零售商会注重对创新技术和过程的管理。在产品质量上，一般也不比品牌领导者差，有较好的创新性和差异性。在品牌知名度和美誉度方面，和全国性的知名品牌不相上下或者略有优势。生产经营方面采用国际化模式，一般负责自己品牌产品的加工生产。

第五代：公司品牌战略（Corporate Brand）。作为目前零售业品牌战略的最高级形式——公司品牌战略，是指通过公司定位来培养竞争优势。在竞争中强调培养整个公司的强势定位，让公司成为顾客的首选，同时也确保利益相关者满意；在品牌宣传工具和载体上，调动一切与公司形象相关的有形、无形属性。有形属性有商品、场景、价格、沟通手段和员工等要素，无形属性包括公司远景、文化、价值、任务和顾客体验等。品牌塑造和宣传的核心是顾客体验管理。致力于和所有的利益相关者建立和发展长期关系，确保公司品牌塑造中组织的高质量和一致性。公司品牌传递的是顾客价值，培养顾客信任是顾客价值的前提和保证，积极发展一切对零售商运营有利的创新性的合作伙伴关系。

资料来源：Steve L.Burt. Leigh Sparks. Corporate Branding, Retailing, And Retail Internationalization［J］. Corporate Reputation Review，2002（5）：194-212.

## 体验和体验营销

体验营销来自于体验和体验经济概念。1998年美国俄亥俄州的战略地平线（Strategic Horizons LLP）顾问公司的共同创办人约瑟夫·派因二世（B. Joseph Pine Ⅱ）与詹姆斯·吉尔摩（James H.Gilmore）在美国《哈佛商业评论》上发表的"欢迎体验经济"一文指出：体验经济（Experience Economy）时代已来临，其区分经济价值演进的四个阶段为：货物（Commodities）、商品（Goods）、服务（Services）与体验（Experiences），相对应的营销观念则从产品营销到服务营销到体验营销。随后，两人于1999年出版了《体验经济》一书，其中阐述了体验的定义和类型。认为体验是指：从心理学角度讲，是当一个人达到情绪、体力、智力甚至是精神的某一特定水平时，他意识中所产生的美好感觉；或者说，是个体对某些刺激产生回应的个别化感受。尽管体验是主观个体感受，但依然是企业可以创造的一种有别于产品和服务的价值载体，可以作为一种独立的经济提供物。作为一种价值载体，体验具有多重存在形态，它既可以依附于产品和服务而存在，也可以作为单独的出售物而存在。体验存在四种类型（4E）：娱乐（Entertainment）、教育（Education）、逃避（Escape）、审美（Estheticism）。1999年提出体验营销的权威人士伯恩特·施密特（Bernd H. Schmitt）认为，体验营销的实现方式有5个：感观营销、情感营销、思考营销、行动营销、关联营销。

体验营销是指企业以服务为舞台，以商品为道具，以顾客为主角完成的一系列活动，通过提供顾客感观、情感、思想、行为或者关联需要的满足、刺激或快感，实现企业和顾客的"双赢"交换关系。体验营销具有以下几个特点：

尊重人性：自从现代营销观念产生以来，就明确了企业和顾客之间是"双赢"关系，强调围绕顾客需求设计产品，通过产品的自我销售实现企业利润目标。但长期以来对需求的理解仅停留在产品的功能效用上，认为只要产品具有了顾客需要的利益和特点，就能够满足顾客从而忽视了对需求的深层次研究。而体验营销则填补了这个空白，认为顾客从感官、情感、思想、行为等各方面都在体验产品和体验企业，而整体体验决定了他是否从交易中获得满足和满意。因此就不难理解，同样的一件商品在不同的卖场会有不同的销售结果，环境、氛围、商业品牌等给了顾客不同的刺激和感受，从而影响了顾客的购买决定。

关注个性：长期以来，经济学都把人看成是理性的经济人，在管理学领域也存在这样的认识误区，于是营销管理一直把产品成本降低和新技术开发作为产品管理重点，忽视了产品附加利益和服务的管理。实践表明，大多数女性的购买行为是感性的，很多人的消费行为是率性而为的。尤其是随着物质生活水平的提高，按照马斯洛的需要层次理论，消费者会从生理需要到受尊重需要到自我实现需要，消费从注重物质功能到追求精神享受。体验营销反映了消费者新时代的感性需要，体现了需要和需求的多样化和娱乐性。如消费者会减少看电视的时间，而增加娱乐场所的体验消费；减少在农贸市场的购物开支，增加对名品名店的开支。

顾客参与：传统营销管理一直视企业和顾客之间的关系如下所述：市场调查—设计产品—销售促销—售后服务，企业是主角，顾客是最终产品的被动接受者。在这样的营销管理流程中，借助市场调查收集到的顾客需求信息资料往往不够准确真实，因为顾客本人经常也不知道自己到底想得到什么，尤其在感性消费时代。而体验营销则回避了市场调查的缺陷，给予顾客充分的机会去参与产品或服务的设计，甚至让其作为主角去完成产品或服务的生产和消费过程，企业只提供场景和必要的产品或服务，让顾客亲自体验消费过程的每一个细节，这样会充分发挥顾客的自觉性，确保交易的满意。如仓储式商场从存包、浏览商品、决定购买诸多环节都是完全自我、不受打扰的体验过程。

创造快乐：顾客消费的最终目的是什么？是创造快乐，这是每个人的动物性本能。西方心理学家克珍米特哈依（Csikszentimihalyi）提出的"畅"（Flow）理论提出了人类的最佳体验标准，即"具有适当的挑战性而能让一个人深深沉浸于其中，以至于忘记了时间的流逝，意识不到自己的存在"。产品营销中完美的产品固然给顾客带来了简单的快乐——借助产品利益给顾客带来了满足；而体验营销则在产品或服务的生产伊始就不断给顾客创造了新体验、新刺激和新快乐，这种快乐是丰富多彩的。如卖场中轻松柔和的背景音乐、五颜六色的视觉享受、顾客亲自动手组装的产品、创造性的产品搭配等都会让顾客感受到刺激和快乐。娱乐节目开发更是如此，如中央电视台"挑战主持人"、"幸运52"等栏目，提供给顾客的更是刺激、新鲜、愉快的全程体验。

资料来源：王淑翠，彭品志.零售业新体验——体验营销.商场现代化，2005（5）：48~49.

# 第三章 品牌化模型

## 学习目标

**知识要求** 通过本章的学习,掌握:

● 品牌化模型
● 品牌内部化的内容
● 品牌外部化的内容

**技能要求** 通过本章的学习,能够:

● 理解品牌化的过程
● 懂得如何管理品牌内部化
● 懂得如何管理品牌外部化
● 如何实现内外部沟通的一致性

## 学习指导

1. 本章内容包括:了解品牌化模型的生成,品牌内部化的各维度含义,服务品牌发展状况,以及服务品牌创建的特殊性等。

2. 学习方法:独立思考,抓住重点;与同学讨论品牌化的含义与功能;讨论品牌内部化和外部化的内涵;评价分析周围企业的品牌外部化状况;评价分析品牌内部化状况等。

3. 建议学时:4学时。

## 第一节 品牌化模型

### 东航返航事件

据人民网—人民日报海外版报道,2008年4月6日,东航云南分公司证实,中国民用航空局派出的工作组已抵达昆明,开始调查"返航"事件。

3月31日,东航云南分公司部分航班返航一事发生后,东航迅速组织运力恢复航班正常。东航总部于当日派出工作小组赶赴昆明调查处理,收集和封存了有关气象和飞行数据资料,主动与政府部门沟通,并向相关部门提供了资料。

调查组将认真查询3月31日返航的18个航班和次日返航的3个航班资料、目的地机场天气实况以及相关飞行数据,并向当天执行任务的飞行员、空管人员、地勤工作人员、机场服务人员和乘客了解相关情况,最终调查清楚了当天返航的真相。通过对相关数据的分析及与当事人的调查谈话,初步显示从3月31日到4月1日的21个返航航班中,有部分航班并非当时机组所反映的"天气原因"返航,存在明显的人为因素。

人民网上海4月7日电,东航首次承认"返航事件"存在人为因素,称已对涉嫌当事人实施停飞和调查处理,并对社会和旅客造成的不良影响表示歉意。

资料来源:人民网—人民日报海外版,http://paper.people.com.cn/.

**思考题:**

1. 这次返航事件将会给东航带来哪些损失?
2. 如何理解员工在服务品牌管理中的地位?
3. 如何看待内部管理和外部沟通在服务品牌管理中的关系?

历史上,品牌化被视为一项借助可视的标识、名字和广告来创造形象或个性的工具,目的是以一种强烈方式表达企业相关信息。但是到20世纪90年代中期,仅靠品牌来建立企业形象或个性是不够的,在实践中,不仅是顾客还有其他利益相关者也在通过其他方式和途径考察和检验品牌。品牌的影响无处不在,品牌的外延正在逐渐扩大。

从文献研究中得知,企业的方方面面都有助于形成品牌形象。品牌形象不总是在企业意识状态下形成，还在潜意识状态下传递，于是品牌化可以理解为品牌外部化（External Branding）和品牌内部化（Internal Branding）的集合。品牌外部化是指企业主动地向企业外部利益相关者传递品牌价值和重要信息，促进形成正面的积极的品牌形象认知，形成对潜在顾客和利益相关者的有效诱导。品牌内部化则是确定品牌内涵并对员工等内部可控要素传递品牌价值和重要信息，促进员工买进并向外传递品牌内涵。Laurie Young（2003）认为，品牌内部化意味着三件事情：对员工高效传递品牌；确保他们的参与和价值；成功联结组织内各项工作以传递品牌实质。品牌内部化可以视为品牌"操作"的子集，仅指品牌内含在企业内部各方面资源间的渗透和整合，特别强调员工对自己在公司品牌创造中的位置和作用的理解。品牌内部化是外部化的前提和基础。

## 一、公司品牌外部化

在品牌外部化过程中，需要研究品牌价值如何被目标受众理解和偏好（如零售商形象），以及品牌对目标受众行为意向的影响程度。"形象"一词最早由Bolding（1956）提出，他认为"人类的行为并非全然由原始的知识和资讯所导引，而是其所知觉之形象下的产物"。所以人并非针对事实作反应，而是对他们所相信的事实作反应，即指人是按照主观的价值和知识，作为他们自身与环境沟通的工具。首先将形象的观念应用于零售领域的为Martineau（1958），他将商店的个性或形象（Store Personality or Image）定义为"消费者在心目中定义某商店的方式，部分是根据商店的功能特质，部分则是根据商店心理属性的气氛（Aura of Psychological Attributes），并以商店的时尚感、商店气氛及商店的广告等为构成商店形象的因素"。而功能性特质乃是顾客对商店选择、价格高低、信用制度、商店摆设及其他种种较客观品质方面的商店因素。商店心理属性气氛是指一种归属感、温暖或亲切的感觉或是有趣的感受。商店形象是消费者将某商店与其他商店比较后，所得到的主观形象与个人认知融合后的总体概念。商店形象对该店所销售的产品品质是一项重要的信息，消费者喜欢到商店形象好的商店消费。在自有品牌的初期推广上，许多零售商倾向于将自有品牌定位为低价格的产品，然而现在，越来越多的零售商开始透过品牌形象而不是低价格来促销自有品牌商品。目前消费者进入双品牌营销时代，选择商品品牌的同时也选择店铺品牌，因此零售商形象影响了消费者的购买行为。其他服务业的品牌形象亦然。

在服务业形象对消费行为影响方面，目前有态度学派和行为学派两大派别的研究成果（Done Schultz，2005）。一派相信消费者态度资料，一派相信鉴别、测量和财务量化消费者行为（购买和使用）。态度派相信基于消费者的知识和体验为他们创造了品牌，如果能理解态度的影响力，就应调整态度并改变行为；行为学派认为测量品牌价值的唯一办法就是计算人们所采取的行动，而不是行为意向，因为利润来自于行为而不是意图。事实上应该是二者的综合，态度和行为对品牌成功都很关键。问题是，两派研究者正各自朝着一个解决方案努力。态度派企图改善态度资料用于分析和解释态度。行为派想确保更多购买行为发生，操纵和管理顾客的行为。两派都满意于他们各自有限的知识，不断向前推进。我们需要整合态度和行为资料，理解现在和未来的消费行为与品牌形象的关系。学者们常用品牌忠诚考察品牌形象对顾客的态度和行为影响，品牌忠诚研究比较成熟，从结构上包括态度和行为元素（Jacoby 和 Kyner, 1973; Oliver, 1999）。另外，有的学者认为品牌忠诚可以视为态度评估和行为意向之间的关系力（Dick 和 Basu, 1994）。品牌忠诚能产生重大营销优势，降低营销成本，具有更大的贸易杠杆作用（Aaker, 1991），能使忠诚顾客抵御竞争者主张（Dick 和 Basu, 1994），创造更高的利润（Reichheld, 1996）。Chaudhuri 和 Holbrook（2001）已经说明品牌忠诚是影响市场份额和相对价格的重要因素。品牌忠诚已经受到实践者的欢迎，顾客忠诚或顾客保留是报告给董事局的第二种常见的标准，并用于评估营销绩效（Ambler, 2000），是品牌管理顾问中最经常被引用到基于顾客的品牌成功的评价标准中（de Chernatony, Dall'Olmo Riley, Harris, 1998）。当运用品牌忠诚时，Jacoby 和 Kyner（1973），Jacoby 和 Chestnut（1978），Oliver（1999）认为单纯从重复购买行为中（也就是行为忠诚）认识忠诚是不明智的，便利、偏好、新奇、机会和节日等也是购买行为的缘由。Jacoby 和 Kyner 提出把行为忠诚和态度忠诚纳入定义中，品牌忠诚是一段时间内一些决策单元对一组品牌中的一个或更多选择的反应，是心理过程的功能（Jacoby, Kyner, 1973）。Oliver（1999）认为顾客变得忠诚需要经过认知、情感和意动阶段。在服务市场中，态度忠诚比行为忠诚更敏感（Rundlethiele 和 Bennett, 2001），在态度忠诚考察上，可以通过提问顾客关于情感和意动忠诚的问题来反映。情感忠诚指顾客喜欢公司品牌的程度，意动忠诚指顾客是否考虑使用公司的其他产品和推荐公司品牌给其他人。Sirohi 等人（1998）对 16000 个零售连锁店的顾客进行了调查，发现通过持续购买意向测量到的顾客忠诚，会增加购买量和传播口碑。综上所述，因此作者决定把购买行为意向（态度忠诚）纳入公司品牌的研究框架中，而购买行为（行为忠诚）将被忽略。

## 二、公司品牌内部化

公司品牌和一般品牌一样，能够代表价值，是一组功能价值和情感价值的结合，但与一般商品不同的是，公司品牌的功能价值和情感价值的来源更丰富，能够代表公司的一切东西都可以强化价值和破坏价值。从根本上来说，最主要的价值源泉来自于公司远景、员工价值和组织文化（Leslie de Chernatony，2002）（如图3-1所示）。品牌圈是公司远景、组织文化和任务目标的融合和聚焦，形成于公司品牌概念中，表现于员工言行和公司运营系统中（见图3-2），把品牌价值传递给利益相关者，最终借助公司品牌价值让利益相关者满意。下面部分对公司品牌化模型中的主要概念进行阐述。

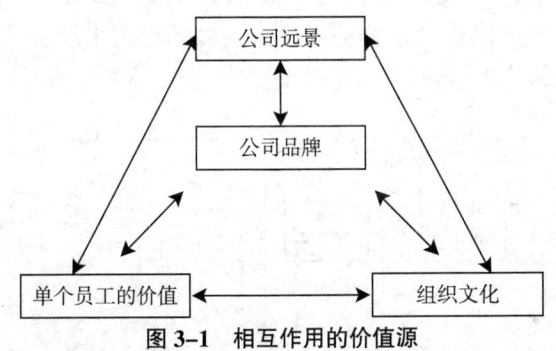

图3-1 相互作用的价值源

资料来源：Leslie de Chernatony. Would a Brand Smell any Sweeter by a Corporate Name [J]. Corporate Reputation Review, 2002（5）：114-132.

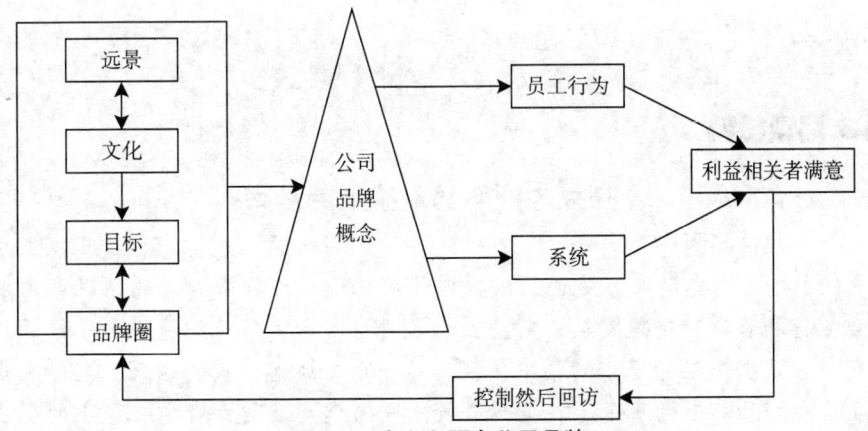

图3-2 定义和颁布公司品牌

资料来源：Leslie de Chernatony. Would a Brand Smell any Sweeter by a Corporate Name [J]. Corporate Reputation Review, 2002（5）：114-132.

我们认为单个员工价值和公司文化有很大的重叠部分，一个设计与管理科学的公司文化，应该能反映出员工的个人价值，只有设计和管理不当时，公司文化和员工个人价值才会严重分离。人类价值和文化也是很大程度上可以替换的概念，组织文化归根结底要体现人本主义和尊重人性。于是我们把个人价值和组织文化结合到一起，统称为"价值观"或"公司文化"。而目标和任务也是密切相连的，公司任务也称为公司使命，组织目标是组织任务的可考察的系列指标反应。组织任务决定了组织目标和个人目标，是量化的任务。无论远景和价值文化，都属于企业上层建筑层面的内容，是企业精神的体现。而企业任务是在远景指导下需要开展的具体工作，是企业物质层面的内容，一个卓越的公司品牌既要反映远景和价值，也要体现任务和目标。

基于上述考虑，本书所整理的公司品牌化模型如图3-3所示，后面将对该模型展开阐述，包括内外部过程关系、公司品牌价值来源、公司品牌内部化维度和公司品牌外部化过程。

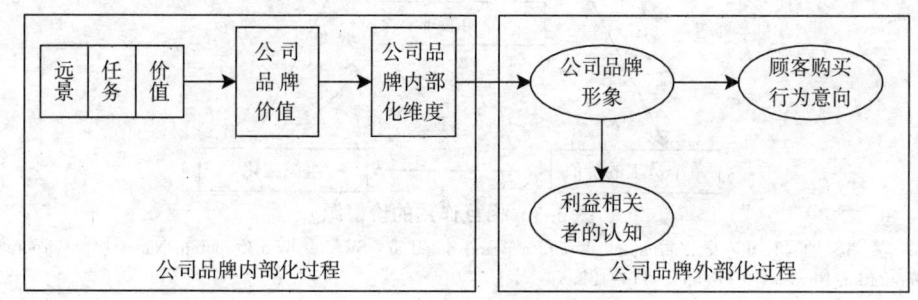

图 3-3 服务业公司品牌化模型

资料来源：作者整理.

## 世界500强品牌企业的启示

**一、硬件要素**

（1）企业战略建设。是企业根据内外部环境及可取得资源的情况，为求得企业生存和长期稳定地发展，对企业发展目标、达到目标的途径和手段的总体谋划，它是企业经营思想的集中体现，是一系列战略决策的结果，同时又是制订企业规划和计划的基础。在美国进行的一项调查表明，有90%以上的企业家认为企业经营过程中最占时间、最为重要、最为困难的就是制订战略规划。可见，战略已经成为企业取得成功的重要因素，企业的经营已经进入了战略制胜的时代。

（2）组织结构建设。战略需要健全的组织结构来保证实施。组织结构是企业的组织意义和组织机制赖以生存的基础，它是企业组织的构成形式，即企业的目标、协同、人员、职位、相互关系、信息等组织要素的有效排列组合方式。组织结构设计就是将企业的目标任务分解到职位，再把职位综合到部门，由众多的部门组成垂直的权力系统和水平分工协作系统的一个有机的整体。组织结构是为战略实施服务的，不同的战略需要不同的组织结构与之对应，组织结构必须与战略相协调。由此看出，企业组织结构一定要适应实施企业战略的需要，它是企业战略贯彻实施的组织保证。

（3）规章制度建设。企业的发展和战略实施需要完善的制度作为保证，而实际上各项制度又是企业精神和战略思想的具体体现。所以，在战略实施过程中，应制定与战略思想相一致的制度体系，要防止制度的不配套、不协调，更要避免背离战略的制度出现。

二、软件要素

（1）共享的企业管理风格。杰出企业都呈现出既中央集权又地方分权的宽严并济的管理风格，一方面他们让生产部门和产品开发部门极端自主，另一方面又固执地遵守着几项流传久远的价值观。

（2）共同的企业价值观。由于战略是企业发展的指导思想，只有企业的所有员工都领会了这种思想并用其指导实际行动，战略实施才能取得成功。因此，战略研究不能只停留在企业高层管理者和战略研究人员这一个层次上，而应该让执行战略的所有人员都能够了解企业的整个战略意图。企业成员共同的价值观念具有导向、约束、凝聚、激励及辐射作用，可以激发全体员工的热情，统一企业成员的意志和欲望，齐心协力地为实现企业的战略目标而努力。这就需要企业在准备战略实施时，要通过各种手段进行宣传，使企业的所有成员都能够理解它、掌握它，并用它来指导自己的行动。

（3）谋求共同发展的内部员工。战略实施还需要充分的人力准备，有时战略实施的成败确系于有无适合的人员去实施，实践证明，人力准备是战略实施的关键。人力配备和培训是一项庞大、复杂和艰巨的组织工作。

（4）熟练流程化的技能体系。在执行公司战略时，需要员工掌握一定的技能，这有赖于严格、系统的培训。松下幸之助认为，每个人都要经过严格的训练才能成为优秀的人才，譬如在运动场上驰骋的健将们大显身手，但他们惊人的体质和技术，不是凭空而来的，而是长期在生理和精神上严格训练的结果。如果不接受训练，一个人即使有非常好的天赋资质，也可能无从发挥。

资料来源：世界品牌实验室，http://www.bosshr.com，2005年11月1日。

## 第二节 内部化和外部化的关系

### 联邦快递公司的服务品牌

联邦快递公司作为一家全球快运业巨擘,仅用了25年时间,从零起步,在联合包裹服务公司和美国运通公司等同行巨头的前后夹击下迅速成长壮大起来,发展为拥有130多亿美元、占据大量市场份额的行业领袖,并跃入世界500强。

国际上著名的服务公司无一不重视自己的品牌形象及全程管理,并且,这些企业总是随着市场态势的变化及时调整自身的整体品牌形象。全球最具规模的快递运输公司联邦快递近日宣布向中国客户推出准时送达保证。联邦快递是首家并且是唯一一家在中国市场做出该承诺的国际快递公司。准时送达保证体现了联邦快递致力于在中国市场长期发展及不断提高服务优势的决心。

最新数字显示,自1984年进入中国市场以来,联邦快递在中国的服务覆盖城市已经增加到了202个,5年之内,还将再增加另外100个服务城市。不仅成为首家与中国海关联网、实行电子通关的国际速递公司,也是目前拥有最多往返中国航权的美国全货运运输公司,同时,"联邦快递"的品牌在中国各个城市已深入人心。

其实速递行业的饭并不好吃。全球快递业的前15名有13个已进驻中国,中国邮政手里还捏着"特快专递"这张王牌,中国递送业的开放之门还半开半掩。市场竞争如此白热化,而联邦快递却能业绩骄人,成为领跑者,靠的就是人性化服务。

服务人性化,靠的就是人和其心智。而这些很大程度是能通过培训得到的。每一位进入联邦快递的员工都会发现:培训是生活和工作中不可缺少的一部分——你的笑容、仪表、举止、说话的轻重急缓都会得到专门的训练。另外,道德操行方面,公司也有一整套的培训测评。培训是没有贵贱的,即使最普通的员工每年都能得到2500美元资助去念书,每个速递员在递送第一件物品前,都要接受40个小时的"刚性"培训。

同时联邦快递还表明,在服务业中,先进的系统和技术仍须以充满亲情的人与人的面对面交往为基础。令人仰慕的企业形象是要花很多年去建立的,并体现在各员工与顾客接触的那几秒钟内。公司力求最大限度地调动员工的积极性,让他们在每一个表情和举手投足之间将企业的好形象传递出去。

公众现在已经把"交给联邦快递"这句话同遵守诺言等同起来。这一成果来之不易,诚如联邦快递电子贸易营销经理布朗称:"无论顾客是通过电话、亲自上门,还是通过国际互联网,我们的目标都是要保证百分之百地让顾客满意。"

资料来源:段薇.服务品牌化无形为有形.北京:中国质检网,http://www.cqn.com.cn,2002年10月15日.

思考题:
1. 联邦快递公司为何如此重视员工培训工作?
2. 员工培训工作和顾客满意有什么关系?

公司品牌内部化过程和外部化过程是相对独立的两个沟通过程,内部化过程是把品牌价值传递和渗透到公司可控的载体和媒介上,借助他们再传递给外部顾客和公众。外部化过程是公司品牌价值对外部公众的传递过程,主要指外部信息沟通活动。内部化过程形成公司身份,外部化过程形成公司形象,两个过程结果互相依赖和影响。由于各种原因,公司身份和公司形象之间常常会存在差距,缩小两者之间的差距、追求一致性是企业品牌管理工作的最终目标。

## 一、内部化和外部化是相对独立的沟通过程

品牌价值的出现有两种方式:或者来源于组织个性,被建立者、管理者和员工所影响(内部化过程);或者被顾客感知(外部化过程),这样就形成了公司形象的一部分。内部化过程是有关品牌内涵的内部生成及传递渗透过程,特别强调员工对品牌内涵的理解和买入,并借助企业一些有形载体和员工行为表现来传递品牌价值,这个过程的受众就是企业的"内部顾客"——员工,公司品牌内部化的结果就是员工认知的公司身份。外部化过程是品牌内涵通过员工行为、顾客可视的企业有形物以及企业外部的信息传递和沟通,形成了顾客眼中的公司品牌价值——公司形象,这个过程的受众很复杂,包括了员工以外的全部利益相关者,如供应商、竞争者、目标顾客、民间团体等。一般而言,目标顾客是外部化过程中最主要和重要的受众。本书中的品牌外部化,主要研究目标顾客对公司品牌感知的形象以及产生的购买行为意向。品牌内部化,主要研究员工眼里的公司身份。形象是顾客感知而不是公司想的,顾客对公司的认识和感觉来自于体验和观察(Bernstein,1984)。我们的定义公司形象接近于

"消费者对公司自然和潜在现实的态度和感受"（Pharoah，1982）或者"消费者如何认识企业的结果"（Gronroos，1984）。这里的公司身份定义是回答这样的问题"我们是谁？"，"我们怎样看我们自己？"（Hatch，Schultz，1997；Gioia，Thomas，1996；Albert，Whetten，1985）。身份指成员认知、感受和思考他们的组织是什么（Hatch，Schultz，1997）。

公司品牌化和名声文献的研究都提出了员工和顾客对公司品牌认知的巨大差距。普遍认为这两个角度可以联合，尤其大家认为这个差距应该降低。Gary Davies，Rosa Chun（2002）曾采用一个标准化的"公司个性量表"来测量两个店铺的公司品牌的员工感知（指公司身份）和顾客感知（指公司形象），其中这两个店铺属于一个集团，但是有不同的名字和地点。结果表明，公司形象和公司身份的差距在两个店铺中都存在。一个店铺的形象好于身份，另一个店铺的身份好于形象。前一个店铺的形象受益于对店铺的重新装修但该店铺却忽视了对员工的投资和对员工的培训。如果形象和身份一起改进，两者之间的差距可能会发生变化。如果差距存在，身份优于形象比形象优于身份更可取。

公司品牌化在很多方面不同于产品品牌。P&G 高度依赖于产品品牌化，每个品牌联想不同，并不对公司名称进行积极推广。而 Mars 和 Nestle 却用公司名称来标签每个产品，Hilton 和 British Airways 也是采用单一的公司品牌化战略，即产品品牌和公司名称相同。产品品牌迎合的是有限的利益相关者，即购买和使用产品的人，而公司品牌迎合的是许多相对独立的群体，包括潜在员工和供应商以及顾客。于是公司品牌比较于制造性公司营销单个产品品牌及其组合而言，对服务性组织的存在和发展更具集聚性和战略性。

## 二、内部化和外部化结果相互依赖和影响

服务顾客的员工如何看待组织以很多种方式来影响顾客如何看待这个组织的问题。已经明确的观点是，公司形象始于公司内部的利益相关者——员工，以及他们对公司的认知（Gray，1986）。员工行为影响了公司的名声（Lloyd，1990），特别是那些接触顾客的员工。外部的利益相关者依赖于对这些员工的印象形成了对组织的联想（King，1991；Kennedy，1977）。由于服务性企业员工和消费者同时参与生产和消费过程，使这些消费者和组织成员之间的边界变得模糊，消费者眼中的公司形象和员工行为密不可分地联系到了一起。服务性企业，如零售业、饭店、旅店、教育机构等顾客面临组织提供的服务时，情况都是这样。所以说，在服务业中，公司品牌内部化是品牌外部化的前提和基础，品牌内部化结果决定了品牌外部化结果。管理好公司品牌内部化要素是重中之重。反过来，良好的品牌外部化结果也会促进内部化的进程和效果，例

如，良好的顾客口碑、积极热情的顾客参与、忠诚的目标顾客等。良好的公司品牌形象而形成的忠诚热情的目标顾客群体无疑会增加对服务业和服务人员的宽容理解和积极配合，这会改善员工的工作态度和对公司的认知，提高其归属感和成就感。

公司品牌身份和形象管理需共同进行，一起解决下面这些问题：短期内公司品牌传递什么？长期内公司形象怎样？公司能传递什么？结合当前顾客认知、企业能力、传递意义项目哪些是可信的？什么会和顾客产生共鸣？公司品牌中什么将支持商业战略？公司品牌形象和身份需要切合实际的管理，有些企业的公司品牌像个"孤儿"，自生自灭，缺少与长期销售相联结的品牌建立活动，也没有预算来源。于是，需要对公司品牌建立长期培养机制，提供资源确保品牌能实现预期目标。

尽管如此，形象和身份存在差距依然是普遍现象，二者应该联合（Hatch, Schultz, 2001），员工的价值和行为与顾客对公司品牌的需要统一起来（de Chernatony, 1999）。任何公司品牌需要满足内外部利益相关者的情感需要（Hallawell, 1999），不同的利益相关者有不同的公司品牌感知，如何界定员工需要的公司品牌和顾客需要的公司品牌，并且让不同内容的公司品牌在沟通传递中能够保持连续、协调和整合，这是公司品牌化中需要继续研究的课题。

## 三、品牌内涵传递的一致性是最终管理目标

公司品牌被认为是很多不同的东西，如一个概念性框架，一个管理过程，一个战略工具或沟通便利器（Majken Schultz, Leslie de Chernatony, 2002），涉及内部维度和外部维度（Internal Dimensions 和 External Dimensions）以及它们的关系。最近的公司品牌化研究关注了品牌的感知，以及对利益相关者的一致性传递问题，公司品牌化不再仅仅是外部营销工具，更是内外联盟的一个战略性框架。成功实现公司品牌化过程需要管理者发现内外驱动因素并探讨如何互动联盟。公司品牌化的内部维度是和文化和身份相关（基于组织研究）的，而外部维度强调形象和名誉（基于战略和营销），许多过去的公司品牌化工作关注为何内外部维度相关以及怎样对它们进行分析等，未来的研究应集中于如何扩大公司品牌内外部维度之间的一致性和可能性。例如，当商业多样化、地理复杂性、不同管理理念和分公司增加时，如何保持品牌表达的一致性？这些变化会影响品牌感知吗？可靠和信任在公司品牌中如何实现？以后内外利益相关者之间的关系和地位将变得相互交织，例如，员工既是股东又是顾客，因此内外维度的辨识和管理就变得更困难了。

总之，概括地说公司品牌化是一个整合的（内部全部资源）、战略的（形

成组织未来方向）和关联的（内、外利益相关者的活动）、动态的（资源改变和转换）管理过程，是有关品牌内部化和外部化有机结合的过程。公司品牌内涵在内部和外部的传递一致性问题是今天和未来需要持续努力的研究课题。

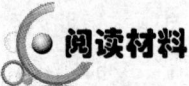 阅读材料

### 星巴克的内部品牌

星巴克很少使用传统的广告手段进行宣传。星巴克总裁舒尔茨写道："知名的品牌和尊重员工使我们挣了很多钱并富有竞争力，这两者缺一不可。"在这个过程中，关系理论成为星巴克全球扩张过程中企业文化的核心价值观。

星巴克认为它和烤制高品质的咖啡豆一样重要：通过建立关系，星巴克使客户们参与产品的开发、与供应商共享信息资源、与合作伙伴建立广泛而持久的沟通桥梁，企业的各个部门步调一致。而星巴克更值得称道的是它另辟蹊径开创了自己的内部品牌管理方法，把用于广告的支出用于员工的福利和培训。

回顾一下星巴克内部品牌的持续深化过程：1988年，星巴克成为第一家为临时工提供完善的医疗保健政策的公司；1991年，星巴克成为第一家为员工（包括临时工）提供股东期权的上市公司。星巴克公司的总部，也被命名为"星巴克支持中心"——说明管理中心的职能是提供信息和支持而不是向基层店发号施令。星巴克公司通过权力下放机制，赋予了员工更多的权利，各地分店也可以作出重大决策。为了开发一个新店，员工们团结于公司团队之下，帮助公司选择地点，直到新店正式投入使用，这种方式使新店最大限度地同当地接轨。而在这种接轨的过程中，星巴克内部品牌不断地得到深化，员工更因为持股而被星巴克尊称为"伙伴"。

持续而且不断深化的"员工关系"计划将星巴克的"关系理论"文化系统地植入到员工心中，形成了不断强化的内部品牌，并让组织从中获益：在改革福利政策之后，员工的流动率大幅下降，在组织的员工中形成了自强、交流和合作的氛围。最终，星巴克达到了创造"关系"资本，跨越企业内部障碍，实现文化、价值观的交流的效果。

资料来源：基于企业文化的内部品牌管理. 黑龙江：庆南工业园区, http://www.dqqingnan.com.

## 第三节　公司品牌内涵的根源

### 西南航空的企业文化

西南航空倡导的企业文化的核心理念是"爱",它又是如何将"爱"这种浪漫但虚无的品牌概念转化到营运的每个细节中的?

西南航空一直强调:员工是第一位的,企业爱它的员工。所以,西南航空几乎从未把它的员工辞退,给予员工足够的发展空间,员工可以在飞机上跟乘客玩各种游戏、营造愉快的工作氛围,可以自由地跟总裁进行对话。而且,如果顾客过分的举止、行为、要求影响到员工的工作情绪,那么企业将兑现它对员工的承诺:宁可失去这部分的市场效益,也不让员工觉得委屈。

西南航空公司在发现了优秀雇员崇尚西南航空的"自由"理念后,制定了包括自由保健、自由建立财务保障制度、自由学习与成长、自由进行积极变革等在内的八项"自由员工计划",既增强了雇主的吸引力,又使得其"自由飞行"的产品品牌在组织内部得到了透彻的理解和贯彻。

西南航空的案例启迪了业界:只有当员工获得了企业文化与内部品牌一致的承诺时,他们才有可能真正接受企业文化,并对品牌保持与企业统一的认知。换言之,企业内部品牌管理的基础是文化。只有建立和文化高度一致的内部品牌,才能调动组织中成员的努力、潜力与动力,品牌的影响才会真正实现。

资料来源:基于企业文化的内部品牌管理. 黑龙江:庆南工业园区, http://www.dqqingnan.com.

**思考题:**

1. 企业文化对员工会产生哪些影响?
2. 请举例说明所熟悉的品牌体现出的不同的企业文化。

公司品牌内涵的形成和转移一定要得到公司远景、任务和价值的支持。员工能否接受公司品牌,很大程度上取决于对组织战略层面内容的理解和承诺。所以一个良好的公司品牌内涵一定要能够体现公司远景、承载公司任务、规范公司价值,这关系到公司品牌作为企业和顾客之间的纽带作用,关系到公司品牌在员工、顾客和其他购买公司品牌的人和组织之间的角色扮演。

## 一、公司远景（愿景）(Shared Vision)

远景是在人们心中的一股令人深受感召的力量。刚开始时可能只是被一个想法所激发，然而一旦发展为感召一群人时，就不再是个抽象的东西，可以理解为一种具体存在的东西。最简单的说法是"我们想要创造什么？"，正如个人远景是人们心中或脑海中所持有的意向或景象，共同远景是组织内所有成员共同持有的意向或景象，它创造出众人是一体的感觉，缘于共同的关切而产生对个体的影响力量，这种力量渗透到组织各方面的活动，而使各种不同的活动融汇起来。人们寻求建立共同远景的理由之一，就是他们内心渴望能够归属于一项重要的任务、事业或使命。共同远景会唤起人们的希望，特别是内生的共同远景使工作变成是在追求一个比工作本身更高的目的，而这个目的又是蕴涵在组织的产品或服务之中。共同远景改变了成员和组织之间的关系，它不再是"他们的公司"，而是"我们的公司"，是使互不熟悉和信任的人一起工作的第一步，产生一体感。心理学家马斯洛（Abraham Maslow）晚年从事于杰出团体的研究，发现杰出团体最显著的特征是具有共同远景与目的，组织任务与个人无法分开，也就是说，个体高度认同企业任务。

## 二、公司任务（使命）(Mission)

一个组织的存在就是为了完成某些事，如提供贷款、转售商品等，这些看似简单的道理却需要谨慎思考来明确，具体来说表现为这样几个问题：我们的企业是干什么的？顾客是谁？我们对顾客的价值是什么？我们的业务将是什么？成功的公司经常会向自己提问并思考这些问题，然后根据环境变化和自身特点给出明确的答案。一般来讲，一个组织的任务来自于五个途径：历史、所有者和企业管理者的当前偏好、市场环境、资源、独特的能力。许多公司制定任务说明书是为了让他们的经理、员工在许多场合与顾客和其他公众负有共同的使命感。一个有效的任务说明书将向公司的每个成员明确地阐明有关目标、方向和机会等方面的意义。公司的任务说明书就像一只无形的手，引导着广大而又分散的员工各自地但却是一致地朝着同一个方向，即为实现公司任务而进行工作。任务说明书是文字表述的，很难用于考量公司业绩，因此需要把它转化为一系列的可测量的指标，即公司目标。公司任务一般会在较长时间内（至少十年以上）发挥作用，有的公司的任务说明书在几十年动荡的市场环境下依然适用。

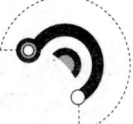

## 三、价值观（公司文化）（Value）

组织中共有的价值体系体现了一个组织的经验、历史、信仰和标准。有些公司文化是主动创造和培养的，而有些公司文化是自然形成的。像部落文化中支配每个成员及影响外来人的图腾和戒律一样，组织拥有支配其成员行为的文化。在每个组织中，都存在着随时间演变的价值观、信条、仪式、神话和实践的体系或模式，这些共有的价值观在很大程度上决定了成员的看法及对周围世界的反应。当遇到问题时，组织文化通过提供正确的途径来约束员工行为，并对问题进行概念化、定义、分析和解决。一个组织的文化常常反映出组织创始人的远见和使命，因为创始人有着独创性的思想，所以他们对如何实施这些想法存在着倾向性，他们不为已有的习惯或意识所束缚。创始人通过描绘组织应该是什么样子的方式来建立组织早期的文化。由于新成立的组织规模较小，从而使得创始人能够使他的远见深刻地影响组织的全体成员。所以，一个组织的文化是以下两个方面相互作用的结果：一是创始人的倾向性和假设，二是第一批成员从自己的经验中领悟到的东西。

公司远景、任务、价值观属于公司高层战略规划的内容，它们是品牌文化和价值主张的支撑和行动方针，品牌的发展不能偏离公司战略与冲突，并追求和战略保持最大限度的一致性和协调性。

### 耐克："自我价值关怀"营销法

1976年，耐克首次亮相奥运会的时候，年销售额还不足3000万美元。但是15年后，它的销售额达到了30亿美元，与阿迪达斯一起成为运动鞋类市场的领导品牌。耐克的成功除了得益于不断创新的产品设计，强大的销售网络和引导运动时尚潮流的广告等因素外，还有一个同样重要的成功因素，那就是耐克作为一个品牌，从诞生的第一天起，就对普通人的健身运动充满了一种独特的利益关怀和人文关怀。

20世纪70年代后期，美国正处于"唯我独尊的年代"。比起上一代人，新生代受教育程度较高，生活更加富裕，也更加追求以自我为中心的价值观念。在美国，每个体育明星都被视为一个成功实现自我的奇迹。耐克敏锐地发现了新生代的思潮趋向，推出了大量的体育明星广告。在广告中，没有让体育明星们穿着耐克鞋跑来跑去，而大多是真实地再现他们拼搏的精彩瞬间。这种独特的自我价值关怀深刻地感染了新生代。于是，从棒球场到城市街道，到处出现了穿着耐克鞋的健身族。

到了20世纪90年代,美国社会又发生了新的变化:自我崇拜的热情渐渐退去,人们变得更加关注现实的自我。耐克再一次敏锐地发现了这种变化。虽然大部分广告的主角还是体育明星,但是已经没有了那种超人般的气质,他们像普通人那样在感受着压力、困惑甚至失败。"Just do it"成为了一种信念,成为了人们在压力和困惑中的励志信条,再一次给予了人们一种深切的自我价值关怀。

一个品牌如果充满了对顾客的独特关怀,就可以从顾客那里得到更多的关注和爱戴。反之,一个品牌如果充满了对产品的自我炫耀,顾客就会像躲避自恋狂一样掉头走开:运动产品如此,IT产品如此,任何产品都如此。

资料来源:耐克:"自我价值关怀"营销法. 世界经理人, http://brand.icxo.com, 2008年1月4日.

## 第四节  公司品牌外部化过程

引导案例

### 感官品牌战略

随着市场的发展,顾客逐渐对多维的感官体验有了越来越高的要求。一项名为Brand Sense的研究发现,品牌与顾客的感官接触点越多,它与顾客的联系就越紧密。研究还表明,一个品牌给予顾客的感官感受越多,其价格也会相应地越高。

现在让我们探索一下感官品牌这个新领域。

视觉:让我们从视觉角度审视一下可口可乐这个品牌。它有非常醒目的色彩。无论身在何处,可口可乐都以鲜明的红底白字示人。不变的色调、飘逸的缎带、一致的字体组成了一个清晰、明亮的商标,令人过目难忘,从而使其品牌长盛不衰。

听觉:诺基亚手机独特的铃声是其标志之一,这个全球最大的手机制造商也因此如虎添翼。调查显示,全球41%的消费者能识别出这个铃声,并在听到它时联想到诺基亚手机。在这群消费者当中,有接近半数的人非常喜欢这种铃声。

嗅觉:著名的豪华轿车品牌劳斯莱斯耗资数十万美元,只为重现1965年

"银云"（Silver Cloud）的独特气味。这种气味千金难求，而它却是劳斯莱斯保持世界顶级奢侈品牌的制胜法宝。当劳斯莱斯的买主开始抱怨新车要逊色于上一代产品时，研究人员进行了跟踪调查，找到了问题的源头，那就是气味。厂方随之对 1965 年 "银云" 的气味进行了分析。现在，每一辆劳斯莱斯离厂之前，这种独特的气味都会保留在车的座椅之下。

触觉：最具触觉吸引力的品牌之一是奢华电子产品品牌 Bang & Olufsen。用户只需一个遥控器就可以操控电视机、收音机、CD 机、录音机，甚至每个房间的灯光。尽管其他公司也推出了类似的产品，但是 Bang & Olufsen 遥控器以其独特的外形、厚实的手感而与众不同。Bang & Olufsen 的整个产品线，从电话到扬声器，包括耳机及各种附件都给予客户同样的触觉感受。

味觉：除了食品和饮料行业，味觉是特别难以融入品牌的一种感官感受。但对于高露洁来说是一个例外。高露洁为其牙膏的独特味道申请了专利。需要提出的是，它并没有将这种味道延伸到公司的其他产品，如牙刷和牙线。尽管缺乏统一性，但高露洁仍然是将味觉引入产品的佼佼者。

资料来源：建立感官品牌战略. 世界经理人网站，http://www.ceconline.com，2006 年 12 月 1 日。

**思考题：**
1. 请结合消费者行为学理论谈谈你的品牌认知过程。
2. 外部沟通媒介有哪些？

公司品牌外部化过程就是如何形成良好的公司形象以吸引顾客和受众产生购买行为意向的过程，本质上就是信息的外部传递和沟通，沟通对象包括广泛的企业外部利益相关者，如合作伙伴、顾客、社会团体等。顾客是主要的和重要的沟通对象。这项工作经常采用沟通组合来完成，如常见的广告、促销、公共关系、人员推销、直销五种方式。这些方式和手段并不是沟通工具的全部，除此之外，产品的包装、式样、价格、销售场景等都可以向外部公众传递形成公司整体形象的某些信息，因此，沟通组合包括纷繁复杂的各种信息传递手段和方式。无论是制造业还是服务业，在外部信息沟通方面，在公司品牌外部化过程中，都存在着同样的沟通原则和原理。有效的传播过程一般包括八项主要步骤和内容：①确定目标受众；②确定传播目的；③设计信息；④选择传播渠道；⑤编制总促销预算；⑥决定促销组合；⑦衡量促销成果；⑧管理和协调整合营销传播过程。

## 一、确定目标受众

营销信息的传播者必须一开始就要在心中有明确的目标受众，目标受众可能是公司产品和服务的潜在购买者、目前使用者、决策者或影响者，也可能是公司的潜在合作伙伴。受众可能是个人、小组、特殊公众或机构团体。目标受众的判断会影响信息传播者的下列决策：准备说什么？打算如何说？什么时候说？在什么地方说？谁来说？然后要对目标受众的特点进行研究，同时关注对公司及所在行业的初步印象，以便有针对性地开展下一步工作。

公司品牌的受众应该是相对复杂的一个群体，目标顾客仅仅是其中的一部分，而广泛的利益相关者往往也是信息传递和沟通的重要对象，因为公司品牌是服务业用于联系和创建多重关系的战略性工具。在公司发展的不同时期和背景下，公司品牌会有重点地发展不同关系，关系紧密程度会随企业需要而不断调整。

## 二、确定传播目的

当确认了目标受众及其特点以后，营销信息传播者必须确定寻求什么样的反应，对顾客而言寻求的是购买行为的发生，而购买行为的发生需要一个漫长的决策过程，因此营销信息传播者要知道如何把目标受众从当前所处购买过程阶段向前推进，加速其购买行为。

所有的消费者的购买过程都是一个认知—感情—行为反应，消费者首先知道某个品牌，然后产生情感后才会发生该品牌的购买行为。在这个反应模型的进一步解释上，有四个最著名的反应层次模型：

（1）AIDA 模式：注意—兴趣—欲望—行动；
（2）效应层次模式：知晓—了解—喜爱—偏好—信任—购买；
（3）创新采用模式：知晓—兴趣—评估—试用—采用；
（4）沟通模式：接触—接收—认知反应—态度—意图—行动。

可以说，不同消费者对不同产品的购买行为过程，基本符合某个特定的反应层次模型，营销者可以借此了解他们所处的购买阶段并预测下一个阶段，从而决定将采取的沟通策略，促进消费者的购买。

## 三、设计信息

有效的信息应能引起注意、激发兴趣、唤起欲望、导致行动。制定信息需要解决4个问题：说什么（信息内容）、如何合乎逻辑地叙述（信息结构）、以什么符号进行叙述（信息格式）和谁来说（信息源）。

在信息内容设计上，公司管理层要寻找诉求、主题、构思或独特的推销主题，表达出受众做某些事情应该考虑到的理由，可能是某种利益、动机或认同。诉求可以分为三类：理性诉求、情感诉求和道义诉求。理性诉求显示的是产品的功能利益，如质量、经济性、价值或性能等；情感诉求试图激发出某种否定或肯定的感情以促进购买，如内疚、羞愧、高兴、怀旧、亲情等获取目标受众的情感共鸣；道义诉求用来指导受众有意识地分辨什么是正确的和什么是适宜的，常用来规劝人们关心支持公益事业，如爱护环境、尊老爱幼、平等民主等。

一个信息的有效性，不仅要看它的内容，还要看它的结构。信息结构决策包括：是否要提出结论，采用单面或双面论证以及表达次序。

信息传播者必须为信息设计具有吸引力的形式，如印刷广告中的标题、文稿、插图和颜色的设计是否醒目漂亮；在电子广告中的字幕、音量、背景音乐、速度、音调等都影响受众的感觉。

有吸引力的信息源发出的信息往往可以获得更多的注意与回忆，但代言人的可信程度很重要，一般认为，专长、可靠性和令人喜爱这三个要素必须具备其一。专长指传播者所具备的专业知识；可靠性涉及的是客观性和诚实性；令人喜爱是吸引力程度，如幽默、美丽和自然的品质等。

## 四、选择传播渠道

信息在传播渠道的选择和设计上依据的是目标受众的媒介接触习惯，即了解某些受众在什么时间和场合接触什么媒介。概括地说，可以分为人员的信息传播渠道和非人员的信息传播渠道。人员渠道包括提倡者、专家和社会渠道三种，社会渠道就是我们常说的口头传播，对服务业的公司品牌而言是非常重要的一种传播方式。非人员信息传播渠道包括各类媒体、气氛和事件。气氛是指"整体配套的环境"，会产生和强化消费者的购买倾向。事件是指对目标受众产生影响的偶然发生的公司大事，如店庆、指定赞助商等。气氛和事件比较媒体对服务业品牌的传播推广有着更加重要的意义。

## 五、编制总促销预算

合理编制促销预算才会达到促销目标，目前普遍使用的确定预算的方法有：量入为出法、销售百分比法、竞争对等法、目标和任务法。量入为出法是根据公司的承受能力决定促销预算，这种方法忽视了促销对销售量的影响，会丧失某些成长机会和市场份额。销售百分比法把销售量和促销费用紧密联系起来，对公司不会造成财务负担，也能估计竞争状况，是一种比较有效的预算方法。竞争对等法是按照竞争对手的大致费用来决定自己的促销费用，一般而言，竞争对手的大致费用也代表了这个行业的平均费用水平，这种做法可以有效防止促销战。目标任务法要求经营人员靠明确自己的特定目标，确定达到这一目标必须完成的任务以及估算完成这些任务所需要的费用来决定最终的促销费用。

## 六、决定促销组合

实践证明，靠单一手段促销会导致费用高而且效果差，促销组合是所有企业促销活动的唯一理性选择。在如何搭配各种促销方式和手段上，因行业和企业不同而不同，最重要的促销组合设计依据是目标受众的特点。在设计组合时，企业首先要了解各种适合企业的促销工具的特点和费用状况，如电视广告覆盖广、费用高、生动活泼、瞬间效应；人员推销针对性强、费用偏高、双向性、覆盖差。然后结合产品特点、购买者所处的阶段、企业产品生命周期阶段、竞争状况、公司财力等来确定最终的促销组合。

## 七、衡量促销成果

促销计划贯彻执行后，信息传播者必须衡量它对目标受众的影响：他们看过吗？记住了什么？喜欢吗？想购买这个品牌吗？信息传播者要收集受众反映的行为数据，诸如有多少人购买了该产品，多少人喜爱它并谈论它，同时还要衡量促销费用的投入产出效率，通过改变促销内容、促销方式和媒介来改变促销效果。

## 八、管理和协调整合营销传播过程

由于竞争的加剧和顾客的行为变化，营销组合要不断调整以适应新变化。整合营销传播受到了企业的重视和推广，美国广告代理商协会对它的定义是"一种营销传播计划，用来确认评估各种传播方法战略作用的一个综合计划的增加价值，例如，一般的广告、直接反应、促销和公关，把这些营销方法进行组合，通过对分散信息的无缝结合，以提供明确的、连续一致的和最大的传播影响"。整合营销传播将会产生更多的信息一致性和巨大的销售影响，它把传播的责任分散到每个人身上，把公司、品牌形象和信息完美地结合起来。整合营销传播会改善公司的能力，使之带着恰当的信息、在恰当的时间和恰当的地点影响恰当的顾客，这种传播理念是所有企业传播活动的共同选择。

**考试链接**

1. 要记住公司品牌外部化、公司品牌内部化、远景、任务和公司文化等概念，理解公司品牌内部化和外部化的关系，熟悉公司品牌外部化的过程。

2. 请结合一家新开张的饭店，设计其公司品牌外部化的过程和内容。

## 本章小结

从文献研究中得知，企业所有的东西都有助于形成品牌形象。品牌形象不总是在企业意识状态下形成，还在潜意识状态下传递。于是品牌化可以理解为品牌外部化（External Branding）和品牌内部化（Internal Branding）。品牌外部化是指企业主动地向企业外部利益相关者传递品牌价值和重要信息，促进形成正面的、积极的品牌形象认知，形成对潜在顾客和利益相关者的有效诱导。品牌内部化则是确定品牌内涵并对员工等内部可控要素传递品牌价值和重要信息，促进员工买进并向外传递品牌内涵。于是，本书提出了一个公司品牌化模型，包括内外部过程关系、公司品牌价值来源和公司品牌外部化过程。

公司品牌内部化过程和外部化过程是相对独立的两个沟通过程，内部化过程是把品牌价值传递和渗透到公司可控的载体和媒介上，借助它们再传递给外部顾客和公众。外部化过程是公司品牌价值对外部公众的传递过程，主要指外部信息沟通活动。内部化过程形成公司身份，外部化过程形成公司形象，两个过程的结果互相依赖和影响。由于各种原因，公司身份和公司形象之间常存在差距，缩小两者的差距、追求一致性是企业品牌管理工作的最终目标。

公司品牌内涵的形成和转移一定要得到公司远景、任务和价值的支持。员工能否接受公司品牌很大程度上取决于对组织战略层面内容的理解和承诺。所以一个良好的公司品牌内涵一定体现公司远景、承载公司任务、规范公司价值，这关系到公司品牌作为企业和顾客之间的纽带作用，关系到公司品牌在员工、顾客和其他必须购买公司品牌的目标和价值的人和组织之间的角色扮演。

公司品牌外部化过程就是如何形成良好的公司形象吸引顾客和受众产生购买行为意向的过程，本质就是信息的外部传递和沟通，沟通对象包括广泛的企业外部利益相关者，如合作伙伴、顾客、社会团体等。顾客是主要的和重要的沟通对象。这项工作经常采用沟通组合来完成，例如，常见的广告、促销、公共关系、人员推销、直销五种方式。这些方式和手段不是全部的沟通工具，除此之外，产品的包装、式样、价格、销售场景等都可以向外部公众传递某些形成公司整体形象的某些信息，因此，沟通组合包括纷繁复杂的各种信息传递手段和方式。无论是制造业还是服务业，在外部信息沟通方面，在公司品牌外部化过程中，存在着同样的沟通原则和原理。有效的传播过程一般包括八项主要步骤和内容：①确定目标受众；②确定传播目的；③设计信息；④选择传播渠道；⑤编制总促销预算；⑥决定促销组合；⑦衡量促销成果；⑧管理和协调整合营销传播过程。

## 深入学习与考试预备知识

瓦拉瑞尔·A.泽丝曼尔和玛丽·乔·比特纳合著的《服务营销》中提出了"服务营销三角形"概念，其中内部营销就是三边之一，如图3-4所示。

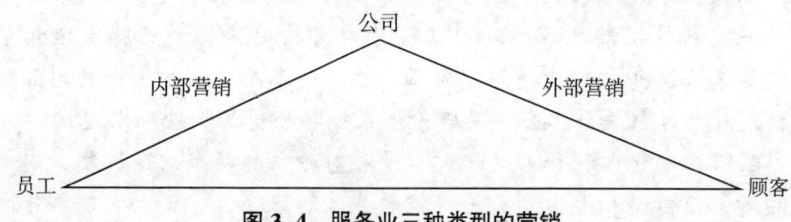

图3-4 服务业三种类型的营销

她们认为，这三种类型的营销是保证一项服务成功而必须要进行的活动。内部和外部营销都涉及对顾客的承诺。根据顾客的期望以及提供方式，公司通过外部营销向顾客作出承诺。对于服务，除了广告，推销和其他促销活动可以向顾客传达承诺外，服务人员、设施的设计和布置，以及服务过程本身也能进行沟通并有助于建立顾客的期望。服务保证和双向交流也是表达服务承诺的方式。保持传达的承诺是互动营销的任务。服务承诺通常是由企业的员工或第三方提供者保持或破坏的，有时服务承诺甚至是通过技术来提供的。互动营销是在顾客和组织之间，服务生产和消费的瞬间发生的。营销的第三种形式——内部营销则发生于实现承诺的过程中。为了使提供者和服务系统按照作出的承诺提供服务，他们必须具备提供服务的技艺、能力、工具和动力。这就需要内部营销通过对服务人员进行挑选、培训，提供相应的工具和恰当的内部制度，对良好服务行为进行奖励，从而把承诺保持下去。内部营销是以员工满意度和顾客满意度密切相关这个假设为基本前提的。对于服务营销管理而言，缺少任何一边，都不能保证服务的质量和顾客的满意。

## 知识扩展

### 什么是服务利润链？

1994年，由詹姆斯·赫斯克特教授等五位哈佛商学院教授组成的服务管理课题组提出了"服务价值链"模型。这项历经二十多年、追踪考察了上千家服务企业的研究，试图从理论上揭示服务企业的利润是由什么决定的。他们认为：服务利润链可以形象地理解为一条将盈利能力、客户忠诚度、员工满意度和忠诚度与生产力之间联系起来的纽带，它是一条循环作用的闭合链，其中每一个环节的实施质量都将直接影响其后的环节，最终目标是使企业盈利，如图3-5所示。

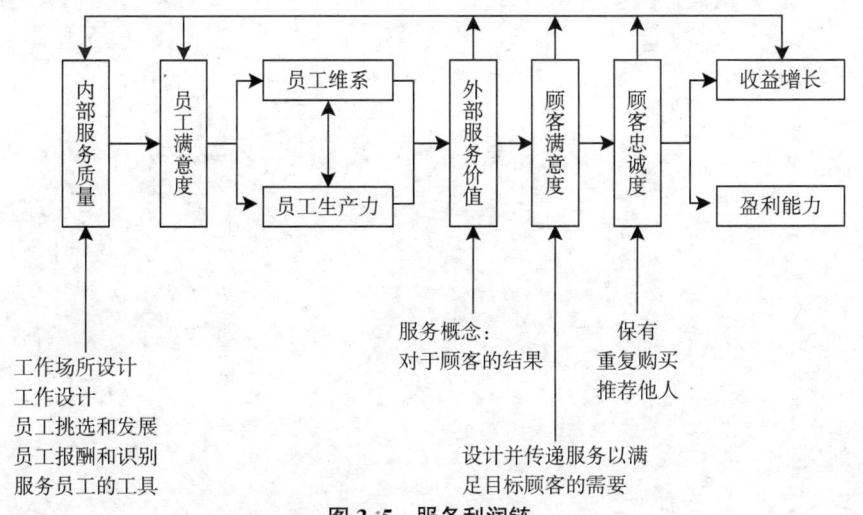

**图 3-5　服务利润链**

资料来源：James L.Heskett, Thomas O. Jones, Gary W. Loveman, W. Earl Sasser, Jr., And Leonard A. Schlesinger. Putting the Service-Profit Chain to Work [J]. Harvard Business Review, March-April, 1994: 164-174.

该链条充分展示了内部服务质量是企业利润的源泉，外部服务价值是由内部员工决定的，领导的思维是保证服务——利润链成功运行的决定性因素。因此，我们在探讨服务质量、服务品牌和服务利润时，首先要研究内部员工的工作需要，然后设计出合理的工作岗位和分工体系，充分发挥每个员工的能力和兴趣，无论物质激励还是精神激励都要服务于创造满意的员工，而领导的思维重要性在之后的雇主品牌化中得到体现。

## 服务品牌管理

服务利润链的思想认为：利润、增长、顾客忠诚度、顾客满意度、顾客所获得的产品及服务的价值，员工的能力、满意度、忠诚度、劳动生产率之间存在着直接、牢固的关系，这些都是和服务的利润以及利润的增长有着直接的联系的。

# 第四章 服务品牌创建过程

## 学习目标

**知识要求** 通过本章的学习，掌握：
- 服务品牌创建特殊性
- 服务品牌创建过程相关理论
- 战略视角的服务品牌创建过程
- 价值视角的服务品牌创建过程

**技能要求** 通过本章的学习，能够：
- 了解各种服务品牌创建的相关理论，学会多视角地培育服务品牌
- 重点掌握战略视角的服务品牌创建过程
- 了解从价值视角创建服务品牌

## 学习指导

1. 本章内容包括：了解服务品牌创建的特殊性，熟悉服务品牌创建过程的相关理论，重点掌握战略视角的服务品牌创建过程，以及价值视角的服务品牌创建过程等。

2. 学习方法：独立思考，抓住重点；与同学讨论品牌创建的过程；讨论服务品牌培育的特殊性。

3. 建议学时：4学时。

服务品牌管理

# 第一节 服务品牌创建过程文献综述

### 公司形象：生命之环的灵感

1995年，AT&T美国电话电报公司被美国政府强令分拆成三家不同的公司，其中的原AT&T设备分公司将重组为一家新的公司。伴随着企业名称的变更，企业的市场、员工、制度、资源，乃至于企业的本质，也在发生着天翻地覆的变化。从企业的名称到企业的标志，从企业的色彩到企业的字体，所有的形象要素都在变更，而唯一不变的企业主体——作为继承贝尔实验室通讯世界先锋意识的AT&T人，在新的企业形象识别系统的感召下，聚集到了朗讯大旗下。

负责创建新品牌的朗涛首先开发了700多个名称，然后选出12个名字，最后提出3个候选方案。这三个新名称的候选方案加上设计出来的新标志，被选送到美国、巴西、阿根廷等地展示，进行英语、汉语等13种不同语言的测试，同时标志也进行了各地文化环境的测试。

AT&T设备分公司的新名称被定名为Lucent Technologies，中文名称为朗讯科技，新标志是随意挥洒的环形，新颜色为红色。新品牌在1996年2月正式对外发布，来自官方的宣传资料这样诠释"朗讯"这一新品牌："Lucent"一词意味着"璀璨发光"（Glowing with Light）"与"清晰突出"（Marked by Clarity）"，暗示着清晰的思维、无限的智慧和活力；醒目的新标志"创新之环"代表着动态性与完整性；手工绘制则是知识的象征，从中可透视出全体员工的创新激情。整个品牌标识代表着"简洁"、"直觉"、"光明"、"清晰"、"创新"与"活力"。

AT&T的标志是球形里的线条渐变，左上方通过线条的粗细变化造成球形的高光部位。此标志的理念是：智慧之光。蓝色的渐变律动的线条构成的光彩变化，凹凸明显的立体印象。为保证延续和继承贝尔实验室的优良品牌资产，新的朗讯品牌标识由三个部分构成：黑色的Lucent Technologies字体、红色的创新环图案以及Bell Labs Innovation字样，向所有的公众暗示新的公司其实是源于历史悠久的贝尔实验室，拥有着伟大的创新传统。

整个朗讯新品牌的创建和传播工程获得极大的成功,在战役推出的6个月内,朗讯在主要客户行业金融业的知名度达到了91%,股票价格上涨了85%,并且获得了价值70亿美元的新合同。

资料来源:小容.分拆中的品牌创建哪家欢喜哪家愁?北京:新浪网,http://gov.finance.sina.com.cn.

**思考题:**
1. 如何理解公司品牌名称和标识的重要性?
2. 公司品牌的成长和成名还需要什么?

## 一、服务品牌与商品品牌的差异

一般来说,商品和服务可分为搜寻型、经验型和信任型三类,有形产品具有更多的搜寻属性,服务则具有更多的经验和信任属性。Moorthi(2002)强调,搜寻型、经验型和信任型服务组织在创建品牌的原则和重点上是不同的,从品牌作为产品(产品、价格、地点、促销、有形展示)、过程、组织、人、一种象征五个方面,对不同类型的服务组织如何创建品牌进行了详细的描述,见表4-1。

表4-1 产品类型和品牌化

| 品牌化 | 搜寻型 | 经验型 | 信任型 |
| --- | --- | --- | --- |
| **品牌作为产品** | | | |
| 产品 | | | |
| 典型例子 | 足球、洗衣店 | 航空、餐馆 | 医生、咨询 |
| 无形性 | 低 | 中等 | 高 |
| 感知风险 | 低/中等 | 中等 | 高 |
| 价格 | | | |
| 价格估计 | 容易 | 相对容易 | 困难 |
| 溢价能力 | 困难 | 困难 | 比较容易 |
| 地点 | | | |
| 位置 | 接近顾客 | 合理距离 | 距离不是问题 |
| 渠道的风险 | 相对低 | 高 | 很高 |
| 促销 | | | |
| 广告本质 | 提供信息 | 顾客满意的口碑 | 一般的口碑 |
| 广告信息 | 直接 | 间接 | 间接 |
| 有形展示 | | | |
| 有形展示需要 | 高 | 中等 | 低 |
| 有形结构(机器) | 重要 | 非常重要 | 不太重要 |
| 核心和补充服务 | 核心最重要 | 两者都重要 | 核心最重要 |
| **品牌作为过程** | | | |
| 互动过程 | 标准化 | 相对标准化 | 定制化 |
| 顾客参与程度 | 中等 | 中等到高 | 高 |
| 互动内容 | 清晰 | 有点模糊 | 模糊 |

续表

| 品牌化 | 搜寻型 | 经验型 | 信任型 |
| --- | --- | --- | --- |
| **品牌作为组织** | | | |
| 组织文化 | 产品驱动 | 创新驱动 | 知识驱动 |
| 技能需要 | 基本 | 基本但调理的 | 高超技能 |
| 员工待遇 | 不高 | 不高 | 高 |
| **品牌作为人** | | | |
| 角色 | 问题解决者 | 娱乐者 | 建议者 |
| 角色期望 | 做的人 | 做和说 | 做和想 |
| 个性化 | 朋友 | 演说家 | 老师 |
| 典型的人 | 沃森 | 卓别林 | 爱因斯坦 |
| 态度 | 问题导向 | 友好导向 | 自信导向 |
| 年龄 | 年轻人 | 中年人 | 老年人 |
| 与顾客关系 | 兄弟 | 伯父 | 父亲 |
| **品牌作为一种象征** | | | |
| 形容词 | 有用的、便利的 | 生动的、鲜活的 | 深沉的、明智的 |
| 典型赞助 | 表演秀 | 环球旅游 | 大学辩论 |

资料来源：Moorthi, Y.L.R.. An Approach to Branding Services [J]. Journal of Services Marketing, 2002 (16)：259-274.

传统的品牌研究根植并成长于商品领域，尽管服务领域主导了发达经济（Lovelock，2000），研究者对品牌的注意力和服务领域的增长并不同步。尽管文献中有许多内容是有关服务管理和品牌管理的，但有关服务品牌创建的文献还是相对不足，这表明了服务品牌研究对商品领域品牌化技术存在持续依赖的问题（Clifton 和 Maughan，2000）。这种状况也反映出商品与服务的特性差异还未引起品牌创建研究者的足够重视。由于服务和商品天然的属性差异，在品牌构建方面必然有所不同。为此，本章首先对服务品牌创建的文献做了回顾，发现只有几个模型是致力于服务业的品牌创建的，下面对这些重要的服务业品牌创建的观点进行总结评述。

## 二、品牌权益的创建说

许多人提出了强化品牌和提升品牌权益的模型。Aaker（1996）的品牌权益设计模型解释了始于对顾客、竞争者和自己的战略品牌分析的过程，其中，通过发展和执行一个品牌定位来发展和管理品牌权益。和其他人一样，这个模型本质上更倾向于商品而不是服务。Kapferer（1997）提出了一个六边形的品牌权益棱模型，每个面是架构、个性、文化、关系、反射和自我形象。

Simon 和 Sullivan（1993）提出广告支出、销售队伍、市场调研费用、品牌历史、广告费、进入顺序和产品组合是品牌权益的来源，其他营销活动，如公共关系、口号、符号、包装、公司形象、产地和促销事件也是品牌权益的来源。Hoeffler 和 Keller（2002）指出公司通过社会化营销，用六种途径来创建品牌权益：创建品牌认知、提高品牌形象、建立品牌信任、激发品牌情感、创建品牌社区的感觉和激发消费者品牌承诺。Keller（2001）提出了一个创建顾客品牌权益的金字塔模型（如图 4-1 所示），创建强势品牌有四步：第一步确定品牌识别，在顾客心目中将品牌与具体产品或服务进行联想；第二步建立品牌意义，即建立有形和无形的品牌联想；第三步诱发顾客对品牌识别和品牌意义作出恰当的反应；第四步将品牌反应转化为积极和紧密的忠诚关系。实现品牌识别要求，创建品牌显著性，品牌显著性与品牌认知相关。品牌不仅仅要有第一提及率和头脑份额，而且必须在恰当的时间和地点让消费者感知到。品牌意义是指品牌表现和品牌形象，是一系列品牌联想。品牌表现共有五类：产品主要和次要特征，产品可靠性、耐用性和可服务性，服务的效果、效率和移情性，风格和设计，价格。品牌形象共有四类：使用者个人特征、购买和使用情形、个性和价值、历史传统和体验。品牌反应可以分为品牌判断和品牌情感。品牌判断有四类：质量、可信性、思考和优越性。在品牌创建中，可产生六种品牌情感：温暖、乐趣、兴奋、安全、社会认同和自尊。品牌共鸣可以分为四类：行为性忠诚、态度、社区感觉和积极参与。

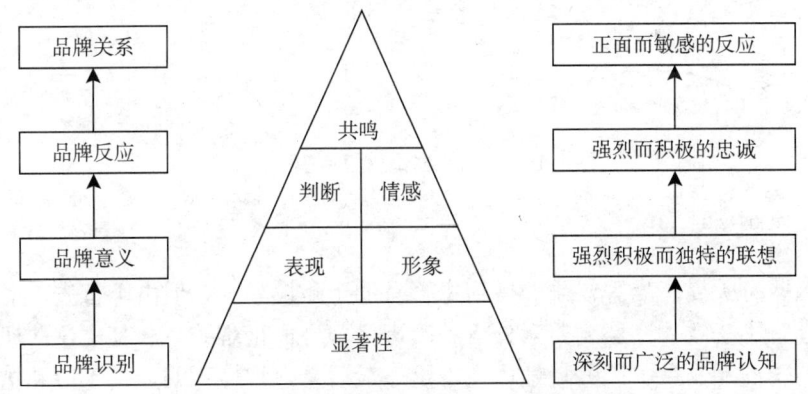

图 4-1 创建顾客品牌权益的金字塔模型

资料来源：Keller, K.L.. Building Customer-based Brand Equity [J]. Marketing Management, 2001 (10): 15-19.

Berry（2000）分析了 14 个成熟的绩效很好的服务公司，总结了一个服务品牌权益模型，指出企业展示的品牌、外部品牌沟通、顾客体验形成了品牌认知和品牌意义，继而决定了品牌权益。提出服务性企业通过提供持续一致的信息、提供很好的核心服务、与顾客建立情感上的联系等手段来创建强势品牌。

强势品牌有很高的心理份额，这些有助于提高公司的市场份额。创建服务企业品牌主要有四种措施：差异化品牌、确定服务主题、建立情感联系、内部化品牌（如图4-2所示）。差异化品牌是指服务公司有意识地创建一个独特的品牌个性，包括选择合适的识别标志、设施设计、外观、核心服务的扩展、广告的内容风格以及媒体的选择等，让消费者花时间和精力关注品牌。确定服务主题是指公司必须明确自己提供的服务的内涵和意义，品牌不仅只是标识与竞争者品牌的区别所在，而且代表一种很有价值的市场提供物。公司必须理解和清楚市场需要什么，通过提高顾客体验来满足这种需要。公司通过宣传，有效地创造品牌认知，刺激试用，增强顾客体验，超越理性和纯经济层次，激发消费者产生亲密和信任等情感，与消费者建立可信任的情感联系。创建品牌首先要从内部员工开始，让员工了解品牌价值和品牌意义，然后再通过员工将这些价值传递给顾客，内部化品牌还可以增强员工的骄傲感。

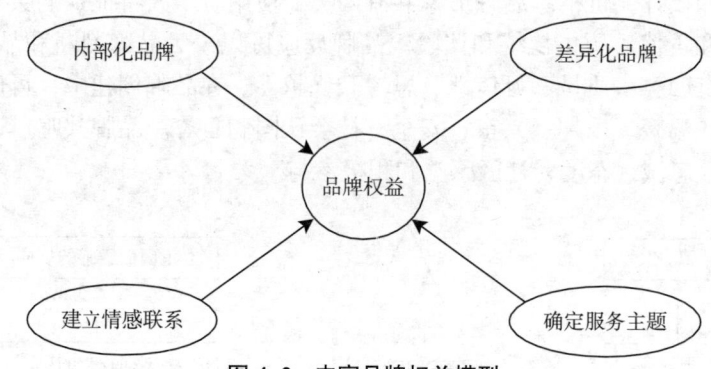

图4-2 丰富品牌权益模型

资料来源：Berry, L.L..Cultivating Service Brand Equity [J]. Journal of the Academy of Marketing Science, 2000（28）：131.

这些有关提高品牌权益的措施尽管有助于建设品牌，但由于首先对品牌权益的理解不一致，在影响要素分析和改进措施方面很难统一。其次这些研究依然倾向于商品领域，服务特性体现不足。最后是过程性不明显，手段和措施内在联系不够，缺乏严谨性。例如，Ind（2001）认为最好的创建途径是"确保组织员工理解和确信组织的价值"。相比较于商品品牌构建模型，他认为，"集中于品牌定义过程更有价值，如果最终的目的是获得组织范围对理想的承诺，那么这个将是最重要的过程"（Ind, 2001）。Muller（1998）指出，为了创建服务品牌权益，服务公司应当致力于三个方面：产品和服务质量，服务传递和实施，象征性形象的建立。总之，以上这几种从品牌权益角度创建品牌的观点欠系统性，仅考察了品牌创建中的几个要素或行为，基本是静止地分析品牌权益的构成要素,缺少动态性、全局性和战略性。

## 三、品牌创建的四阶段过程说

Davies(2000)提出了一个四阶段的品牌资产管理模型(如图4-3所示),基本体现了内外部两个视角。但是它的不足也是显而易见的,过于抽象和简化,对文化的地位认识也不够,对品牌资产管理战略这一重要的核心内容缺乏细致阐述。模型中强调的过程性和文化认识依然值得肯定。

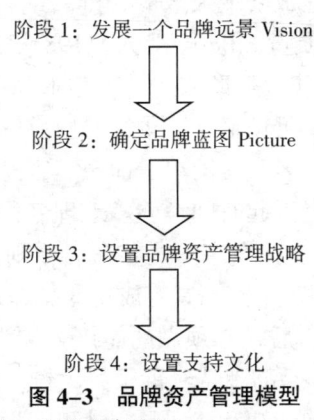

图4-3 品牌资产管理模型

资料来源:作者根据Davies(2000)的观点整理.

同样的,Gregory和Sellers(2002)建议品牌构建一定是在一段时间内通过四步工作完成:知识收集、战略、沟通和管理。第一步知识收集包括对公司品牌的理解和透视,为发展品牌战略提供基础和信息。第二步定义了品牌承诺的本质、个性、属性和信息。战略一定基于现实和反映公司特征,一定符合公司当前权益并能提供充足的发展空间。战略要提出单一的差异化来源引导品牌的表达和传递。沟通是过程中的第三步,落实战略。对内外部受众传达品牌战略,必须清楚且一致。第四步是管理,是长期的激励和承诺,是有关时间、知识和品牌测量的管理,支持和保护品牌是对公司形象投资的重大回报。

创建公司品牌和创建服务品牌有很多相似部分,如公司用统一的品牌名称、员工间的合作上的关系以及品牌建设对企业文化的依赖(King,1991;Knowles,2001)等方面,都和服务企业的品牌化相似。这些都和服务品牌化有关。上述学者的观点较好地体现了服务特性带来的新挑战和新观念,如内外平衡视角、文化等。但过于简化了品牌创建过程,降低了实践中可操作性和指导价值。

## 四、品牌创建主题说

Joseph Arthur Rooney（1995）提出了品牌化的几个关键主题：品牌命名、品牌广告、品牌研究和开发、品牌延伸与成分化、品牌管理，这些主题对服务业公司品牌构建有一定的借鉴意义。

品牌命名是品牌化的最基本问题。Berry 等人（1988）认为一个精挑细选的名字能给公司一个超越竞争者的营销优势。他们承认一个品牌不会造就或摧毁一个公司，但却是导致它成功或失败的关键因素。Ginden（1993）指出品牌名称就是让消费者联系到质量。Berry 等人（1988）提出了形成服务品牌名字的系列标准，这也适用于其他类型的产品。他们认为一个名字应该有四个特征，包括突出性、相关性、可记忆性、柔性。所有的产品应避免听起来相似和直接传递产品的内涵本质。名字宜简单、简短、容易发音和易读。它们不应装腔作势或投机取巧，而是经得起时间考验。地理名称或描述性语言不可取，有效的图案和 Logo 可以用于支持名字。这些命名原则是有益和有效的，也有成功的例外规则。总之，如果一个产品具有成功的品牌命名，品牌化就容易成功。

在花费资源对产品命名后，必须做的是广告和沟通（Berry et al., 1988）。O'Malley（1991）认为广告是品牌持续诉求的关键。Gregory（1993）认为广告的第一件工作就是建立品牌认知和公司品牌认可。通过广告，营销者揭示潜在消费者的潜在需要并创造机会让他们接受。广告应被看作投资，正像一个企业会投资于技术和创新一样，如果要成功还必须投资于广告和促销（Wentz, 1993）。Gregory（1993）认为广告投资和品牌知晓之间有相关性。在增长的竞争市场中，广告、营销和促销或许是差异化甚微的产品唯一的选择（Coonan, 1993）。

品牌研究与开发反映出对品牌的持续管理。任何一个已经进入市场并建立良好形象的品牌都需要关注和坚持。O'Malley（1991）指出任何一个强势品牌都不能依赖以往的荣誉而获得永生，品牌所有者要持续考察品牌诉求和确保与时代同步。尽管一个领导者品牌不能在短时间内失败，但忽视管理会加大风险。市场研究用于管理消费者、竞争和环境变化，这有助于公司了解敌我品牌比较优势和熟悉品牌适应环境的状况。Berry（1993）强调对品牌价值的常规跟踪，公司了解消费者的品牌认知也很重要。服务组织的公司名字就是服务组织的品牌，它和供应物组合在一起作为服务产品包提供给顾客（Berry et al., 1988）。因此，服务业必须提供一个适当的品牌形象让顾客确信该企业的服务产品包是他们的最佳选择。

品牌延伸和成分品牌化是品牌化的两个最实用的应用技术。企业容易把一个流行且成功的品牌引入到新市场中，有些情况下是有效的，有些情况下却损失惨重。当操作者计划做新市场品牌延伸时，应考察清楚新老市场在品牌上是否有紧密联系，延伸到产品上也应如此。当前，建立一个新的品牌要比捍卫一个老品牌困难得多，借助老品牌推出新产品也比开发新品牌推广新产品容易，品牌延伸依然是很好的推动企业发展的品牌策略。成分品牌化是较新的品牌化策略，即利用一个知名的品牌作为自己新产品的构成成分推动本产品的市场拓展，如电脑行业中的 Interl 处理器推动各种品牌电脑的销售。这种策略只适合互补的两类产品上，否则会产生副作用。

  品牌管理的第一步就是建立和保持一个积极的品牌形象。这个形象建立在整个产品概念上，包括色彩、符号、语言和口号，不仅是名字可以传递持续的信息（Berry et al., 1988），形象也要保持连贯性和一致性，尽管很困难但很必要（Yovovich, 1993）。品牌化过程的起点就是产品差异化（Allen, 1992）。公司一定要管理品牌的形象和个性并和整个商业战略联系。每个组织必须决定品牌化怎样才适合它的战略，因为每个战略不是通用的（Carlino, 1991），商业战略和品牌战略必须一致服务于组织远景和任务目标。尽管品牌和具体企业战略的匹配有很多方向（Dodson, 1991; Liesse, 1990; Lorenzini 和 Mccarthy, 1992; Magrath, 1993; Wentz 和 Suchard, 1993），但每个品牌的设计实施一定要配合独一无二的企业战略。

  品牌创建主题说有重点地分析了品牌管理的细节问题，就品牌谈品牌，忽视了品牌创建的来龙去脉和追根溯源，是比较狭隘的品牌管理思维和局部的品牌管理内容，但品牌命名、品牌广告、品牌研究和开发、品牌延伸与成分化等品牌管理细节对公司品牌管理有着同等重要的借鉴意义。

## 阅读材料

### 敢于挑战洋快餐的"真功夫"

  中华饮食文化博大精深，然而肯德基、麦当劳等洋快餐跨入国门后，攻城略地，所向披靡，让我们领教了洋快餐的厉害。然而，一家以全新模式运行的中式快餐连锁店——真功夫，以其独特的"蒸"文化和营养美味的食品向洋快餐发出了挑战，真功夫一举攻克了整个中式快餐业的烹饪标准化难题，真正做到了"80秒钟"取餐、"百店一味"、"无需厨师"，探索出了中式快餐发展的新路。

  真功夫的创始人蔡达标先生，1994年4月在长安镇开了第一家名为"168"快餐店，以经营蒸饭、蒸汤、甜品等蒸制食品为主，这正是"真功夫"的前身。1997年，"168"更名为"双种子"，寓意种子萌芽，好事成双。随后，蔡达标在运营管理上结合自身的特点，借鉴麦当劳的成功经验，把餐厅运营的各个流程、工序全部标准化，制定了9本标准手册，贯彻到员工日常的培训和考核中去。后来，在市场调查中他们发现，品牌名称"双种子"虽然具有一定影响力，但在品牌的领先性、国际性、时尚性等方面具有一定局限性，"双种子"往往给人以诚实、平易近人的农民形象联想，不符合大都市消费者追逐时尚品位的需求，很难引起大家的共鸣，因此出路只有一个，重新起一个更贴切的品牌名称。经过调查和研讨后他们体会到，功夫是中国数千年的养生文化瑰宝，"功夫文化"体现了"征服自我，超越极限"的价值观，"蒸"与"功夫"链接组合成"蒸功夫"就成了一种独特技艺，于是，一个全新的品牌名称"真功夫"诞生了。蔡达标经过慎重考虑，最终作出继1997年实行标准化后又一个重大抉择，忍痛摒弃辛勤打造10年的"双种子"品牌，启用了新品牌"真功夫"。

真功夫的Logo设计选用中国功夫皇帝李小龙的类似头像，给人以"亲切、健康、活力"的联想，"小龙哥"的英雄形象横空出世，连同真功夫的广告口号——"营养是蒸出来的"，向消费者提示着真功夫品牌内涵：蒸（真）的、中式的、营养的、健康的。

资料来源：杨兴国．敢于挑战洋快餐的"真功夫"．北京：品牌中国网，http://www.brandcn.com，2008年6月3日．

## 五、Laurie Young（2003）的5Cs理论

内部品牌化（Internal Branding，IB）意味着三件事情：对员工高效传递品牌；确保他们的参与和价值；成功联结组织内各项工作传递品牌实质（Bergstrom et al.，2002）。它是一套品牌操作的子集，仅指品牌和商业各方面的整合。当正确使用时，它帮助员工在公司内理解自己的位置和更有生产力。因为内部品牌化的增生扩散，更多的企业要求实施独一无二的方法。这部分讨论了Laurie Young（2003）的方法，可以简短地概括为"5个Cs"：清晰化（Clarity），承诺（Commitment），沟通（Communication），文化（Culture）和补偿（Compensation）。这些方法相互交叉，并且同时作用。在内部品牌化中，人是品牌的核心而不是广告（Laurie Young，2003）。这就是所谓的内部品牌化实际上在品牌化自己：组织的员工总在隐性地或显性地、有意地或无意地传递些什么。因此要求对品牌内部化的特定信息的重要性给予足够认识，它不仅要赢取外部顾客的心，同时也在激励着内部顾客。无论他们做什么工作，人们总有必要知道他们有助于什么和为什么要这么做。

清晰化指传递的信息要清晰明确。在高效地送出信息前，首先要决定送什

么信息。这个过程可以分为两个阶段：①支持者的评估，确保各层人员的理解无误；②高级管理者必须决定转化为名称和符号的关键品牌属性，成为品牌"脸庞"和"声音"的基石（品牌顾问 TBC 称为品牌的"脸"和品牌的"声音"）。这些属性要相关、可信、符合需求。品牌属性一般体现为 5 个或更少是理想的。

  品牌创建的最大挑战是建立品牌一致性，没有一致性，就不能兑现承诺。如果苟同只是为了降低冲突的话，那么你需要的只是闪电婚礼，而不是一世婚姻。建立一致性受很多因素影响，如规模、复杂性、组织文化等。有很多工具有助于建立一致性，如品牌任务、培训项目等，但没有最好的方法，随着时间的推移，对品牌的热情会减退，建立品牌化的员工队伍和献身品牌的团队需要延续动力。这会降低未来有关品牌决策上的冲突，关心的问题将变为"品牌方面正在做什么"，而不是"谁是正确的"。组织编织得越细致，员工在坚持原则方面表现得越好，但不是所有的目标都能被坚持下来。

  一般的沟通指导原则是让员工深刻理解和认同品牌创建这个过程。下面的元素展示了几个重点：领导模范、高频率传达、多重渠道沟通、环境的管理。除此之外，还有许多正式渠道传递品牌，如品牌登陆事件、品牌参考资料等。

  文化是员工合作的润滑剂。Howard Schultz（2001）——Starbucks 的主席告诉商业周刊，"如果我们想超越顾客对我们的信任，我们首先需要建立对我们自己人的信任。品牌始于公司文化，并自然地延伸到顾客中"。内部品牌化过程中，组织必须能预料到、认识到产生的文化阻力并反映到位。怎样整合员工执行呢？方法很多，可以惩罚背离品牌的行为，鼓励员工分享品牌文化，主动配合品牌化行为。如 SAAB 公司，对 16000 员工进行了各种方式的品牌导向、品牌理解和品牌参与的引导。"如果我们创造了不满意的顾客体验，我们公司将会失利，我们将失业"。

  顾客服务人员是最关键的品牌执行者。正如 Gallup's William Mcewen 所说"品牌的传递发生在销售点上，在服务、投诉和再销售中进行，然而对品牌健康负有底线责任的营销者很少关注第五个 P——人"。公司对前台员工在传递品牌中的重要性认识得越来越深刻，也在用更加适当的方法给予补偿。然而事实是这样的，正如顾客喜欢为特定品牌支付更多一样，员工也愿意以其他方式和公司品牌相联结而不只是依靠经济利益。品牌是交换关系的中介，只要员工愿意，公司可利用品牌获取更高的收益，因此内部品牌化要求对传递品牌的员工给予回报。

  该理论体现了服务特性在品牌创建中的影响，比较具体地分析了服务品牌创建的特殊原则和重点领域，但欠系统性和过程性。

## 服务品牌管理

 阅读材料

### "全方位植入":星巴克文化营销的内在逻辑

自1998年星巴克品牌进入中国大陆以来,其以独特的品牌个性、服务内容与服务手段使大批城市白领成为其拥趸。那么,星巴克品牌是如何整合的文化元素又是以怎样的方式植入给消费者的呢?

——环境植入。传统和时尚相结合的咖啡文化视觉、听觉、触觉呈现是顾客感知星巴克品牌,并留下印记的第一层触点。墙上的古色古香壁画、咖啡历史的图片、实物陈列,随手可及的大吧台……

——产品植入。为了在第三空间给消费者煮好一杯咖啡,让所有热爱星巴克的人们品尝到一流的纯正口味的咖啡,星巴克全力以赴。一是采购世界主要咖啡产地的极品;二是员工被训练为咖啡迷,以咖啡文化及情境和一对一口碑式营销来吸引客人;三是现磨咖啡,让消费者现场享受着烘焙咖啡的诱人香味,增加了消费者对星巴克咖啡的真切体验。

——管理植入。标准化、流程化的管理制度,加之严格的店铺管理执行体系是星巴克咖啡文化落地的关键。星巴克把咖啡店的经营的每个环节拆解,把每个环节训练成员工的反射动作。员工进入星巴克,无论是咖啡知识学习还是具体的服务实践,各种操作的时间节点、商品的陈列方式、标签的贴法等都有着明确的流程与确切的标准。

正是因为这样,星巴克出售的不是咖啡,而是人们对咖啡的独特体验。正如舒尔茨所说的那样:"我们不是提供服务的咖啡公司,而是提供咖啡的服务公司。"事实上,星巴克的成功也就在于此。

资料来源:任建."全方位植入":星巴克文化营销的内在逻辑. 现代企业文化杂志社,2010年3月.

## 第二节 战略视角的公司品牌创建过程

 引导案例

### 方回春堂——妙手回春 百年流传

老一辈人都知道我的名声,要算起来的话,我今年已经359岁了。其实在

几百年前,我就已是杭城的一块金字招牌了。好汉不提当年勇,说说现在吧!2005年就被商务部认定为"中华老字号"。

一直以来,方回春堂讲求诚信立业,童叟无欺,在众多的中药馆中,赢得了老百姓的口碑。除了医术好、药好,还要求服务好,医院汇集了一大批对药材采购和检验很有经验的名老中医和制药师,严格把关进药、配药、制药等流程。去年,方回春堂的中药膏方制作工艺被列为了浙江省非物质文化遗产。

网友说:"每年冬天都要配点中药膏方进补进补,膏方嘛,老牌子更信得过。"

资料来源:王力,吴静.文化内涵:品牌持久打动人心的最终力量.世界经理人网站,http://brand.icxo.com,2008年6月21日。

➡ **思考题:**

除了历史沉淀的服务品牌自然生长途径之外,服务品牌的培育还需要做哪些工作?

## 一、战略视角的品牌创建文献评述

早在2001年,Leslie de Chernatony(2001)建议了一个整合品牌的战略过程,是采用平衡的内外部视角,它讨论了品牌创建的过程包括良好定义的品牌远景、如何强化组织文化、品牌目标、审计品牌领域、如何定义品牌实质、内部实施、获取品牌资源、品牌评价、反馈等环节,并对各个环节不断地修正和再循环。之后的2003年,Leslie de Chernatony等人基于和前沿品牌的咨询顾问的深度访谈,再一次考察了服务品牌创建的过程,如图4-4提出的一个涉及多因素的模型,透视了有关品牌创建的内外部影响因素。结果表明,和商品模型相比,组织文化和内部品牌化在建立服务品牌方面有更多工作要做。建议组织利用交叉职能团队、强烈的顾客导向和品牌文化最大化支持提高服务品牌的成功。该研究借助两个主题研究了有助于服务品牌成功的因素。其中主题1涉及阶段和参与者,主题2是有关内外部导向的调查。

研究最终发现极少数人认为巧合和运气也是服务品牌的成功因素,然而服务品牌的成功是依赖于上层决策得到了高度认可。大多数人感觉成功的服务品牌依赖于规划,并进而描述为不同的细节(如图4-4所示),这和前面文献里的研究有一些重叠和兼容的区域,然而,还是有些重点不同。具体而言包括了九个阶段:①鉴别外部机会;②识别内部能力;③定义品牌和发展品牌概念;④考虑品牌的可行性;⑤确保内部承诺;⑥定位和差异化品牌;⑦构建组织资源;⑧市场测试;⑨运行。这些阶段不断循环以完善品牌。

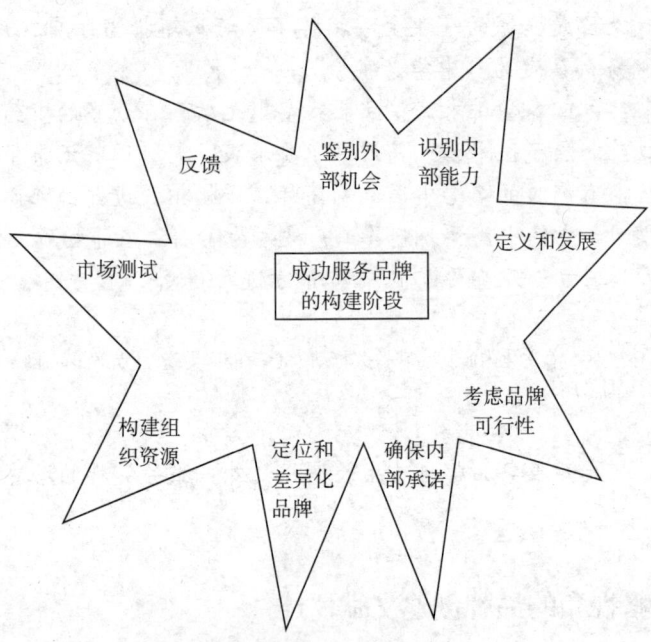

**图 4-4 成功服务品牌的构建阶段**

资料来源：Leslie de Chernatony, L., Drury, S., Segal-Horn, S.. Building a Services Brand: Stages, People and Orientations [J]. Service Industries Journal, 2003（23）: 1-21.

服务品牌和商品品牌模式一样，都需要富有吸引力的品牌机会。但商品品牌创建模式中，大量的工作是用于调整组织能力以确保产品质量和规模（驱动职能价值）和评估组织文化引导以形成良好的顾客—企业关系（驱动情感价值）。而服务品牌创建需要强烈的内部品牌化过程，确保每人理解品牌和传递通俗易懂的品牌特征，借助员工—企业关系才能实现企业—利益相关者的关系，其中不仅职能价值和情感价值要调动出来，而且关系是多元的。

服务品牌的失败可能不仅是因为顾客，而且可能是因为员工。因此，招聘、感应、培训是关键。当招聘员工时，管理者应考虑如何轻松传授技能和改变员工的价值，招聘员工应和品牌的价值吻合，而不只是强调技术、操作技能。当新品牌有一个品牌冠军更可能产生成功的服务品牌。用品牌冠军鼓励关键员工，借此进行品牌激情的转换，让他们对品牌充满热情，包括让员工体验新品牌的工作间。和顾客沟通的规划需要务实，管理者要准确地测量员工对未来顾客交往的认识以确保他们传递品牌承诺时保持自信，甚至还要检查互联网上的聊天群体对新的服务品牌的评价。

组织规划发展新服务品牌需要考虑形成一个泛公司团队（Pan-company

Team),这个团队受具有号召力和个性的高级管理者领导,尽可能扫平内部对新想法的抵制,使得团队能投入到整个公司的新服务品牌创造中,对顾客参与到品牌发展过程要进行常规检查。品牌开发的职责更可能来自于代表主要职能领域的团队,这可能受具有远见和权力的高级管理者的领导。成功的关键是热情、承诺和品牌化行为。有一个强烈的顾客导向是很重要的,但是同等重要的是基于相关、共享的价值的品牌支持文化。采用平衡的内外部视角也是必要的,管理者应控制预算以控制债务规模,从而最大限度地保护内外部股东利益。

总之,人力资源、领导观念和组织文化在品牌构建过程中扮演了重要角色,尤其在确保内部承诺、构建组织资源、运行三个阶段中。这项研究增加了服务品牌构建知识,不像传统的商品品牌模式,服务品牌构建模式关注于更多的内部问题,依赖于所有层次和职能的内部支持,包含了对顾客和其他利益相关者的多元关系考虑。

## 二、战略视角的公司品牌创建过程

服务业的品牌创建的差异性的原因在于公司品牌特性,公司品牌对服务业而言意味着更多元的关系处理,不只是如何实现企业—顾客关系,还包括和各种利益相关者的关系构建。在组织管理上,尽管营销部门和高层领导起着关键作用,公司品牌也要求所有的职能部门参与品牌创建过程。

全部的利益相关者是公司品牌维系的对象,通过创造和谐的利益相关者关系而实现公司品牌的价值传递。利益相关者包括顾客、供应商、合作伙伴、员工、执法机构、竞争者和民间团体等,他们都是公司品牌创建和发展的外部影响要素。在今天动荡的竞争环境中,很难确定哪个外部要素能决定一个公司的生死存亡,尤其对技术含量低、进入门槛低的服务行业而言更是如此,只有关注所有利益相关者,才能防患于未然。可以借助关系营销理论来解释和利益相关者的关系管理。关系营销强调和所有利益相关者建立持久稳定的关系,从而使企业有一个稳定的生态环境。在企业发展的不同时期,在不同的生存环境中,企业投入不同,和不同的利益相关者的关系亲密程度也就不同。但毫无疑问的是,不同的关系都应给予恰当的管理。公司品牌作为和所有利益相关者沟通的手段,在品牌远景、品牌目标和品牌本质阐述上,必须要考虑到所有利益相关者的需要,设计出一致的或和谐的品牌价值,确保全部关系的利益最大化,而不是仅仅考虑顾客的需要和利益。结合零售行业的发展趋势和环境特点,有重点地、有主次地发展和不同利益相关者的关系,用战略眼光来考察企业生存环境和主要伙伴关系。

所有的职能部门都要参与和支持公司品牌创建过程。公司品牌是所有职能部门开展工作的中心。而以往品牌管理工作大多由营销部门负责,许多领导者没有认识到品牌的重要性和系统性。明智的领导者最终认识到,公司言行不一致,公司行动不一致,就难以产生持久有效的品牌形象。公司品牌的塑造过程就是培训每个员工正确对待客户的过程。这个过程必须贯彻到公司每个部门的实际工作中,为客户创造持续一致的体验。如果一个组织已经明确了公司品牌的含义,每个人就会按照公司的最大利益、公司个性和对客户的承诺采取行动。而且,员工们会知道自己的工作如何直接或间接地影响着客户的体验和公司品牌。所有职能部门的积极参与和步调一致是公司品牌成功的组织保证。

作者对前期文献观点整合后建立了构建服务业公司品牌的过程和阶段(如图 4-5 所示),该过程不断循环地修正和完善公司品牌,下面对这个模型进行阐述。

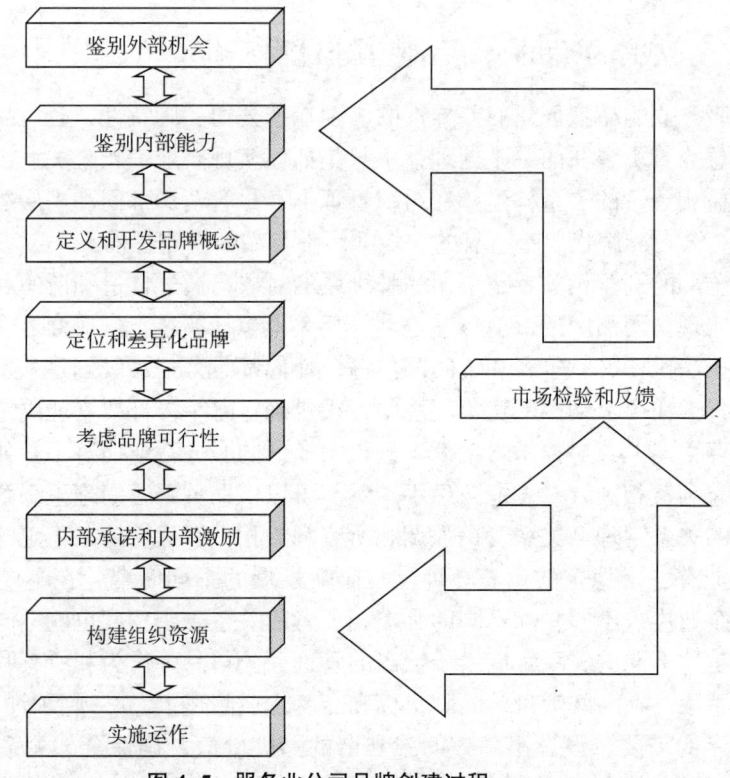

图 4-5 服务业公司品牌创建过程

资料来源:作者自己整理。

1. 鉴别外部机会

服务业首先要回答清楚这样几个问题:为何要创建公司品牌?公司品牌的

主要受众是谁？受众对公司评价如何？是否满意？竞争企业做得如何？受众最期望公司品牌提供哪些利益？此处受众可以是任何利益相关者及其组合。从竞争者和主要受众入手，寻找未被开发和使用的公司品牌利益点，或者竞争者忽视的或做得不尽如人意的品牌策略，在此基础上寻找公司品牌所应主张的远景和价值。例如在零售这个服务行业，有的学者提出现在是双品牌营销时代，即消费者不仅挑选商品品牌，还挑选商店品牌，这种现象在某个特定零售商的目标顾客群中是否存在？有无发展的趋势？是否得到当地的服务业的重视？竞争者有无采取品牌化行动？针对上述分析，零售商决定在适当时间实施公司品牌化战略。例如顾客对服务性产品质量评价有五点利益要求：有形性、可靠性、响应性、保证性和移情性，这五个利益点是否被某个零售商完美地体现了？竞争者品牌做了哪些？做得怎样？哪些还未达到顾客满意？零售商在此基础上决定落实一个或几个利益点作为公司品牌的诉求点。

2. 鉴别内部能力

服务业在考虑如何体现公司品牌利益点上要回答这样几个问题：公司具备哪些资源（人员、资金、文化、组织结构等）？这些资源的规模和质量如何？和竞争者相比较有哪些优势和劣势？是否适合开发公司品牌战略？可以开发一个品牌利益点还是多个？能否体现出与竞争者品牌不同的差异化？是否具备持久维护和强化品牌的能力？当分析得到肯定答案时方可进入下面环节。一般来说，历史悠久、口碑较好、资源相对充足、有市场扩展能力和兼并条件的服务业可以执行公司品牌战略，但在服务管理、文化、组织结构等相对弱势方面仍需小心谨慎。

3. 定义和开发品牌概念

管理层决定创建公司品牌后，下一个任务就是建立品牌开发小组，定义和开发品牌概念。为了使公司品牌定义准确符合需要，该小组的成员应包括高级管理层人士、产品和服务开发人员、营销人员、销售人员、客户服务部人员和人力资源管理人员等，复杂的、不同身份的员工的参与有利于全面系统地考虑公司品牌的利益点和冲突点，尽量在主要利益相关者中创造一个比较和谐的公司品牌形象。相对于国际成功品牌对于精神境界的挖掘，国内的品牌目标大多仍然停留在销售产品上而非培养品牌文化上。耐克品牌超越了运动产品商标，而成为关注人类精神追求和心灵的企业文化。品牌远景就应该体现出人类对真善美的永恒追求，应该超越国界和种族，成为全球共享、共鸣的一种人类文化，基于此而培养的公司品牌才能够获得生命和永恒。

4. 定位和差异化品牌

一个成功的公司品牌一定具有突出的差异化特征，这就是如何定位和差异化品牌的问题。解决这个问题的两个前提是：一是了解竞争者的公司品牌特性；二是了解受众喜欢的公司品牌属性。竞争者成功的品牌诉求点恰恰是我们的公司品牌创建中要回避的东西，而对方公司品牌中缺失或失败之处恰恰是我们要努力开发和宣传的地方。受众对一个公司品牌的评价是多重属性的，不同受众评价的公司品牌属性不同，不同属性的重要性不同，受众最关心的属性也不同。公司要明确公司品牌的主要受众是谁？哪个属性最重要？竞争者做得如何？最终决定宣传和树立一个或几个竞争者忽视的、主要受众需要的公司品牌属性。

5. 考虑品牌可行性

可行性分析就是考察既定的公司品牌差异化能否在动荡的企业外部环境中、在企业的能力范围内进行顺利实施。这个环节首先需要财务部门的成本核算分析，对这种品牌策略实施的成本费用和预期的收入之间进行比较。此外，需要对企业外部环境，尤其是竞争者、主要受众、顾客的需要进行预测，确保不会发生对品牌实施产生重大破坏作用的变化。最后对整个品牌实施进程进行计划安排，保证行动步骤有条不紊地推进。

6. 确保内部承诺和内部激励

无论是服务业管理还是公司品牌管理，内部员工都是至关重要的群体。首先要明确适当、科学的领导方式，其次要招聘和培训合格的员工。没有高效的领导，品牌塑造就只能成为漂亮而空洞的口号。有效的领导方式要求管理者要以身作则地理解和贯彻品牌精神，然后保持和各层次员工的沟通，即双向的信息交流。在公司品牌得到员工理解和承诺后，通过适当授权和激励措施解决品牌落实中的突发问题。此外，员工的素质也是不可忽视的一个方面，从招聘、培训到考核、激励都需要一套严格的制度确保员工具备专业而负责的工作态度，从而提高品牌实施中的效率和效果。

7. 构建组织资源

公司品牌构建不仅仅是营销部门的工作，更是高层管理者和所有职能部门的工作。加强高层管理者和职能部门经理之间对公司品牌的共识和重视是开展后续工作的前提和保证。领导者的认识限制了公司品牌在公司内部品牌化的效果，继而决定了公司品牌的外部形象。所有部门在对公司品牌取得共识后在行动上必须保持一致和协调，从品牌理念、资源安排、行动配合、事件处理、信息共享等各方面体现出整个公司运营的中心和焦点是公司品牌，一切为公司品牌的健康发展服务。

8. 实施运作

这个环节包含三部分内容：品牌清晰、一致行动和大力宣传。首先各层次员工必须清楚地知道公司品牌的内涵和精神。了解不同受众和主要受众对公司品牌的期望，根据公司品牌的精神去体现其独特属性，如独特的客户体验、独特的技术、行业领导地位、质量领先、公司文化、独特的物流系统等。在全体员工认识一致的基础上，持续承诺和完成公司品牌的独特利益。在宣传手段上，可以采用标识、广告、横幅、色彩、公共关系、网络等进行视觉和语言上的宣传。有效的品牌信息传播将产生比较一致的公司品牌形象认识，并刺激出潜在顾客的需要，强化对公司品牌的认识和偏好。三部分内容环环相扣，互相依存。

9. 市场检验和反馈

在公司品牌活动实施之后，要进行品牌效果的衡量和反馈，以确定公司品牌构建是否得到所有工作常规和员工行动的坚定支持。可以回答下面问题：受众眼中我们当前的品牌是什么？我们的客户是否有相同的、持续的、满意的品牌体验？我们的市场份额是否改善？我们的品牌知名度和忠诚度如何？公司品牌的构建不仅要提升公司形象，还要能明显改善公司竞争力，这才是我们打造公司品牌的目的。对存在的问题及时分析，制定对策，改善品牌管理过程。

综上所述，战略视角的公司品牌创建过程始于对外部机会的判断和把握，这种机会或者来自于顾客需要，或者源于竞争，同时也要符合企业自身发展的要求。然后分析企业内部能力状况，包括人力资源、资金、企业文化、历史经验等。在此基础上描绘品牌远景和概念，应该是能反映出人类对美好的东西的共同追求。借助定位和差异化品牌实现公司品牌的独特内涵和差异化优势。接着考虑品牌可行性，分析被目标顾客接受的可能性和企业操作的现实性。在落实中最重要的工作就是确保内部承诺和内部激励的实现，人员行为、交互过程、顾客体验共同决定了服务质量和公司品牌形象认知。为了保证公司品牌落实到位，需准备充足的组织资源，从部门分工、人员安排、资金资源配备、实施策略都要做精心的设计。实施运作中要确保符合顾客期望的服务供应物的持续传递，这是品牌产生的基本原则，当服务品牌化时，重点要放在品牌如何被顾客一天天地体验到。所有服务要素，包括人员行为和环境设计，一定要捆绑到一起以强化品牌定位。最后通过对目标顾客的访谈了解公司品牌形象和公司身份之间是否一致，发现沟通差距和误解，强化沟通来增强正面认识。公司品牌创建工作要如此反复，循环不止，推动公司品牌的持续、健康成长。

## 第三节 价值视角的服务品牌创建过程

引导案例

### 屈臣氏的中国攻略

屈臣氏进入中国市场17年以来,一直秉承着健康、美态乐观的经营理念,致力研究并满足消费者的需求。"最幸福的消费者造就最好的零售商家",这是屈臣氏作为零售商的成功信条。

的确,一直以来,屈臣氏以消费者为本不断推出创新的服务与市场策略。屈臣氏的营销手段,可以说是非常细致和有特色的。为了更方便顾客,以女性为目标客户的屈臣氏将货架的高度从1.65米降低到1.40米;屈臣氏还将走廊的宽度适当增大,增加顾客选择的时间和舒适度;另外店面颜色更多使用浅色,让顾客更容易兴奋起来;每家屈臣氏个人护理店均清楚地划分为不同的售货区,商品分门别类,摆放整齐,便于顾客挑选;在商品的陈列方面,屈臣氏注重其内在的联系和逻辑性,按化妆品—护肤品—美容用品—护发用品—时尚用品—药品的分类顺序摆放;屈臣氏还在不同的分类区域推出不同的新产品和促销商品,让顾客在店内不时有新发现,从而激发顾客的兴趣。

屈臣氏拥有一支强大的健康顾问队伍,包括全职药剂师和供应商驻店促销代表。他们均受过专业的培训,为顾客免费提供保持健康生活的咨询和建议。屈臣氏在店内陈列信息快递《护肤易》等各种个人护理资料手册,免费提供各种皮肤护理咨询;药品柜台的"健康知己"资料展架提供各种保健营养分配和疾病预防治疗方法;积极推行电脑化计划,采用先进的零售业管理系统,提高了订货与发货的效率。如此种种,可以让客户看到,屈臣民关心的不仅仅是商品的销售,更注重对顾客体贴细致的关怀,充分展现了其个人护理的特色服务。

资料来源:曾嵘.屈臣氏的中国攻略.中国外资杂志,2005年7月.

思考题:

1. 屈臣氏品牌中的价值是消费者价值还是股东价值?
2. 品牌价值对公司的成长带来了什么?

## 一、基于股东价值的品牌构建说

学者们仅仅从管理流程上思考成功品牌的构建是不够的,构建品牌就是要创造价值。Peter Doyle(2001)提出品牌创造股东价值必须满足四个要求(如图4-6所示):①一个强烈的消费者价值主张;②有效地整合企业的其他资源创造资产;③定位在一个充分吸引力市场上(不断创造利润);④为了最大化品牌的长期现金流价值而管理(让股东受益)。当管理者致力于这四个决定性因素,他们就能强化品牌价值和发展更有效的营销战略。

管理者如果只关注顾客价值建议就会过度投资于品牌,如宝洁就过度估计了品牌的增长潜力,过度的投入影响了利润(Business Week,2000),结果必然会导致市场价格的下降和公司战略的调整。一个有成功的顾客价值主张的品牌(Bcp)包含三个构成要素,有效的产品P,清晰的差异化D,最重要的是附加价值AV,这给了顾客在品牌功能和情感利益上的自信,它们之间的关系可以用公式 $Bcp = P \times D \times AV$ 来表达。

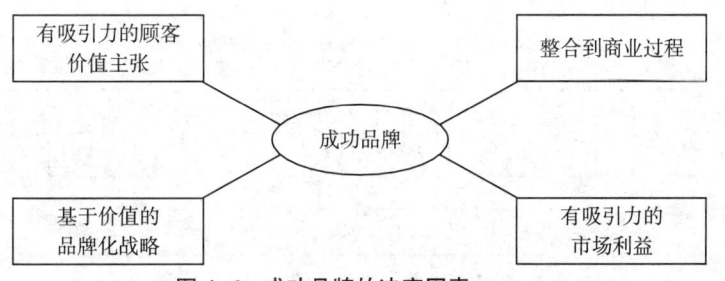

图4-6 成功品牌的决定因素

资料来源:Peter Doyle. Building Value-based Branding Strategies [J]. Journal of Strategic Marketing, 2001(9):255-268.

随着社会、技术和竞争环境的变化,顾客的品牌选择越来越困难。品牌要借助于功能和情感的联想简化顾客的选择过程,相应地,成功品牌创造顾客价值靠的是情感和体验。如BMW"终极驾驶体验",Rolex"专业人士的手表选择",许多品牌集中于对声望、个性、个人成长、生存理念的开发和传播,如Nike的"我行我素","Pepsi时代"或Microsoft的"今天要去哪里?",这些品牌没有突出产品优势或特点,而是分享人们的价值或美好感受。

传统的公司如施乐、宝洁等传递的富有吸引力的价值主张并不彻底,品牌必须整合其他资源来建立高级的商业过程从而传递差异化优势和股东价值。为了理解品牌附加价值,需要开始了解企业创造价值的模型。广为接受的是"资源基础论"的观点(Peterlaf,1993;Collis和Montgomery,1995),这代表了企业营销基础观念从 Levitt（1960）"营销近视"进行了转变。资源基础论认为对企业资产和核心能力的定义比较企业对顾客需要的满足能力具有更好的战略意义。换句话说，保持成功不仅依靠对市场机会的鉴别，还取决于有独特的以更低成本和更高质量生产的能力或者构建有效的顾客关系的能力。

图 4-7 体现的是资源基础论的观点，目标是创造股东价值。创造股东价值的关键是在竞争环境中拥有差异化优势，即给顾客高质量低成本的供应物或关系的价值。差异化优势依赖于企业商业过程的效率，核心的商业过程被划分为三个领域：产品开发过程、供应链管理过程、顾客关系管理过程（鉴别顾客、理解需要、建立顾客关系、形成组织和品牌的认知）。

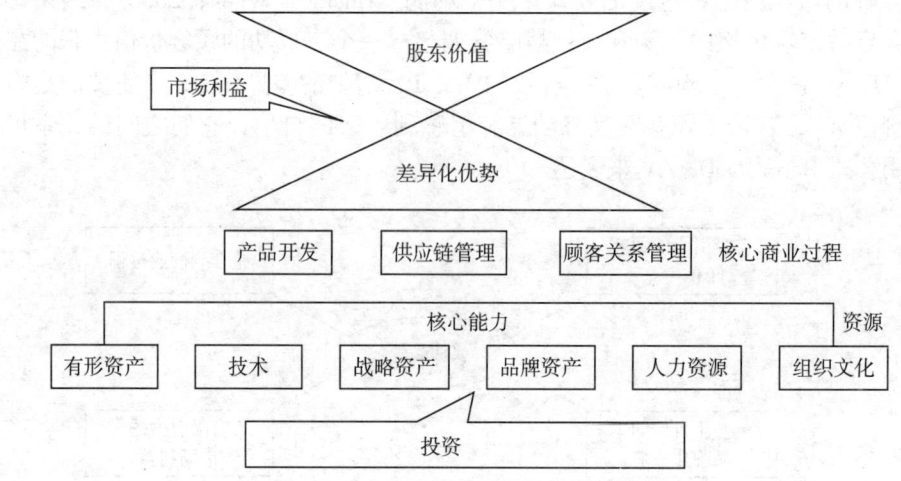

**图 4-7　企业资源基础论中的品牌管理**

资料来源：Peter Doyle. Building Value-based Branding Strategies [J]. Journal of Strategic Marketing, 2001（9）：255-268.

核心商业过程是企业差异化优势的发动机并创造了股东价值，该过程根植于企业的核心能力，来自于它的资源或资产。资源可以分为有形和无形资产两类。传统上有形资源重要，而在今天的信息时代，服务产品更丰富，无形资产则变得更重要。品牌形成为驱动企业核心商业过程的部分无形资产。资源基础论模型提出了品牌角色方面和股东价值创造方面的几个观点。第一，营销者应该警惕夸大品牌的重要性，品牌资产只是实现股东价值的部分资源。在许多产业，企业的专利、技术、技能和员工承诺很重要。有关品牌的地位可以参考表 4-2。第二，强势品牌能被贫乏的营销战略破坏掉（贫乏的营销战略指不能创造股东价值的战略）。营销者经常为了使顾客认知、销售成长、市场份额等达到最大化而设定目标，而忽略了长期现金流价值，这样做的结果是经常会为了

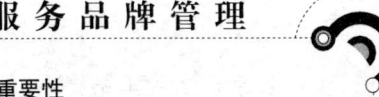

表 4-2　品牌和其他资产的相对重要性

| | 有形（%） | 品牌（%） | 其他无形（%） |
|---|---|---|---|
| 公共产业 | 70 | 0 | 30 |
| 工业 | 70 | 5 | 25 |
| 制药业 | 40 | 10 | 50 |
| 零售业 | 70 | 15 | 15 |
| 信息技术产业 | 30 | 20 | 50 |
| 汽车产业 | 50 | 30 | 20 |
| 金融服务业 | 20 | 30 | 50 |
| 食品和饮料行业 | 40 | 55 | 5 |
| 奢侈品 | 25 | 70 | 5 |

资料来源：Peter Doyle, Interbrand.

顾客和竞争地位而陷入财务困境。第三，成功的品牌影响最大最直接的是顾客关系管理过程，因此强化了顾客从产品获得的自信和满意。尽管有效的品牌管理也参与了产品开发和供应链管理过程（Jaworski 和 Kohli，1993）。是否开发了一个基于股东价值的战略，要看下面四个问题：

（1）是否有一个有效的顾客价值主张？
（2）品牌是否有效地整合到了商业价值链中？
（3）品牌的市场经济性有怎样的吸引力？
（4）品牌是否很好连接而使股东价值得到最大化？

## 阅读材料

### 丰田公司的申报制度和建议制度

日本丰田公司成立于1938年，其汽车产量仅次于美国通用汽车公司和福特汽车公司，居世界第三位。1999年位居《财富》杂志500强第十位。丰田公司奉行"事业在于人"的经营宗旨，并认为高工资、高福利等物质激励手段的作用是有限的，只有当员工觉得自己的能力得以发挥、自己的想法和工作成果得到公司和同事承认的时候，才会有更大的干劲。于是，丰田公司注重从精神层次上激励员工，建立了申报制度和建议制度。丰田公司实行"职工自己申报制度"，每年年初，让每位员工申报一年的工作指标，年终向上级汇报指标完成情况及自己能否适应现在的各种岗位。同时，由上级和其他部门派出代表，对每位职工的工作能力进行鉴定，以充分发挥员工的个人才能。走进丰田，到处都是"好产品，好主意"的大幅标语，这就是有名的"丰田职工代议制度"。

丰田公司认为,丰田人的使命是通过企业去奉献社会、造福人类,为此,每个员工时刻不能忘记开发新技术,生产符合时代要求的产品。丰田为鼓励职工提建议,规定建议一经采纳即付奖金。因此,丰田职工的建议非常多,采纳率也特别高。职工建议制度帮助公司渡过了震撼世界的20世纪70年代的石油危机,使丰田公司抓住机遇,制造出销量不断增长的节能型汽车。"建议制度"使丰田人努力消除自己工作岗位上的浪费,发挥团结一致和主观能动性,成为丰田公司发展壮大的主要动力之一。

资料来源:宗和. 世界名企员工激励成功案例. 中国乡镇企业杂志,2004年3月.

## 二、基于消费者价值的品牌构建说

### 1. 品牌中的消费者价值及其特点

品牌管理是价值管理(Pringle 和 Gordon,2001)。Rokeach(1973)定义价值为"相比较于对立性的行为模式或存在状态而被个体或社会更偏好的某种行为模式或存在状态的持久信任"。而 Rokeach(1973)的价值界定有三个前提:

(1)人们有相对较少的价值。

(2)每个人拥有相同的价值,但赋予的重要性不同。

(3)人类价值来源于文化、社会、制度和人性。

营销领域对价值的理解是多样化的,其中一种理解就是消费者价值(Consumer Values)(Peter,Olson,1990),指消费者需要的、有用的且重要的东西,是对产品的一般且客观的评价,和产品利益(Product Benefits)概念基本相同。

如果一个品牌要持续繁荣,它必须要有规律地调整构成个性中的价值部分以同步跟随顾客的需要变化。Morsing 和 Kristensen(2001)发现公司品牌通过利益相关者对品牌的解释对战略进行细微改变来保持更新。Kapferer(1997)是少有的考虑到"品牌革命就是社会中的价值变化"的学者之一。消费者价值是一个随时代而改变的概念,为了研究方便,可以把消费者价值分为核心价值和边缘价值。一个品牌既有可持续的核心价值(Collins 和 Porras,1998),也有反映社会变化的边缘价值。Rohan(2000)讨论了价值的优先顺序,认为"人们的价值优先顺序会反映出他们对环境变化的反应",例如女性服装价值中的庄重和时尚,时尚会不断改变,是边缘价值,而庄重是核心价值,决定了特定的审美标准。被假设成功的服务品牌管理有核心价值和边缘价值的明显差异。环境变化的规律性追踪会让管理者重新评估他们品牌价值的持续性。技术被用于维持核心价值和边缘价值的适度调整。有一些文献涉及了管理者如何维持品牌价值，但很少谈及哪种价值和哪种方法有效。

Leslie de Chernatony，Susan Drury，Susan Segal-Horn（2004）探讨了消费者价值的来源和辨识维持他们时常出现的问题，分析了鉴别和维持消费者价值的技术，强调了这个工作主要集中在公司内部。核心和边缘的品牌价值需要不同的方法去管理从而扩大服务品牌的影响，人力资源管理是创造和维持服务品牌价值最有效的方法之一。

这部分探讨了服务品牌中的消费者价值如何被识别，一旦识别，是否所有的品牌价值都该被维持？公司如何做？另外鉴别服务品牌价值过程中导致失败的因素，谁负责识别过程？管理者需要更新品牌保持和顾客同时代性，相关管理问题可见表4-3。

表4-3 强调价值管理的相关问题

| 识别价值 |
| --- |
| 最高层管理者对这个过程负责并提出他们的品牌价值观点吗？ |
| 价值支持远景吗？ |
| 员工认识到他们的价值有助于品牌吗？ |
| 价值符合品牌传统并满足顾客需要吗？ |
| 品牌的价值现实吗？ |
| 价值清晰吗？有不同解释吗？ |
| 价值乏味吗？ |
| **保持价值** |
| 核心价值比非核心价值得到更好的保持吗？ |
| 内部沟通和内部化过程效果如何？ |
| 管理者以价值支持的方式行动吗？员工能感受到品牌价值如何真实吗？ |

资料来源：Leslie de Chernatony, Susan Drury, Susan Segal-Horn. Identifying and Sustaining Services Brands' Values [J]. Journal of Marketing Communications, 2004（6）：73-93.

2. 消费者价值研究对品牌和顾客的意义

研究消费者价值的理由是因为价值驱动行为，"价值是针对具体事物和环境先验性地指导行为和判断的唯一信仰"（Rokeach，1968）。消费者价值影响了消费行为，企业和品牌中的价值影响了员工行为。品牌中的价值能否得到员工准确地传递并被顾客接受与偏好，则决定了企业—顾客关系的走向。在服务品牌中，特别重要的是关注员工价值，因为员工体现的价值决定了顾客对品牌的价值判断，且员工是可以被影响和被管理的不确定因素。品牌价值和服务形象与个性相关，Davies和Chun（2002）定义公司形象是"消费者拥有的对公司自然和潜在真相的态度和感觉"，而个性是"根植于组织成员行为中的独一无二的组织特征"（Van Riel和Balmer，1997）。图4-8描述了来自于被认可的价值的组织个性，通过员工认知和行为变成公司形象，然后被顾客感知的过程。

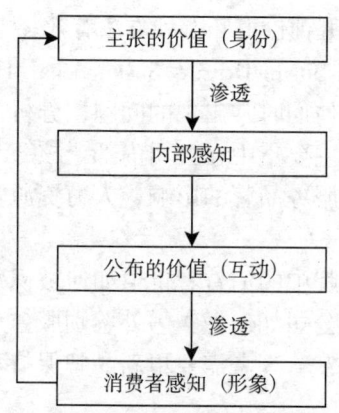

**图 4-8　从品牌身份到品牌形象的转化过程**

资料来源：Leslie de Chernatony, Susan Drury, Susan Segal-Horn, Identifying and Sustaining Services Brands' Values, Journal of Marketing Communications, Vol. 10, 2004：73-93.

当顾客感知到的包含价值的形象适合他们实际或理想的需要时，他们会接受服务品牌，主要是通过和员工面对面的行为实现（Wilson，2001；Davies 和 Chun，2002）。同样地，员工要认可价值的意义并受到鼓舞，否则会产生服务质量和员工保留方面的负面效果。

商品品牌价值经常体现在包装和广告中，而服务品牌价值更具突发性，因为它依赖于公司创立者（Ciulla，1999；Davidson，2002）和员工。经过一段时间，当公司成长、多样化或者兼并时，价值会有丢失或淡化的危险（Ind，2001）。所以鉴别价值是有关品牌维持的重大因素。不幸的是，不是所有的公司都识别了价值并充分地维持，Ginsberg 和 Miller（1992）发现公司公开宣传的价值却并未在组织每天的活动中得到体现，Webley（1999）指出"太多的突发事件出现在生产现场中，是由于在公司的整合行动中没有进行考虑和管理"。Davidson（2002）强调公司在识别和维持价值方面的失败非常普遍，其中一个原因就是价值没被员工、顾客和供应商等合作伙伴同等地接受。

### 顾客终身价值获取理论案例剖析

玫琳凯是美国最大、销售量第一的皮肤保养品和彩妆品公司，玫琳凯独特的企业文化是公司在市场上占据竞争优势的关键，也是激励员工的重要力量。其每项管理决策，都根据一项黄金法则来制定——你希望别人怎样待你，你也要怎样待别人。言外之意是，要想获取顾客终身价值，就该把服务确立于对顾客的"终身"服务。

玫琳凯公司独特的对内个性化的终身服务很好地解决了服务水平及效率问题。玫琳凯公司为其独立销售队伍的成员们提供了一条明确的事业道路。他们中间的每个人都以同样的方式开始自己的业务：签署"独立美容顾问"协议，购买一套起步用具，成为新的内部顾客。之后公司以独特的价值观和企业文化对每个顾问进行终身培训。玫琳凯公司代表着组织学习和知识创新。正是员工们集体创建的知识为公司奠定了一个基础，使公司在保持成功势头方面有了今天的地位和产品。

玫琳凯公司成功地做到了这一极致状态，她将每一位顾客的资料录入数据库中，每一个美容顾问将定期用电话、网络方式跟踪服务，即通过对话了解顾客的皮肤状况、产品使用效果，保证不会出现过敏；传授最新护肤知识及产品使用方法等人文的方式做到使顾客得到最大收益。正是玫琳凯与其他同类产品相比可谓匠心独运、别具一格的品牌传播与市场开拓，以及值得称道而永传于世的"顾问式"营销模式是玫琳凯生存与发展的制胜法宝。

资料来源：金春梅.百货商场零售杂谈.商业时代杂志，2005（29）.

3. 品牌价值的识别

价值的识别不是精确的科学，部分原因在于它们的无形性和多变性。尤其是被服务企业沟通的品牌价值（不论是故意的还是无意的）不一定和所主张的公司价值和公司形象保持一致。所以为方便起见，把识别价值的过程分为内部化过程（反映品牌个性）和外部化过程（反映品牌形象）。另外，一些特定因素被视为品牌价值识别中的失败因素。谁负责鉴别品牌价值？文献中有两个观点，其一认为是富有品牌知识和体验的人，其二是高级管理者。

品牌价值出现有两种方式，或者来源于组织个性，被建立者、管理者和员工所影响（内部化过程），或者被顾客感知（外部化过程），这样就形成了公司形象的一部分。这种差异反映在识别品牌价值的方法中：内部化方法关注公司个性，而外部化方法集中于顾客感知到的形象以及其他一些品牌外部因素。为了获得对品牌价值、组织个性和形象的全面理解，内部化和外部化方法都被采用。在品牌价值认识方面有四个已得到验证的观点：

（1）识别内部价值（品牌个性）比外部价值（品牌形象）更重要。

（2）咨询公司识别内部品牌价值的主要方法是通过和员工讨论。

（3）核心和边缘价值的差异化管理和服务品牌价值的效果间存在间接联系。

（4）在适当的一套价值指导下培养的员工信仰，比实践中的临时指导更可能产生持久的品牌价值。

**4. 品牌价值的维护**

早期研究表明核心价值比边缘价值更值得维护（Kotter 和 Heskett，1992）。Kapferer（1997）评论道："一个品牌通过保持一致性而成长更久……即便这样，一个不随时间而改变的品牌会腐烂和失去它的相关性。"Collins 和 Porras（1998）发现当公司面临核心价值和边缘价值的实践时会感到困惑。核心价值是"组织的本质和持久原则——一套不需外部判断的永久性指导原则"（Collins 和 Porras，1998）。Davidson（2002）用道德价值（Moral Value）和行为价值（Performance Value）来回应核心价值和边缘价值的差异：道德价值不可能改变，而行为价值会不断调整以适应变化。同样地，Rokeach（1973）分为终点（Terminal）价值和工具（Instrumental）价值，强调终点价值更稳定。从品牌个性视角，Aaker 等人（2000）提出核心个性和延伸个性，认为核心个性是"当品牌接触新市场和新产品时更可能保持不变的"。总之，品牌价值既需要一定的稳定性，也需要灵活性。

有很多技术可以确保维持核心个性价值，如法典、互动技术、人力资源实践、内部和外部沟通、高级管理者的行为。同时维持被员工感受到的价值和顾客认知的价值才能直接地影响到品牌价值。维护品牌价值的过程包括：

（1）识别适合组织的清晰适当的价值；
（2）内部沟通和内部化品牌价值；
（3）制度和文化品：表象文化品，内层的价值和更核心的基本假设；
（4）广告；
（5）子品牌；
（6）和品牌价值匹配的行为；
（7）品牌冠军；
（8）人力资源管理。

识别和维持价值对服务品牌特别重要，因为它的成败取决于员工对顾客需要的价值的沟通，包括顾客之间和员工彼此之间的沟通。当识别了品牌价值后，采用员工和外部利益相关者的观点去维持良好的内外部平衡，认识到品牌价值主要由个性驱动而非形象驱动很重要。实质上，管理者也面临着对基于价值的外部机会的理解上的挑战，以及如何去运用独一无二的内部价值来满足顾客。一旦核心价值被确定，需要努力维持它。边缘品牌价值需要定期地评估和调整。影响品牌成功的因素有：鉴别和维持品牌价值是高层管理者主要的工作；选择现实能接受的比较理想的价值；选择在品牌深处的独一无二的价值，而不是普通的价值。

综上所述，如图 4-9 所示，品牌价值管理者首先要根据目标顾客的价值需要确定公司品牌的核心和边缘价值，然后把这些价值传递渗透给内部员工，通过他们和顾客的互动获得顾客的认可和满意。在企业—员工—顾客间的价值传递中，会面临众多利益相关者的扰乱，不同的利益相关者价值要求不一，甚至有所冲突，于是企业要善于分析判断和筛选价值，确定较普遍适用的价值主张，减少理解上的冲突和不和谐现象。公司内部的价值管理会形成外部的公司形象，顾客对公司形象和品牌价值的认知受体验的影响，价值传递中要克服失败点。随着企业环境和顾客需求的变化，价值也要相应调整。

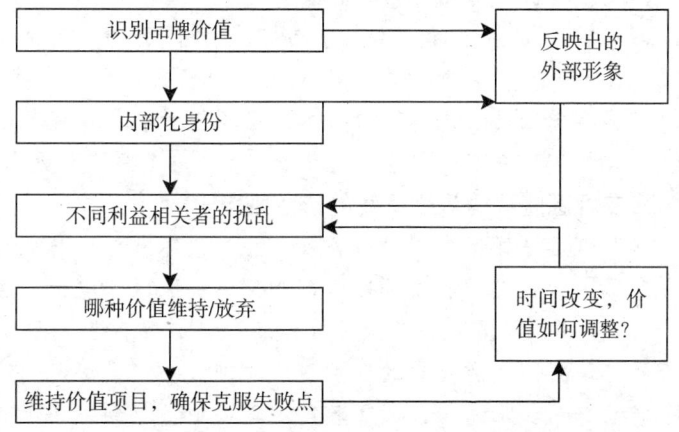

图 4-9 价值视角的服务品牌管理

资料来源：Leslie de Chernatony, Susan Drury, Susan Segal-Horn. Identifying and Sustaining Services Brands' Values [J]. Journal of Marketing Communications, 2004 (6): 73-93.

### 考试链接

1. 要记住品牌权益、5Cs 理论、股东价值、消费者价值等概念；理解品牌权益的创建说、品牌创建、四阶段过程说、品牌创建主题说、Laurie Young (2003) 的 5Cs 理论、战略视角的公司品牌创建过程、基于股东价值的品牌构建说、基于消费者价值的品牌构建说等服务品牌创建理论。

2. 请结合某理论分析评价周围熟悉的某个服务品牌的管理现状。

### 案例分析

#### 北京中日友好医院服务品牌形象策划设计案例分析

中日友好医院是由日本政府提供无偿帮助，中日两国政府合作建设的大型现代化、综合性的国家级医院，直属于中华人民共和国卫生部，在中国医疗界占有重要地位，在海内外享有极高声誉。

## 一、中日友好医院服务形象定位

"国际化、人性化、亲情化"的现代医院形象是中日友好医院的服务形象定位。当今社会服务行业已向品牌化延伸，公众品牌意识加强，一切以病人为中心，改善医患关系，通过亲情化、人性化的视觉形象设计，强化中日友好医院的服务品牌概念，有助于树立医院良好的公益形象，提高医院服务竞争能力，完成与国际医疗服务水平接轨。

## 二、中日友好医院服务品牌标志形象

中日友好医院服务品牌标志形象来自"中日友好，一衣带水"的主题理念，以象征中国的长城和象征日本富士山构成"一衣带水"的稳定图形结构，装饰化的海浪具有中国传统山水画和日本浮士绘中的浪花表现风格。标志形象的整体造型以红十字形框架加以柔化处理，形成樱花般的美好形象。

## 三、中日友好医院环境识别系统的形象规范

按照"病人自主选择医生"的服务模式要求，环境识别系统的形象规范分为门诊区、急诊区、住院部和国际医疗部四大环境区域，进行"医师介绍牌"、"科室特色介绍牌"和"医院服务项目介绍牌"三种系列展示形式的设置，通过规范标准的标识牌，构成美好的医院环境识别效果，采用透明有机板彩色喷绘画面和金属装饰铆扣形式，设置于各区域环境中，起到统一识别的作用，具有方便快捷、明晰准确的指示、导向功能。

## 四、中日友好医院医疗服务管理形象

《中日友好医院服务形象管理手册》中还明确规定了医院的行政管理事务系统和医疗服务管理系统。其中行政管理事务系统对行政管理部门的各类办公用品和科室门诊办公用品以及一些日常性的各类医疗办公用品进行规范化设计制作，使整个医院的办公用品规范化，有效地传达出现代型医院管理形象。

## 五、中日友好医院的形象传播识别

医院形象的传播识别系统有其独特的传播特征，公益主题性是其首要特征。医疗服务传播不同于纯商业传播，以人类的健康作为服务的对象，自然具有较强的科学态度和人性化观念，其传播主题和形式应围绕"关爱人类健康，一切为病人服务"为传播核心概念，才能更好地体现医疗服务品牌的良好形象。

充分利用医院拥有的自身宣传媒体进行公众传播，可以深度介绍宣传医院的服务理念和服务品牌形象，设计印刷医院医疗服务介绍画册、科室介绍宣传册、医师介绍画册等系列画册。在户外媒体传播方面，以关爱健康为主题、利用大型擎天柱广告和重要区域的楼顶广告牌等形式，与药业企业联合发布公益主题户外广告。在报纸杂志等媒体方面发布系列性医疗服务项目及特色的宣传

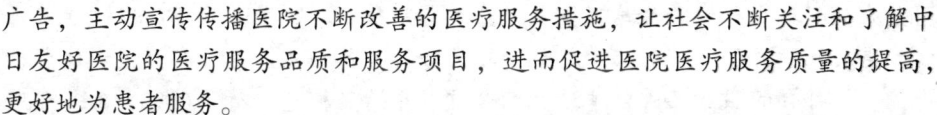

广告,主动宣传传播医院不断改善的医疗服务措施,让社会不断关注和了解中日友好医院的医疗服务品质和服务项目,进而促进医院医疗服务质量的提高,更好地为患者服务。

应该说,中日友好医院医疗服务品牌形象的策划设计、推广传播,为推动中国医疗服务机构提升自身形象,加强服务意识,建立国际化、人性化、亲情化的现代医院形象起到一定的示范促进作用,这也是中国健康产业成熟发展的要求。

资料来源:北京中日友好医院服务品牌形象策划设计案例分析.医学教育.www.med66.com.

**问题讨论:**

1. 中日友好医院的品牌管理中体现了哪些工作步骤?
2. 服务品牌创建工作是过程管理还是要素管理,还是兼而有之?

## 本章小结

成功品牌的定义很重要,这关系到很多关键问题:公司用什么样的标准来测量他们的品牌是否成功?公司如何培养成功品牌?公司通过什么路径创建成功品牌?由于对成功品牌评价的多角度和多标准,在创建品牌方面也是"条条道路通罗马"。Leslie de Chernatony, Riley 和 Harris(1998)认为品牌成功的测量标准主要有两类:基于商业的标准和基于顾客的标准。基于商业的标准包括利润率、股东权益和市场份额;基于顾客的标准有品牌联想、感知差异化优势和增加的价值。上述认识为品牌创建提供了多个视角。

传统上品牌研究根植并成长于商品领域,尽管服务领域主导了发达经济(Lovelock, 2000),研究者对服务品牌的注意力和服务领域的增长并不同步。尽管文献中有许多内容是有关服务管理和品牌管理的,但有关服务品牌创建的文献还是相对不足,这表明服务品牌研究对商品领域品牌化技术存在持续依赖的问题(Clifton 和 Maughan, 2000)。这种状况也反映出商品与服务的特性差异未引起品牌创建研究的足够重视。一般来说,商品具有更多的搜寻属性,而服务则具有更多的经验和信任属性,服务品牌创建的原则和重点应区别于商品品牌管理(Moorthi, 2002)。

本章对品牌创建文献进行了较全面系统的整理,这些服务品牌创建观点虽有差异,但都考虑到了服务属性并区别于商品品牌创建理论,暂且归纳为六类观点:服务品牌权益创建说、服务品牌创建四阶段说、服务品牌创建主题说、内部品牌化的 5Cs 理论、服务品牌创建过程循环说、服务品牌价值创建说。不同企业和行业由于竞争程度不同、产业运行规律不同、产品市场的特殊性等原因，会关注不同的价值和品牌价值。较为普遍的价值概念是股东价值和消费者价值。该部分的服务品牌创建过程结合这两个价值概念进行了研究，即基于股东价值的品牌构建说和基于消费者价值的品牌构建说。

## 深入学习与考试预备知识

### 差异化服务

差异化服务（Differentiated Services）又称为个性化服务（Personal Service），所谓差异化服务是指针对客户的不同需求，在业务开发与推广上，重视对目标市场的研究和需求的细分，努力提供多种业务应用，满足不同目标客户群的个性化需求，对客户的不同需求而提供的个性化服务与资费选择，是一种市场细分的营销策略。实施差异化策略创新的方式有很多，下面以通信运营商为例，列举三种常见策略：

（1）以客户群为基础的差异化策略。根据目前市场情况和特点，在普遍提供基本通信服务的基础上，针对不同客户群体的不同特点和需求，提供具有可行性的、外延的差异化服务。根据客户构成分为集团客户和个人客户。对集团客户而言，可根据其通信情况及费用承担方法，为大客户提供量身定做的个性化服务，进而解决方案式服务和跨区域无差异服务。

（2）以年龄为基础的差异化服务策略。应该说，以目标客户的年龄为基础的差异化策略是运营商的最好选择。客户的年龄不同，需求也会不同，其支付能力也不相同，运营商可以开发出不同的业务，以不同的价格向客户提供差异化的服务。

（3）以付费方式和业务功能为基础的差异化策略。企业根据用户使用业务与消费水平的不同，将用户分为以下几类：低端用户、中高端用户、高端用户以及潜在的中高端用户。针对各自不同的需求，制订不同的、适合的资费计划，对于中高端用户可以用高质量的服务吸引，按照客户不同消费习惯的市场需求，分别制定最低月租套餐金额，为这部分客户提供更为自由的选择与优惠。这种比较公平的套餐将留住并进一步吸引更多的中高端客户加入。对于低端客户可以以低价吸引，提供智能网支持的预付费和后付费，并适时出台各种资费套餐计划。这不仅可为用户提供更多的服务选择，还会刺激客户数量及通话量的增长，使用户根据需求选择自己需要的业务。

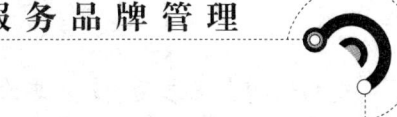

## 知识扩展

### 零售业的价值链具有复合性

零售是将产品和服务出售给消费者，供其个人或家庭使用，从而增加产品和服务的价值的一种商业活动。零售商是将产品和服务出售给消费者供其个人使用的一种商业企业，是连接制造商和消费者的分销渠道中的最终业务环节活动。零售商的主要活动包括提供各种商品和服务组合、分装商品、保存商品、卖场销售活动、提供服务。因此，零售商提供给顾客的是具有一组利益和效用的商品和服务的混合产品包，商品价值和服务价值共同创造了顾客价值，这些价值最终借助公司品牌被评价和传播。由于产出物中商品和服务同等重要，因此在公司品牌价值管理上既要注重抽象的服务管理，也要注重实物管理（Shostack，1977）。按照战略学者的观点，顾客价值创造能力就是企业的生存能力和竞争能力，卓越的顾客价值决定了企业的竞争优势。结合零售业来看，当零售商满足了顾客需要，他们的公司品牌就在传递顾客价值，也将会在长期内有更强大的竞争地位（Hartnett，1998），零售商只能靠不断为目标顾客改善混合产品组合而赢得公司品牌成功。

在价值管理研究方面，最著名的研究成果之一是价值链管理，代表性观点有波特的价值链和海斯凯特等人的服务—利润链。波特（Porter，1985）通过对制造业的考察，提出价值链概念并进行开创性研究，认为借助价值链将企业分解为战略性相关的许多业务活动，通过比其竞争对手更廉价或更出色地开展这些重要的战略活动来赢得竞争优势。竞争者之间价值链的差异就是竞争优势的一个关键来源。波特所理解的价值是"买方愿意为企业提供给他们的产品所支付的价格"，用总收入来衡量，即用企业产品价格和销售量来反映。这种价值理解尽管区别于顾客价值概念，但二者并不矛盾且高度正相关，因为开发并管理价值链而提升企业收入和创新顾客价值从营销观念看来，是交换双方所遵循的双赢游戏规则。而波特的价值链也是在企业和顾客之间双赢关系前提下构建的。所以波特价值链管理可以作为零售业价值管理的样板。海斯凯特（Heskett，et al.，1994）等人提出的服务—利润链是建立在对银行、航空业等较纯粹的服务性企业的研究基础上，将"硬性"的价值建立在一系列"软性"的标准上，把企业的盈利能力、客户忠诚和客户满意与服务价值紧密连接起来，强调服务价值是由满意、忠诚和富有活力的员工创造的。服务—利润链包括以下环节：内部服务质量—员工满意度—员工维系和生产力—外部服务价值——顾客满意度——顾客忠诚度——收益增长和盈利能力，这些环节依序驱动实现顾客价值和企业盈利，而领导是保证服务——利润链成功运行的基础。顾客价值通过服务——利润链中的外部服务价值不仅得到了直接体现，而且还通过最终结果——收益增长和盈利能力得到了间接体现，因为服务——利润链同样是在创造顾客价值和实现企业盈利的双赢游戏规则下构建的。这也是我们在零售业价值管理中借鉴服务——利润链的原因所在。显而易见，由于产业价值链和服务——利润链的研究对象分别是纯粹制造业和纯粹服务业，完全照搬到零售业中是不合适的，波特的价值链忽视了服务的价值管理，而只注重实体产品价值开发和竞争性视角；服务——利润链则重视内部服务价值管理，忽视实体产品价值管理和竞争者。由于零售业提供物具有介于纯粹商品和纯粹服务之间的特殊性，因此零售商的价值链既要区别于制造业价值链，又要区别于服务——利润链，它应该是一条能够兼顾竞争者和顾客利益、内部视角和外部视角（竞争视角）相结合、由商品价值链和服务价值链复合而成的复合价值链（如图 4-10 如示）。

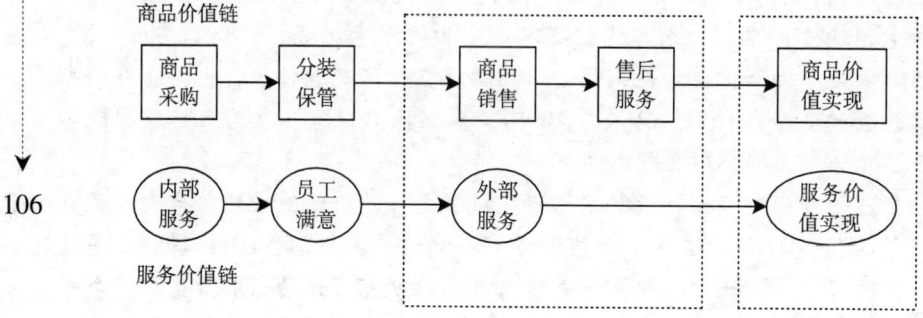

图 4-10　零售业的复合价值链

资料来源：王淑翠. 基于顾客价值构建零售业复合价值链. 商业经济与管理，2006（10）：28-31.

商品价值链部分由商品采购、分装保管、卖场销售、售后服务等业务活动组成，最终通过顾客购买而实现商品价值部分，服务价值链部分经由内部服务、员工满意、外部服务等内部管理流程实现服务价值部分，商品价值和服务价值整合而成了全部顾客价值。这两条价值链并驾齐驱，起点不同，商品价值链从外部企业开始商品采购业务活动，启动价值增加，服务价值链从企业管理者为员工服务开始价值创造。但二者目标一致：共同表现为创造顾客价值，从而实现顾客满意。当顾客自愿和企业进行交易时，商品价值和服务价值一并在交易中实现，同时创造了顾客价值。

商品价值链由于借助于外部组织和活动而形成，因此是外生价值链，商品价值在企业间、企业和顾客间交易和流动中产生，也被称为供应链管理。服务价值链是源于企业内部资源而产生，作为服务价值的创造者——内部员工可以作为企业独特的内部资源来管理，但不同于一般的财物管理，因此服务价值链被视为内生价值链。外生价值链会受外部因素制约和影响，如供应商关系、供货效率、商品质量、商品独特性等。内生价值链更容易被企业管理和控制，表现相对稳定。由于商品的普遍性和供应商的开放性，外生价值链容易复制和被跟踪，较难通过顾客价值创新而建立持久竞争优势；而内部服务竞争优势是独特且难模仿的，内生价值链较容易创新顾客价值和保持竞争优势。这种通过价值链考察的顾客价值创新和Ulaga, Wolfgang等人（2003）的实证研究吻合，他们认为顾客价值的驱动因素包含产品相关特性和服务相关特性，如产品的一致性、产品特征、产品范围、供应的可靠性与敏捷性、技术支持、快速响应、产品创新、技术信息等。

# 第五章 创建服务品牌的其他支持要素

## 学习目标

**知识要求** 通过本章的学习，掌握：

- 品牌创建需要内外结合
- 品牌创建需要内部营销导向的企业文化
- 品牌创建需要流程型组织结构
- 品牌创建需要企业社会责任

**技能要求** 通过本章的学习，能够：

- 采用系统观点和全员观点来创建品牌
- 理解企业文化在品牌创建中的作用
- 掌握如何构建流程型的组织结构
- 学会承担和扮演社会公民

## 学习指导

1. 本章内容包括：了解品牌创建的需要；内外部人员和资源的参与；掌握企业文化和组织结构在服务品牌创建中的独特性；理解企业社会责任的内涵和意义等。

2. 学习方法：独立思考，抓住重点；与同学讨论内外结合的含义与手段；讨论服务品牌创建的文化和组织结构要求；评价分析周围企业的社会责任实施状况，发现不足和认识误区等。

3. 建议学时：4学时。

# 第一节 品牌创建需要内外结合

### 摩托罗拉热爱顾客、尊重员工

作为跨国公司，摩托罗拉不仅创造了无数让消费者喜欢的电子产品，赢得了顾客的信任和忠诚，同时在企业内部也努力赢得员工的信任和忠诚。在中国企业内，摩托罗拉吸取和提倡"诚、诺、信"的东方传统文化遗产，来营造坦诚和相互信任的企业文化氛围。摩托罗拉公司的企业价值观是：尊重每一个员工作为个人的人格尊严，开诚布公，让每个员工直接参与对话，使他们有机会与公司同心同德，发挥出各自最大的潜能；让每位员工都有受培训和获得发展的机会，确保公司拥有最能干、最讲究工作效率的员工；尊重资深员工的劳动，以工资、福利、物质鼓励对员工的劳动做出相应的回报；以能力为依据，向员工提供均等的发展机会。摩托罗拉的雇主品牌以"尊重"为特征，为每一个员工创造了一种健康积极的文化氛围。

资料来源：摩托罗拉尊重每一个员工. 人力资源管理杂志, 2009 年 1 月.

**思考题：**

摩托罗拉热爱顾客和尊重员工之间是相互独立的还是相互影响的关系？为什么？

传统的营销鼓励采用以顾客为中心的方法（Zeithaml 和 Bitner, 1996），然而发展服务品牌却强调了员工的中心性，体现了内部导向。在成功服务品牌的公司里，人力资源职能发挥着重要作用（E. G. Gronroos, 1978; Berry, 1981; de Chernatony 和 Harris, 2000; Zerbe, Dobne 和 Hard, 1998; Schneider 和 Bowen, 1993; Browning, 1998）。招聘、培训和激励员工是关键，因为服务的实质是顾客和员工之间的互动，员工对品牌和公司的认同程度与理解和满足顾客需要的程度（Thomson et al., 1999）同等重要。因此，内外部视角相结合成为必然选择。财务管理领域学者 Kaplan 和 Norton（1992）通过创造的平衡计分卡也支持了这个观点，把财务指标和顾客、组织创新和学习、运营管理三个方面进行了均衡管理，不再分裂地管理财务，而是转向了内外部视角相结合的系统管理。Lings（2000）发现了服务市场的成功案例中，既有关注顾客和竞争者的外部视角，也有关注服务过程和员工的内部视角。Gummesson（1998）认为关注内部的管理视角并不是 Levitt's（1960）所说的"营销近视"，因为"营销近视"完全忽视了跟踪和研究顾客，内部管理视角则体现了为了更好地满足外部顾客而采取的员工关注行动。Wong 和 Saunders（1993）发现只考虑顾客对长期的公司战略的支持作用是微乎其微的，最好的业绩是来自于能集合内外部导向的企业。Greenley 和 Foxall（1997）同样报道了多数股东的利益应从组织成功中实现。Knights，Sturdy 和 Morgan（1994）认为消费者的需要具有社会性，常在销售接触中得到满足，有些企业认为只提供产品让顾客满足的认识是不正确的。

另外，Bitner，Booms 和 Mohr（1994）提出了"顾客不总是对的"观点，这样服务人员应该接受"在特定环境下不满足顾客需要"的特定培训。当顾客破坏公司政策，或不合作，品牌将停止外部导向，更倾向于内部驱动。当前太多的注意力已经放在品牌构建的参与者研究中，例如品牌管理者、CEO 们、品牌冠军、营销部、交叉职能团队和消费者。然而，大多品牌管理重点表现为交叉职能团队和高级管理者的责任探讨，因此，品牌构建除了应整合组织并得到上层的承诺和支持外，平衡的内外部视角的采用将更有利于服务品牌的成功创建。

## 一、内部涉入

由于服务品牌来自于前线服务人员和顾客的互动，于是，员工被视为品牌构建中的重要因素。首先，高级管理者的介入很重要。例如，"CEO 不做任何具体的事，但他关心任何不同的事"。"理想状况是你必须有规律地和 CEO 接触，而事实并不是这样"。中层管理者的作用值得思考。"如果高级团队在开发品牌时能够让中层管理者参与，而我的经验是中层管理者不会传递品牌定位"。几乎所有人都认为品牌或营销经理应该参与到服务品牌构建过程中，但也提到，许多经理倾向于从有形产品开始管理。其次，整个参与团队和交叉职能员工也很重要。"团队应该多原则的，是很多能创造新服务想法和管理快速执行的人的结合"，"团队应该有平衡的技能"。"如果设计一个服务品牌的系统和结构，需要很多技能，其中许多不是一般的营销技能"。交叉职能员工被认为包含研发、人力资源管理、分销、促销、财务、运行专家、公司大事、沟通和销售。最后，品牌冠军在组织内也是重要的，"没有品牌冠军什么都没用"，品牌冠军是所有品牌的效仿和学习对象。

## 二、外部涉入

顾客是品牌构建的有力贡献者，最早的评论是Toffler（1970），他用术语"Prosumer"来表示顾客参与到服务的消费和生产中的特殊作用，"顾客不仅贡献钱，还有市场和设计信息，对生产过程很重要"（Toffler，1990）。Kelly（1999）强调最好的"Prosumerism"应用就是在线营销中。外部顾问和不同业务的代理公司是最普通的第三方，也常常参与到品牌创建活动中。最重要的代理和顾问类型是广告公司，"广告公司最了解顾客的需要，但并不十分关注企业传递产品的能力"。其他代理包括公关、设计、品牌化、战略、管理、调查和沟通。其他在服务品牌扮演角色的包括观点传播者和其他机构，观点传播者包括产业中的权威机构和新闻行业，其他机构包括贸易组织和政府，这两类主体的涉入很大程度上靠的是他们对市场走向的判断和反应。

品牌的直接管理者仍然被认为是品牌构建中的最重要的主体。交叉职能团队和高级管理者的涉入也是服务品牌成功的重要因素。普通员工、顾客和外部顾问/代理也是重要的参与群体。

# 第二节　品牌创建需要内部营销导向的企业文化

引导案例

### 联邦快递打造高绩效团队

作为全球最大也是最早创立的航空快递公司，FedEx目前正向包括中国在内的220个国家及地区提供24~48小时之内、门到门的快递运输服务。高绩效团队是一个关键成功因素，正如它的创始人弗雷德·史密斯曾经说过的那样："能够得到尽可能多的人的合作是创业成功的秘密。"在FedEx遍布全球的物流网络上，存在着成千上万个团队，如负责销售的Sales团队、负责收派件的Courier团队、负责分拣的Service agent团队、负责客户服务的800团队、负责调度的Dispatch团队，以及负责技术的团队和负责航空运输的团队等。客户的包裹就像接力棒一样在这些团队的手里快速传递着，某个环节出现失误，都将给后续工序造成影响并且是成倍增加的压力，甚至可能给客户造成无法挽回的损失。因此，FedEx的业务绝不是某个员工单打独斗能够完成的，需要若干成员组成的团队以及由若干个小团队组成的更大的团队共同完成，这就需要精诚合作的团队精神，并努力追求"1+1>2"的团队合作效果。

资料来源：联邦快递打造高绩效团队.百度文库 http://wenku.baidu.com.

思考题：
1. 结合联邦快递谈谈你对内部营销导向的企业文化的理解。
2. 内部营销的实施主体是人力资源管理部门，对不对？为什么？

评价企业文化可以参考员工的做事风格和思考方式，先进的企业文化重在营造尊重人的工作环境，追求企业与员工价值共享。比如蒙牛的共享文化——首先是共识，其次是共鸣，最后是共振。文化就是让大家认识上一致、行动上一致。企业文化不是给外界看的，员工的认同与否是衡量企业文化的基础因素。

## 一、内部营销导向型的服务企业文化的核心思想

结合服务的特性和服务评价的主观性，服务性企业的企业文化的核心思想应该是"人性化"，这是所有服务企业应追求的最高境界。服务的本源，是为了协助顾客满足某种需求，并且尽量使满足过程愉快。好的服务应该是按照顾客的想法和意愿来设计的，是从顾客的角度来考虑的，它是一种"想顾客所想，备顾客所欲"的精心安排，它应该是让顾客觉得符合心意的。这就要求服务体现顾客对轻松、自然、方便、简单的要求，体现"人性化"。

要想实现对外部顾客的"人性化"服务，企业需要首先服务于内部顾客。内部营销必须先于外部营销，在公司打算提供优质服务之前促销是没有意义的。换言之，外部服务价值始于内部服务价值，没有满意的员工，就没有满意的顾客。所以"人性化"还要体现在内部顾客的管理上，例如，岗位设计、工作环境、薪酬分配、奖罚制度、作息制度等要符合员工的要求，让员工同样能轻松、自然、快乐地工作。

## 二、内部营销导向型的服务企业文化的主要内容

基于内部营销理念的服务企业文化，要充分体现在以员工为本的核心价值观和内部管理制度两个方面。

核心价值观：内部营销应像外部营销一样，努力满足员工的需求，实现员工满意。因此首先需要了解员工的需求，那么就要进行内部营销调研。在当今时代，人们的生活行为以及思维方式都发生了巨大的变化，每个人需求的个性化越来越突出。要准确了解员工的需求，不能仅凭主观想象，而是要依靠营销调研。各种外部营销调研技术如一对一的访谈、问卷调查、圆桌会议、实地观

察等,都可以用来了解员工的动机、情绪、信仰、价值观、潜在的恐惧等。其次是进行内部市场细分。在对营销调研进行分析的基础上,同时结合员工自身能力与素质水平,根据需求类型进行大致的市场细分。对细分群体采取有针对性的措施以提高员工满意度,对希望获得个人能力提升的员工进行有针对性的培训等。例如花旗银行在营销中导入了"银行内部关系营销"理念,根据与客户接触的程度,把员工分为四类:与客户直接接触者、间接干涉者、施加影响者和隔离无关者,每一类员工都应作为营销组合中的一个因素。花旗银行的管理者首先将银行推销给员工,先吸引员工再吸引客户,让员工主动地去营销和服务客户,效果极佳。相应地,其内部关系营销计划分为两个层次:战略性内部关系营销和战术性内部关系营销。战略性内部关系营销是指通过科学的管理、人员职位的合理升降、企业文化方向、明确的规划程序,激发员工主动向客户提供优质服务的积极性。战术性内部关系营销主要是采取一系列措施提高员工素质和技能,如经常举办培训班、加强内部沟通、组织各种性质的集会、加快信息的交流和沟通等,进而把以员工为本的价值观落到实处。

内部管理制度:基于内部营销的企业文化变革,不仅要有理念层面的变革,更要有制度层面的变革作为保证。一是组织制度的变革。当前我国很多国有服务企业结构的主要弊端是:权力过度集中,管理层次多,行政色彩浓,市场反应慢,运作效率低,尤其是体制问题。变革的方向是实行扁平化的组织形式。扁平化的本意是减少管理层次,使高耸的官僚结构变得扁平起来。更深层的内涵是,利用高效的信息传导机制,通过内外营销的结合,向员工充分授权,高效地向客户提供服务。二是激励制度变革。首先,企业要通过内部调研等手段了解员工的多样化、层次化的需要和愿望、个人特点等信息,针对性地利用薪资福利、股权、期权等利益激励手段以及岗位轮换、授权、管理参与、建立建议制度、畅通的内部沟通管道等精神激励手段,实现对员工全方位个性化的激励;其次,建立一套完整的人才选用机制,在公平、公开、公正的条件下选择和任用人才,创造让他们受到优待和重视的机会;最后,高度重视员工的培训和开发,建立完善的员工培训体系。商业银行可以通过课堂教学、专题研讨、经验介绍、参观学习等多种形式和途径,充分调动员工为客户服务的积极性和主动性。

## 第三节 品牌创建需要流程型组织结构

这是我国医院常见的一张组织结构图（见图 5-1），请仔细阅读后思考下列问题：

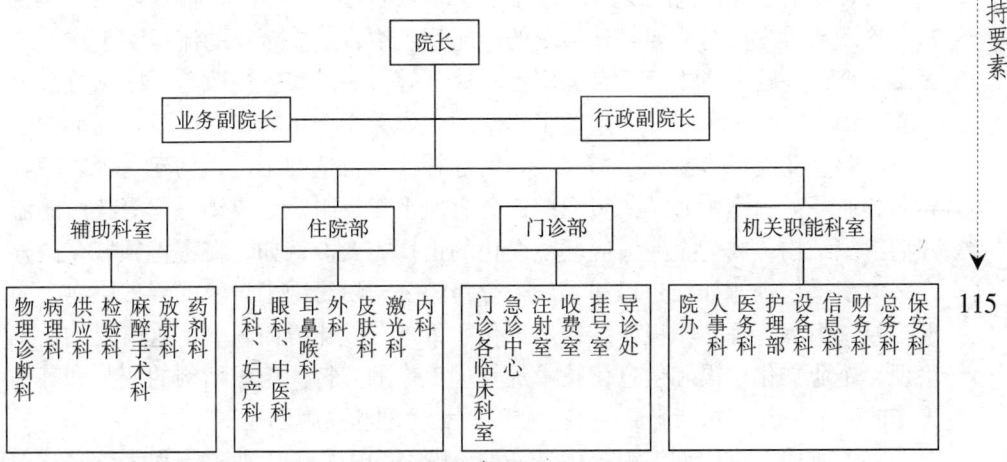

图 5-1 我国医院常见的组织结构图

思考题：
1. 这种组织结构属于哪种类型的组织结构？
2. 这种组织结构是否能最大限度地为诊疗业务提供便利？为什么？

### 一、流程型组织结构的提出

1993 年，麻省理工学院教授 Micheal Hammer 和管理咨询专家 James. Champy 提出了"业务流程再造"理论（Business Process Reengineering，BPR），也可译为：业务流程重组或企业流程再造，强调为提高工作效率，企业必须"以满足顾客需求为导向"的经营理念重组组织结构。Micheal Hammer 和 James.

Champy 在《公司再造：企业革命的宣言》一书中指出：二百年来，人们一直遵循亚当·斯密的劳动分工思想来管理企业，即把工作分解为最简单和最基本的步骤；而目前应进行变革，应该把工作任务重新组合到首尾一贯的工作流程中去。他们给 BPR 下的定义是："为了飞跃性地改善成本、质量、服务、速度等现代企业的主要运营基础，必须对工作流程进行彻底改革。"其基本思想就是必须彻底改变传统的工作方式，即改变自工业革命以来按照分工原则把一项完整的工作分成不同的流程、由相对独立的部门依次进行的工作方式。

流程型组织的产生不是偶然的，其产生的驱动力来自于三个方面：一是组织外部的环境变化，如全球经济一体化，顾客需求多样化，技术创新更新快等；二是组织内部的驱动力不足，机构设置臃肿，部门之间互相推诿，存在"部门墙"，长时间等待，导致服务质量差、顾客抱怨等问题；三是流程再造、价值链、核心竞争力等理论的发展，为流程型组织的诞生提供了理论依据。

哈默和钱皮认为，要打破传统的职能型组织，建立全新的流程型组织，从而实现企业经营在成本、质量、服务和速度等方面的飞跃性改善，必须打乱原来职能型组织的角色定位，重新组建新的合作关系。由于流程变革是局部的变革，因此企业变革容易流于形式。如何弥补流程再造的不足，构建一个以顾客导向、业务流程为中心，使组织结构具有扁平化、组织边界动态化等特点的流程型组织结构，成为企业适应环境变化的迫切需要。例如，在零售领域，国外许多大型零售企业如沃尔玛和家乐福等跨国公司纷纷减少企业的管理层次，向下分权，组织管理正积极向结构扁平化、管理分权化方向发展，这需要如员工培训、企业文化建设和信息化技术等管理工作的支持。组织结构的变革和其他工作的变革一起，共同服务于零售业的质量管理和品牌创建工作。

综上所述，流程型组织结构是一种以顾客为中心、以业务流程为核心、对顾客的需求和意见能够快速响应、实现业务流程的运行与顾客的需求密切结合的组织结构。企业通过对业务流程的整体设计和优化，使流程无间断地连续运行，进而实现组织、服务质量、成本和服务效率的优化，最终实现组织结构的整体优化。

## 二、流程型组织结构的构建

（1）部门内部的业务流程再造。以零售服务业为例，在内部业务处理流程中，有一些非创造性的统计、汇总、填表等工作，在各个部门间存在重复或无效的情况，目前采用计算机技术和内部信息网络完全可以取消这些重复的业务，实现内部信息资源共享，同时调整职能结构和管理层次，从而使机构精简、业务简化。

（2）部门之间的业务流程再造。服务企业根据供应链中的分工和角色，对原来的垂直型组织结构进行改变，重新设计和构造企业的业务流程，建立扁平化管理组织。目前，比较流行的是按照产品或服务类别来设计部门，使得经营和管理活动更具有针对性和灵活性，从而有利于服务企业对服务内容实行全面质量管理和控制。例如，零售帝国沃尔玛在进行信息化时，围绕主导流程配送货物，对企业部门之间的业务流程进行优化和重组，不仅保证遍布全球的众多连锁店正常经营，而且大大降低了采购成本。

（3）企业与企业之间的业务流程再造。供应链上各企业之间的信息交流大大增加，就要求企业之间必须保持业务过程的一致性，这就要求企业与企业之间进行业务流程再造，以实现对整个供应链的有效管理。如海尔实行的市场链管理制度，就是以订单信息流为中心，带动物流、资金流运行，本质上是一个跨企业的业务流程管理，它使顾客满意度大幅度提高，企业的绩效从而也大大提高。

实践证明，企业的竞争力体现在流程上，而不是组织上，静态的组织不产生任何价值，只能通过流程创造价值，组织的设计应该符合业务流程的需要。面对服务行业的连锁化、规模化的趋势，企业未来持续的竞争优势及更好地满足顾客需求的能力，将更多地来自于企业内部的流程管理能力和流程化组织结构。以零售服务业为例，麦德龙经过几十年的持续改进和完善，从商品选择、订货、追加订货，到收货、销售、收银每一个环节，都有先进的电脑信息系统流程配合各部门来进行严格的控制。这保证了麦德龙全球竞争力的发挥。这说明，零售企业必须对现有的业务流程重新审视，在消除各部门、各职能以及各企业之间隔阂的基础上，对顾客、企业自身与供应商组成的整个供应链业务流程重新设计，优化流程活动，进行相应的组织结构调整和业务重组，重塑流程型组织结构，只有消除业务处理中的重复工作，实现业务流程标准化、规范化和高效率，才能在竞争中立于不败之地。

## 第四节 品牌创建需要企业社会责任

### 22家奶粉生产企业69批次产品检出三聚氰胺

2008年9月15日下午,在河北省政府举行的新闻发布会上,石家庄三鹿集团副总裁张振岭宣读了《石家庄三鹿集团股份有限公司致社会各界的公开信》,就"问题奶粉"事件向社会各界人士及广大消费者表示最诚挚的歉意,并郑重声明:三鹿集团对8月6日以前生产的产品全部召回,消费者如对8月6日以后的产品有异议、不放心,也将召回。同时,三鹿集团将不惜代价积极做好患病婴幼儿的救治工作。(中新社发 高新国摄)

中新网9月16日电 据中央电视台新闻联播报道,国家质检总局近日紧急在全国开展了婴幼儿奶粉三聚氰胺含量专项检查。阶段性检查结果显示,有22家婴幼儿奶粉生产企业的69批次产品检出了含量不同的三聚氰胺。(中国新闻网)

另据东方网报道,国家质检总局今天发布消息,三鹿、伊利、蒙牛、雅士利等22家奶粉中检出三聚氰胺,其中三鹿奶粉含量最高。

据中央电视台"新闻联播"报道,国家质检总局通报全国婴幼儿奶粉三聚氰胺含量抽检结果,三鹿、伊利、蒙牛、雅士利等22个厂家的产品中检出三聚氰胺,被要求立即下架。供应奥运产品未发现问题。

**思考题:**
1. 奶粉三聚氰胺事件会对消费者行为和市场产生怎样的影响?
2. 奶粉三聚氰胺事件曝光对这些品牌和行业产生了什么影响?

### 一、企业社会责任的含义

社会企业 (Social Corporate)、企业社会责任 (Corporate Social)、企业公民 (Corporate citizenship) 正在从多个维度重新塑造全球企业行为的评价体系。企业社会责任 (Corporate Social) 是指一个公司将社会基本价值与日常商业实践、运作和政策相整合的行为方式。作为直接为消费者提供生活需要的服务性企业，建立具有社会责任感的品牌形象对于企业的经营和发展具有重要的意义。

只有勇于承担社会责任的企业才能成为优秀的社会公民。陈迅、韩亚琴（2005）依据社会责任与企业关系的紧密程度，把企业社会责任分为三个层次：一是基本企业社会责任，包括对股东负责与善待员工；二是中级企业社会责任，包括对消费者负责、服从政府领导、搞好与社区的关系、保护环境；三是高级企业社会责任，包括积极慈善捐助、热心公益事业等。

企业经营者本质上是受托于环境、社会、投资人三个股东的"公民CEO"，不能再将雇员福利、公众健康、扶贫、教育、社区联系、商业道德实践视为分外之事，必须在雇员、客户、社区、供应商、环境方面成功"自我修炼"，才能成为受社会支持和爱戴的企业公民。

## 二、企业社会责任的意义

无数成功的案例说明，企业不仅是创造利润的社会单元，也是公民社会中同时拥有权利并承担责任的重要载体。它不仅仅属于股东，也属于社区、社会和人类共同体的一部分。在核算成本时，除了企业自身的运营成本外，还要考虑社会成本、环境成本；在计算收益时，会把企业、社会和环境收益同时计算在内；在做投资决策时，将市场、社会和环境的投资回报率也计算在内。企业的成功与社会的健康和福利密切相关，一个优秀的企业公民在设计商业模式时，把股东、员工、客户、环境与资源、合作伙伴和社会等利益相关者同时考虑在内，进而实现企业、社会和环境的可持续发展。

与社会上热衷于一年一度全国范围内的各类财富评选相比，目前，某些有远见卓识的媒体和有关单位坚持和宣传企业公民的理念，倡导优秀的中国企业应承担更多社会责任，成为影响中国企业公民意识的先导者。如《南方周末》的"世界500强在华贡献榜"、《21世纪报》的"企业公民"评选、中国新闻社的"中国·最具社会责任感的企业评选活动"、人民网的"人民社会责任调查"等。从2004年起，《21世纪经济报道》、《21世纪商业评论》每年举办的"中国最佳企业公民评选"，是国内最早的企业公民倡导者，通过寻找并记录一系列企业最佳实践，不但重新定义了什么是好的企业，也为中国的成功企业树立了新的标杆。另外，目前备受瞩目的每年一度的"CCTV中国经济年度人物评选"的评选标准是责任、探索、远见和凝聚力，把社会责任放在所有标准的最前面。如果说企业以前比谁赚的钱多，谁交的税多，今后比的将是谁最有公益心。以跨国公司为例，他们已建立了比较成熟和全面的社会责任评估框架（见表5-1）。跨国公司通过专业化、品牌化的公益活动在中国推进社会责任。由于西方社会具有较成熟的慈善传统和公益活动经验，在活动定位、协调组织、专业管理、品牌推广等方面经验成熟，在中国广泛开展的面向教育、科研、环保和健康等公益活动，取得了显著效果。

表 5-1 跨国公司社会责任评估框架

| 八大维度 | |
|---|---|
| | 可持续发展（环境、社会、经济） |
| | 引领者、赶超者、起步者 |
| 中国战略 | 国内销售量、市场份额、全球格局、经营哲学、中国区架构、社会责任、组织体系 |
| 本地贡献 | 投资额、员工人数、纳税额、研发中心、产品组合与品牌引入（新能源产品） |
| 环境友好运作 | 环境管理体系（EMS）本地化、生命周期（绿色设计、制造、有毒物质、循环、包装、物流）(ISO14001、ROHS、WEEE) |
| 员工权益 | 职业健康安全管理体系（OHSMS）、培训发展、人才本土化 |
| 消费者权益 | 产品质量、客户满意、召回制度 |
| 商业生态链 | 供应商、经销商、行业协会、政府 |
| 社区与公益 | 公益及捐赠、非营利的社团法人（NGO）、基金会 |
| 信息披露 | 环境社会信息公开（责任报告、公司网站） |

资料来源：北京绿海致胜管理咨询有限公司.

### 考试链接

1. 要记住内部卷入、外部卷入、流程型组织结构、企业社会责任等的定义；理解内部营销导向型的服务企业文化的核心思想和主要内容，以及流程型组织结构的构建。

2. 你希望医院的服务流程是怎样的？相应的流程型组织结构又该如何？

### 案例分析

#### 如何打造卓越的团队

与微软的团队特征截然不同，但亦十分成功的另外一个公司是 IKEA（宜家家居）。宜家家居是世界上品牌知名度最高的公司之一，而它所创建的团队文化更是独具特色，为他人称道，也是它成功的关键所在。该公司的团队以家具的品类来分，一个团队共同负责同一家具部（比如办公家具、厨房用品、地毯、沙发）的工作。宜家家居是瑞典的公司，公司文化在很大程度上折射出瑞典的民族文化：平等、低调、朴实、现代。宜家的低调平民文化不仅反映在其家具的价格上，而且表现在其公司上层领导的风格上，虽然价格低，但质量和风格仍可靠、现代。宜家的创始人据说是世界首富，但他从不张扬，而且穿着朴素，生活简单。据说喝完饮料，一次性使用的塑料杯也舍不得扔掉。宜家的招牌广告语是:"你不必富有,只需机灵"(You don't have to be rich, just smart)。它创造的团队文化也具有类似特征。而且最有意思的是,为了鼓励团队成员间的高度融合和协作,公司并不给每个员工明确的岗位说明,相反,他们要求团队成员自己商榷来决定谁负责什么,整个团队该如何运作最为有效等,然后按此执行。团队的领导人也没有特殊的头衔,与他人平等,主要起协调和沟通的作用,理顺团队关系并让每个人都能充满乐趣地工作。

这样平等模糊的团队文化一开始在美国的宜家家居实行时遇到了相当大的障碍,因为美国文化虽然讲求平等,但平等的程度没有瑞典文化那么彻底和广泛。另外,美国文化讲求精确,无论岗位还是职责,都需要有明确的定义,一旦含混不清,便不知所措。所以,一开始员工的离职率很高。但公司认为,这是宜家核心文化的重要部分,就坚持了下来。在此过程中,当地的应聘者也慢慢熟悉了宜家的文化,认同的人才被聘任,整个运作就变得越来越顺利了。

因为宜家只是一个家居用品店,每个人的工作内容都不复杂,每个人都能胜任他人的工作,没有人是不可替代的(与微软的团队不同),所以团队的管理关键在于队员之间的互相磨合和默契,在于创造积极向上的、彼此信任和喜欢的团队气氛。这样在任何人忙不过来的时候,暂时有空闲的人就会主动帮忙,让顾客得到满意的服务。对团队的整体奖励在团队成员互相认同和彼此喜爱的情况下就成了最有效的鼓励合作的手段。将此模式扩大到整个商店,就会产生整个商店即是一个大团队的效果。宜家专门规定将一年中的某一天的销售收入用来奖励所有员工,即把在那一天售出的家具的全部收入分给每个员工。商店的员工因此对宜家都有强烈的归属感,将自己视为大家庭中的一员(许多店员介绍自己的亲戚朋友来宜家工作),于是就更加努力。这样的正向循环使公司的气氛越来越好。

以上三个团队建设的经验表明,团队的工作内容可以不同,团队成员的知识结构可以不同,团队本身的结构和组成可以不同,但只要抓准了团队的特征进行有针对性的管理,各种各样的团队都可能被打造成优秀的团队。领导的作用重要但又不能凸显,关键但又不能过分强调。领导要在领导的同时让队员感受到是他们自己在领导整个团队。这样,当每一个队员都产生自己对团队的拥有感的时候,他们就再也不必苦苦思索是否要合作的问题,而会忘情地、全身心地贡献自己的力量。

资料来源:陈晓萍.平衡——工作和生活的艺术,北京:清华大学出版社.

➡ 问题讨论:

1. 宜家家居品牌的核心价值之一是什么?
2. 是否同时适合顾客和员工的价值观?

3. 品牌在内外沟通中如何保持一致性？

## 本章小结

首先，品牌创建需要内外结合。在成功的服务品牌的公司里，人力资源职能发挥了重要作用，招聘、培训和激励员工是关键，因为服务的实质是顾客和员工之间的互动，员工认可品牌和公司的程度与理解和满足顾客需要的程度同等重要。因此，一些内外部视角的结合成为必然选择。建议品牌构建除了应整合组织并得到上层的承诺和支持外，平衡的内外部视角的采用将更有利于服务品牌的成功创建。需要具有交叉职能的团队，这种团队可包括研发、人力资源管理、分销、促销、财务、运行专家、公共关系、沟通和销售等各业务职能部门。顾客是品牌构建的有力贡献者，在参与到服务的消费和生产中发挥着特殊作用。品牌的直接管理者仍然被认为是品牌构建中最重要的主体。交叉职能团队和高级管理者的涉入也是服务品牌成功的重要因素。普通员工、顾客和外部顾问/代理也是重要的参与群体。

其次，品牌创建需要内部营销导向的企业文化。评价企业文化可以参考员工的做事风格和思考方式，先进的企业文化重在营造尊重人的工作环境，追求企业与员工价值共享。企业文化不是给外界看的，员工的认同与否是衡量企业文化的基础因素。结合服务的特性和服务评价的主观性，服务性企业的企业文化的核心思想应该是"人性化"，这是所有服务企业应追求的最高境界。基于内部营销理念的服务企业文化，要充分体现在以员工为本的核心价值观和内部管理制度两个方面。

再次，品牌创建需要流程型组织结构。流程型组织结构是一种以顾客为中心、以业务流程为核心、对顾客的需求和意见能够快速响应、实现业务流程的运行与顾客的需求密切结合的组织结构。企业通过对业务流程的整体设计和优化，使流程连续运行，进而实现组织、服务质量、成本和服务效率的优化，实现组织结构的整体优化。流程型组织结构的构造包括：①部门内部的 BPR；②部门之间的 BPR；③企业与企业之间的 BPR。

最后，品牌创建需要企业社会责任。企业社会责任（Corporate Social）是指一个公司将社会基本价值与日常商业实践、运作和政策相整合的行为方式。作为直接为消费者提供生活需要的服务性企业，建立具有社会责任感的品牌形象对于企业的经营和发展具有重要的意义。只有勇于承担社会责任的企业才能成为优秀的社会公民。企业的成功与社会的健康和福利密切相关，一个优秀的企业公民在设计商业模式时，会把股东、员工、客户、环境与资源、合作伙伴和社会等利益相关者同时考虑在内，进而实现企业、社会和环境的可持续发展。跨国公司通过专业化、品牌化的公益活动在中国推进社会责任，其公益活动经验值得中国企业学习与借鉴。

## 深入学习与考试预备知识

### 企业组织结构的基本类型

企业组织结构是指企业内部的机构设置和权力的分配方式，按照企业内边界考虑的企业管理组织和作业组的组织形式主要有直线型、垂直功能型、事业部型、矩阵型。

#### 一、直线型

直线型组织结构是一种实行直线领导，不设职能机构的管理组织形式。在这种组织形式中，各层领导机构都是综合性的，经理融直线指挥与职能管理于一身，实行集中管理。这种组织结构的优点是：结构简单、权力集中、指挥统一、决策迅速。其缺点是：①由于直线指挥与职能管理不分，对领导者的知识和能力要求较高；②各层领导机构实行综合管理，无专业化分工，不易提高专业化管理水平；③在层次较多的情况下，横向信息沟通较困难。这种组织结构，由于受领导者能力的限制，管理幅度不能太宽，因而企业的规模也不能太大，只适合于小型企业。业主制的商品流通企业通常采用这种组织结构形式，如专卖店、便利店等。

#### 二、垂直功能型

垂直功能型是按经营活动的功能划分部门，各部门的独立性小，权力集中于高层领导者手中。商品流通企业按功能划分的部门通常是研发、生产、营销、财务、人事等，各部门直接受高层经理领导，并直接向总经理汇报，部门的经营决策必须有高层经理人员的介入才能做出。垂直功能型组织结构是一种高度集权的一元结构（Unitary Structure），简称U形结构。这种结构的优点是权力集中，强化了高层主管人员对组织的控制，有利于集中资源进行优化配置，发挥整体优势；按功能划分部门，可避免人力和物力资源的重复配置，符合专业化分工的原则，有利于专业化技能的不断提高和有效利用。其主要缺点是：按功能划分部门容易导致有关人员重视方法和手段而忽视目的和成果；集权式的管理，增加了高层管理者的协调工作量，不能很好地发挥中层管理者的积极性，特别是规模大或是经营地域分散的企业，由于高层管理者的精力有限而不能有效控制,中层管理者的积极性不能发挥而产生推诿、扯皮等消极现象,严重影响企业的效益和整体利益。

### 三、事业部型

事业部型是在大型企业中实行分权式的多分支单位 (multidivisional structure) 的组织结构形式,简称 M 形结构,即在总经理的领导下,按地区、市场或商品设立事业部,各事业部有相对独立的责任和权力。企业战略方针的制定和重大决策集中在总经理层,事业部在总经理的领导下,依据企业的战略方针和决策实行分权化的独立经营。各事业部作为利润中心,实行独立的财务核算,总部一般按事业部的盈利多少决定对事业部的奖惩。但事业部的独立性是相对的,它不是独立的法人,只是总部的一个分支机构,即分公司。它的利润是依赖于公司总部的政策计算的,在人事政策、形象设计、价格管理和投资决策方面一般没有太大的自主权。事业部内部通常也是一个 U 形结构。事业部制的优点是:使统一管理和专业化分工更好地结合起来,集中决策和分散经营使高层管理者摆脱了日常经营管理事务,同时又调动了各经营部门的积极性。其缺点是:集权与分权的程度有时难以把握,处理不好会削弱统一性,协调难度会加大。

### 四、矩阵型

上述四种组织结构形式还有两个共同的弱点,那就是横向信息沟通比较困难、缺乏弹性。为了克服这些弊端,在企业中根据产品项目或某些专门任务成立跨部门的专门小组,这样形成的组织结构即为矩阵型。矩阵型中的专门小组如 A 产品市场开发小组、全面质量管理办公室等。专门小组的成员由各部门抽调,小组直属分管的副经理领导。有些专门小组是临时设置的,任务完成后即撤销。矩阵型组织结构的优点是:有弹性、适应性好、横向信息沟通容易、协调配合好。其缺点是:缺乏稳定性,双重领导的结构容易产生矛盾。

**组织结构的发展趋势**

在世界经济逐渐融合的时代,中国作为世界上最大的发展中国家,其社会经济的发展也在不断地融入世界,外向性也将逐步增加,在充满挑战的未来,在各种因素的影响下,市场经济中的企业也将发生一些变化。可以预测,在经济多元化、全球化、网络化的未来,成功的将是那些以不断创新精神、高质量、及时地按顾客要求提供产品和服务的企业,这些企业组织结构的发展趋势的重点将是扁平化、虚拟化、信息化、网络化和精练化。

第一个趋势是企业的组织结构将扁平化,从等级管理导向系统向团队整合系统发展,对团队成员的综合素质要求将大大提高;第二个趋势是虚拟化,企业可能将一些自己不专长的工作和业务外包给合作伙伴,如人事管理、设计、生产、营销或售后服务等,企业将联合虚拟合作伙伴,共同向顾客提供产品或服务;第三个趋势是信息化,网络技术和通讯技术在企业内的广泛应用,将对企业的组织结构产生一定影响,一些中间环节的岗位将被取消,信息管理和系统管理的岗位将增加,企业的经营效率在信息化促进下将得到大大的提高,同时电子商务的发展将极大地促进企业营销方式的变革;第四个趋势是网络化加强,将通过内部信息共享和连锁经营实现企业的网状布局和网络化发展;第五个趋势是精练化,通过"瘦身"克服大企业病,提高沟通和决策效率,加大对员工的授权力度,建立学习型组织。企业在变化更加快捷的市场环境中,自身的组织结构和经营方式的变化频率也将超过现在。

# 第六章

## 服务质量管理

学习目标

**知识要求** 通过本章的学习，掌握：

- 服务质量定义
- 服务质量概念模型
- 服务质量测量工具
- 质量发展阶段

**技能要求** 通过本章的学习，能够：

- 理解服务质量的特殊性
- 学会用差距模型控制服务质量
- 学会各种测量工具的使用
- 了解各种测量工具的适用范围和局限性
- 不同行业需要不同的测量工具

学习指导

1. 本章内容包括：服务质量定义，服务质量概念模型，服务质量测量工具。
2. 学习方法：独立思考，抓住重点；与同学讨论服务质量与商品质量的异同之处；讨论服务质量管理的特殊性；熟悉各种测量工具的研究基础和使用特点；探索适合不同行业的不同测量工具。
3. 建议学时：4学时。

服务品牌管理

# 第一节 服务质量的内涵及其研究发展阶段

### 完美的服务让总统像回家一样

美国前总统布什于2001年来上海参加APEC会议时下榻于上海波特曼丽嘉酒店。

由于种种原因,这一次,布什总统没有偕夫人一起来,但酒店知道他们是一对很恩爱的夫妇,于是,就从美国找来一批放大的照片,其中有他夫人和女儿的照片,还有他两条爱犬的照片,准备悬挂在总统客房的最显眼处,让他一走出电梯就可以看到。可是由于考虑安全问题,布什上楼的路线一改再改,所有照片也只能一移再移。直到18日晚,布什来到了总统套房的楼层,当他一眼看到自己夫人的照片时,顿时非常感动地问酒店管家:"你们是怎么找到这些照片的?"管家告诉他:"这是一个秘密,我们只希望能给您带来一些家的感觉。"他笑眯眯地说:"我已经有这个感觉了。"

布什总统有早起锻炼的习惯,而且特别喜欢跑步。酒店特意为他准备了一个放满各种跑步用品的包,里面有印着他名字的运动衫、短裤、袜子、毛巾,甚至连鞋子上也有他的名字。他很喜欢这份特殊的礼物。他的管家在第二天早上告诉酒店,总统收到礼物的当天晚上,就穿着运动服在房间里跑来跑去。

丽嘉酒店的服务颇具个性化,对客人的爱好了如指掌,细微之处令人惊叹。美国第一夫人最大的爱好是阅读,她在大学里学的是图书管理。酒店考虑到布什在上海时间紧,没有机会买东西送给夫人,于是就买了一套英文版的《红楼梦》,并用绸缎做了一个精美的盒子,作为礼物送给第一夫人。更有趣的是,布什总统十分疼爱他的两条狗,以前去哪里都带着它们。酒店想方设法为两条狗定做了两件中国绸缎的衣服,上面还绣了狗的名字。结果布什对这些特殊的礼物爱不释手。

资料来源:陈志学.饭店服务质量管理与案例分析,北京:中国旅游出版社,2006年.

➡ 思考题:

1. 你觉得总统的满意来自于哪些服务?
2. 酒店提供的满意服务和服务质量有什么关系?

## 一、服务质量的内涵

关于服务质量的内涵,现在主要有以下三种观点:

第一种观点认为:服务质量产生于顾客对在接受服务之前的服务预期与服务传递系统实际运作之间的比较。接受服务之前的预期主要来源于对某种服务的宣传、前期的亲身体验、其他服务享用者传递的信息。服务传递系统的实际运作水平既取决于公司可以控制的内外因素,也会受到一些不可控因素的影响,具有一定的不确定性。

第二种观点认为:服务质量表现为一方面要满足外部服务标准和成本,即满足顾客的期望值,另一方面要满足内部服务标准和成本,即要提供"卓越的顾客服务和质量水平",这一观点主要将重点放在顾客、服务、质量和水平四个指标上。

第三种观点主要是对感知服务质量的理解。主要根据服务组织可能存在的缺陷以及由此可能导致顾客产生的期望服务和感知服务之间的差距,通过对其差距进行分析,得出企业提供的服务与顾客期望值之间差异产生的原因,探讨顾客对其服务质量的评价。

通过上述对服务质量不同观点的分析,我们可以得出服务质量具有以下三个特点:一是服务质量是顾客感知质量;二是企业提供的服务和顾客之间存在一种互动关系;三是顾客是服务质量的享用者,它同提供服务的人员一样对服务质量具有重要的影响。

## 二、服务质量发展阶段

随着服务营销和管理的不断发展,人们逐渐加强了对服务质量的关注,并对其进行了大量的、有价值的研究。我们可以大致将其划分为三个阶段:

1. 第一阶段(1980~1985年):起步阶段

这一阶段主要界定了服务管理和服务质量管理中的一些基本概念,例如顾客感知服务质量,这一阶段具有代表性的人物是北欧学派代表人物克里斯丁·格罗鲁斯。虽然这些基本概念的提出为后来进一步的研究打下了坚实的理论基础,但这个阶段的研究大多局限于对单个概念的研究,所构建的大多是静态模型而非动态模型,缺乏一定的实践性。

2. 第二阶段(1985~1992年):发展阶段

这一阶段主要是在第一阶段研究的基础上进一步深化了对服务质量的研究,主要表现在两个方面:一是深化了对服务质量构成要素的研究,如顾客感知服务质量度量要素的选择,具有代表性的是PZB组合,该组合将服务质量划分为恰当服务和理想服务，为以后"容忍区间"概念及其差距模型（Gaps-Model）的提出奠定了理论基础。二是开始注重对感知服务质量的度量研究，如 PZB 组合通过实证研究提出了影响服务质量度量的五个要素，即有形性、可靠性、安全性、响应性、移情性，并提出了 SERVQUAL 量表。

3. 第三阶段（1992年至今）：深入阶段

这一阶段对服务质量的研究呈现出明显的深入性、系统性和整合性的特点，设计的模型也由单纯的静态模型向动态化方向发展。海斯凯特（Heskett，1994）建立了"服务利润链"式结构。李亚德尔（Veroniea Liljander，1995）和斯特拉迪维克（Strandvik）通过对顾客感知服务质量、顾客感知价值、顾客满意、顾客忠诚和企业竞争力这些要素之间关系的研究提出了"关系模型"（Relationship Model）。鲁斯特（2001）首次对服务质量与服务效益的关系进行了开拓性探讨，指出在服务管理过程中既要追求服务质量，又要重视服务质量与成本之间的关系。约翰逊（2001）倡导的美国消费者满意度指数（ACSI）对于推进累积性顾客满意的研究起到了非常重要的作用，为以后对顾客感知服务质量的度量作出了重大的贡献。

国内学者对服务质量的研究主要集中在不同行业中各种服务质量关键指标的建立以及服务质量评价方法的具体应用上。汪纯孝等人（2001）通过对服务性行业中服务质量与顾客满意度以及行为意向关系的研究，指出无形服务的质量对满意程度有更大的影响。王建军（2001）在分析服务性行业的顾客满意机理时采用了服务质量差距概念模型，指出应整合服务组织的顾客满意。张婷（2005）研究了利用差距模型提高电信企业服务质量的方法。韩明亮（2005）、沙永全（2005）等先后对航空公司服务质量进行了实证研究，对影响服务质量的重要因素进行了研究。到目前为止，我国学者的研究涉及多个服务领域，采用了多种不同的方法研究服务质量，但这些研究大多数停留在对已有理论的实证检验上，缺乏对理论的进一步创新和发展。

### 海尔：用心服务

1. 服务工程师进门前的准备工作

服务工程师应首先检查自己的仪容仪表，以保证：海尔工作服穿着正规整洁；仪表清洁，精神饱满；眼神正直热情；面带微笑。

2. 敲门

海尔规定的标准动作为连续轻敲 2 次，每次连续轻敲 3 下，有门铃的要先按门铃。海尔要求服务工程师平时多加练习，养成习惯；另外还规定敲门前要稍微稳定一下自己的情绪，以防连续敲不停或敲的力量过大。

3. 进门

服务工程师按约定时间或提前5分钟到达用户家，首先要自我介绍，其次确认用户信息，最后出示上岗证。

4. 穿鞋套，放置工具箱

单是这简单的准备工作，就已经让顾客感受到了海尔工作的诚意，使工作人员和顾客能够融洽地交流和合作。

资料来源：海尔：用心服务. 百度知道, http://zhidao.baidu.com.

## 第二节 服务质量的模型构建及测量方法

### 结账退房以后……

一位住客当天中午乘火车回乡，提早在某饭店总服务台办好结账退房手续，他认为虽然结了账，但在中午十二时以前客房的住用权仍是属于他的，因此就把整理好的箱物行李放在客房内，没有向楼层服务员打招呼，就出去逛街买东西了。

过了一个多小时，那位客人回到饭店准备取行李离开时，发现原住客房已经有新住客在房间内喝茶，而他的行李已不知去向。当找到楼层服务员以后才知道，他的行李已被送到总服务台去了，楼层服务员还责怪这个客人为什么在结账后不和楼层服务员说明情况。

客人听了以后很生气，"回敬"了几句便到总服务台提意见，谁知总服务台人员不记得他已结过账，还不肯马上把行李交还给他。经过与楼层服务员的反复沟通，客人离店时已经快中午了。客人临走时说了句："如果下次再来这个城市，我发誓不住你们这里！"

资料来源：结账退房以后……百度文库, http://wenku.baidu.com/.

思考题：

1. 服务质量的起始和终止环节在哪里？
2. 服务质量有通用的客观标准吗？

## 一、服务质量的模型

80年代初,北欧著名的芬兰学者Gronroos(1982)根据认知心理学的基本理论,提出了顾客感知服务质量(见图6-1)。这个服务质量结构模型是里程碑式的研究成果,之后关于服务质量的模型大多是它的演变形式。他认为服务质量是一个主观范畴,主要取决于顾客对服务质量的期望(即期望服务质量)与其实际感知的服务水平(即体验的服务质量)的对比。他把服务质量分为两类:一类是服务过程的产出,即顾客在享受服务过程中所得到的东西,称为"技术质量";一类是顾客如何得到这种服务的,称为"功能质量",同时在模型中提出了一些影响服务质量的因素。如在服务预期方面,营销双方的沟通、企业或是营销者的形象、口碑和不同消费者的各种需求会产生不同的影响,而在顾客的服务经历方面,企业形象是最重要的影响因素。不同的顾客、不同的服务对感知服务质量的影响也是不同的,因为可以将所有质量要素分为两类:一类是质量保健要素(Hygiene Factors),另一类是质量促进要素(Quality Enhancing Factors)。质量保健要素是指有些质量要素对于特定的服务来说是必需的,但这些质量要素的改进并无助于顾客感知质量的提高,如服务质量的可靠性、效用、能力等。质量促进要素是指那些对顾客感知服务质量存在正相关影响作用的要素,即服务绩效提高,顾客感知服务质量也同时提高,如友善、关心、洁净、可获得性等。

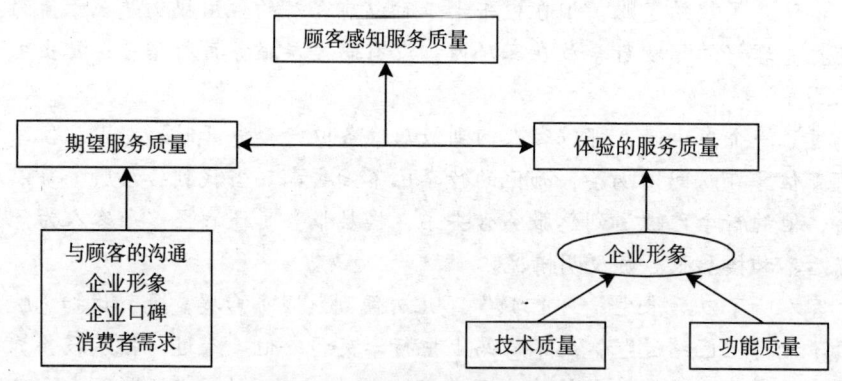

图6-1 顾客感知服务质量模型

资料来源:[芬]克里斯廷·格罗鲁斯著.服务管理与营销:服务竞争中的顾客管理(第3版),北京:电子工业出版社,2008(4):56.

Lehtinen(1982)进一步分析了产出质量和过程质量的概念,Lehtinen(1983)把服务质量又细分为实体质量、相互作用质量和公司质量。实体质量主要指支持产品本身和整个服务过程中的实体,包括产品本身和整个服务过程中的实物质量；相互作用是指质量享有者与质量提供者的接触过程，而公司质量是指公司形象质量，主要包括设计质量、生产质量、传递质量和关系质量四个组成部分，构成了服务质量模型。后来在1991年对这一模型进行了修正，将服务质量划分为设计质量、生产质量、过程质量和产出质量四大要素。

美国营销领域的学者对服务质量问题研究成果颇丰，其中最具代表性的是由PZB（A.Parasuraman，Valarie A.Zeithaml，Leonard L.Berry三人于1985年提出的差距模型，这一模型发展和完善了Gronroos的顾客感知服务质量模型，认为服务质量就是顾客期望和顾客体验的差距。

关于服务质量模型，Olsen（1992）又提出了包括设计质量、生产质量和过程质量三个要素的质量模型。Rust和Oliver（1994）提出"服务产品、服务传递和服务环境"三成分模型，尽管这一模型未被定量验证，但在银行和保健行业发现了相似模型的应用。有关服务质量模型研究工作的基本观点汇总见表6-1。

表6-1 服务质量模型的维度研究

| 作者 | 发表时间 | 服务质量的维度 |
|---|---|---|
| Gronroos | 1982年 | 技术质量（服务的结果），功能质量（服务的过程） |
| Lehtinen | 1982年 | 产出质量，过程质量 |
| | 1983年 | 实体质量，相互作用质量，公司质量 |
| Parasuraman，Zeithaml，Berry | 1985年 | 可靠性，响应性，能力，可接近性，礼貌，沟通，可信度，安全性，理解，有形性 |
| Parasuraman，Zeithaml，Berry | 1988年 | 有形性，可靠性，响应性，保证性，移情性 |
| Gummesson | 1988年 | 设计质量，生产质量，传递质量，关系质量 |
| Johnston，Lyth | 1989年 | 保健要素，促进要素 |
| Edvardsson | 1989年 | 技术质量，整合质量，功能质量，产出质量 |
| Lehtinen | 1991年 | 物理质量，公司质量，过程质量 |
| Olsen | 1992年 | 设计质量，生产质量，过程质量 |
| Rust，Oliver | 1994年 | 服务产品，服务传递，服务环境 |
| Brady，Cronin | 2001年 | 过程质量，物理环境质量，结果质量 |

资料来源：作者自己整理.

由上表我们可以看出，关于服务质量模型的维度研究，大多学者热衷于对技术和功能质量维度的分析和分解，尝试增加服务感知质量的维度或运用新方法评估质量感知。但质量维度的分解是相对混乱和粗糙的，语义混乱，维度界定不清，思路上没有摆脱Gronroos质量模型的基本框架。

**国美：彩虹服务**

彩虹代表着一切美好事物和崭新事物的开始，国美将其服务体系命名为"彩虹服务"就是要向广大消费者诠释一种新型的服务模式和理念。据国美售后服务中心介绍，"彩虹服务"是国美总结了以往的服务经验，整合了家电厂家的服务资源推出的包括售前、售中、售后服务的全系列家电服务品牌。彩虹的缤纷颜色体现其服务内容的丰富多彩、细致全面；彩虹的桥梁形状体现了国美电器是架起商家与消费者的桥梁，也是架起厂家与消费者的桥梁；彩虹是由阳光折射而成的现象，代表着国美的服务阳光向上、温暖亲切；彩虹的七色还代表了服务工作中的7个100%承诺，即咨询服务落实率100%、客户投诉回复率100%、安装调试合格率100%、维修合格率100%、用户档案完备率100%、上门服务到位率100%、服务时间准时率100%。

资料来源：国美：彩虹服务.百度知道，http://zhidao.baidu.com.

## 二、服务质量的测量

文献中关于服务质量怎样被测量方面有很多成果，但对测量哪些要素依然探讨得不够。对服务质量测量工具的开发主要是建立在感知服务质量定义和差距模型基础上。英国航空公司（1980）研究发现关怀与理解、响应性、解决问题的能力、服务补救能力是对顾客感知服务质量影响最大的4项服务质量特性。随后，PZB（1985）提出了差距模型和影响感知服务质量的10个因素（可靠性、响应性、能力、可接近性、礼貌、沟通、可信度、安全性、理解、有形性），共包含97个测试项目。1988年，PZB通过两个阶段的实证研究，将10个维度简化为5个维度，包含22个项目，这5个维度是：有形性、可靠性、响应性、保证性（能力、礼貌、可信度、安全性）和移情性（理解、沟通、可接近性），这就是具有代表性的美国视角下的服务质量测量方法，至此形成了被广泛使用的SERVQUAL量表（如表6-2所示）。

之后，SERVQUAL量表被广泛应用于各种服务产业，但在推广过程中，由于不同的服务产业具有不同的特点，有关SERVQUAL量表的应用也出现一些争议。一个是关于五个质量维度在具体行业中的应用问题，如Carman（1990）指出SERVQUAL稳定性较好，但5个因素不是中性指标，对不同的行业并不具有完全的适用性；一个是质量维度的数量问题，服务感知质量建立在多维度

表 6-2 SERVQUAL 量表的维度和问项

| 服务质量维度 | 问项 |
| --- | --- |
| 有形性 | 某公司具有现代化设备<br>某公司的有形设备使人赏心悦目<br>某公司的职员衣着整洁<br>某公司与服务相关的材料很吸引人 |
| 可靠性 | 某公司承诺在某一确定时间内完成某项服务,他们确实完成了<br>当您有了问题,某公司表现出诚挚的意愿去解决<br>某公司第一次就正确履行服务<br>某公司在承诺的时间内提供该服务<br>某公司会坚持零缺陷记录 |
| 响应性 | 某公司随时通知顾客提供服务的时间<br>某公司职员为您提供了及时的服务<br>某公司职员随时愿意帮助您<br>某公司职员从未因太忙而不答复您的要求 |
| 安全性 | 某公司职员的行为使您逐渐对其产生信任<br>与某公司交易时您感到安全<br>某公司职员一贯礼貌待您<br>某公司职员具有回答您问题的业务知识 |
| 移情性 | 某公司给予您人性化关怀<br>某公司具有方便的营业时间<br>某公司的职员给予您人性化关怀<br>某公司内心中牢记着您的最高利益<br>某公司的职员理解顾客的特别需要 |

资料来源:Parasuraman, A., Berry, L.L., Zeithamal, V.A..Refinement and Reassessment of the SERVQUAL Scale [J]. Journal of Retailing, 1991 (67):420–450.

上,但关于维度内容仍无一致看法,2个?3个?5个?10个?单层?多层?缺少一个统一的理论或概念来反映结构的复杂性和垂直性。所有争议可概述为理论和实践两个方面:

一方面是理论方面的争议,主要表现在服务结果是顾客对服务绩效的一种态度,难以测量,SERVQUAL 度量的实际上是顾客满意与否,而不是质量如何,这种争议直接指向的是 SERVQUAL 的基本理论框架是否正确的问题;再者,PZB 所创建的差距模型其实质是一种人为的设计,缺乏实证性的研究。

另一方面是实践方面的争议,主要集中在度量的方法问题上。在 SERVQUAL 中,对期望的度量是整个方法的核心和关键,但这种方法并没有对期望作出科学的界定,而且期望总随着时间而变化,很难给予精确的度量,这降低了该方法的稳定性和科学性。而且不同行业、不同类型的服务质量调查中,不同维度的重要性也不同,因此学者们又提出了一些新的思路。Patrick Asubonteng,Karl J. McCleary 和 John E. Swan(1996)指出对服务质量的研究应该定性和定量相结合。Cronin 和 Taylor（1992）设计出的以绩效衡量代替期望、感知差距衡量的服务质量量表 SERVPERF 比 SERVQUAL 在测量服务质量方面表现出更好的效果。Bolton 和 Drew（1991）指出我们应该更加关注服务过程对服务质量的影响。Brown、Churchill 和 peter（1993）提出了无差异分数模型。1997 年美国管理学教授 J.Ivancevich、P.Lorenzi 和 S.Skinner 提出服务质量应用除了用可靠性、有形资产、回应能力这三个传统指标衡量外，增加了保障、体谅两个新的特性来衡量服务质量等。这些观点对 SERVQUAL 提出了挑战，同时也需要进一步验证和完善，有些学者对 SERVQUAL 量表在零售业的应用进行了验证和质疑，其实证研究结果的汇总见表 6-3。

表 6-3 零售业应用 SERVQUAL 实证研究的汇总

| 研究者 | 发表时间 | 研究对象 | 行业 | 结果 |
|---|---|---|---|---|
| Carman | 1990 | 原 22 个问项 | 零售店 | 识别出服务质量的 9 个维度 |
| Finn，Lamb | 1991 | 原 22 个问项 | 百货商店和折扣店 | 均不支持五维度结构 |
| Guiry, Huthinson, Weitz | 1992 | 51 条（15 个原问项，外加 36 个新问项） | 商店 | 发现了 7 维度的结构 |
| Gagliano, Kathryn Bishop | 1994 | 原 22 个问项 | 服装专卖店 | 得出 4 维度，其中 2 个和 SERVQUAL 不一致 |
| Dabholkar, Thorpe & Rentz | 1996 | 28 个问项（17 个原问项，外加 11 个新问项） | 商店 | 得出五维度，其中 2 个和 SERVQUAL 基本一致 |

资料来源：作者整理.

Carman（1999）发现服务质量评价是个极为复杂的过程，可以被看成是对几个等级的提炼过程，以反映结构的复杂性和层次性属性 Meuter、Ostrom、Roundtree 和 Bitner（2000）也赞同这种观点。Brady 和 Cronin，Jr.（2001）借鉴 Churchill 模型中的开发尺度和量表，选取快餐、图片处理、游乐园和干洗店四个服务产业的 59 个初始项目，通过内部一致性检验和要素分析方法淘汰掉 24 个项目，用剩下的 35 个项目来测量 13 个维度的模型，开发出了服务质量概念化模型，称为"多维度、分层次的结构模型"（见图 6-2），该模型将服务质量感知和动作性维度联系起来，强调服务质量感知的具体内容，有助于管理者理解顾客服务体验质量的形成过程，帮助其从战略角度出发，寻找出比竞争者做得更好的变量（维度）。

Liu Chumei（2005）对快餐店、24 小时的百货店、诊所、冲印店、手机维修店和加油站进行了调查研究，对该模型进行了再次验证，结果巩固了感知服务质量是多维度和多层次的结构这一结论，证明了 Brady 和 Cronin、Jr（2001）所开发模型的可复制性和普遍应用性。该层次结构整合了东欧和美国两个学派

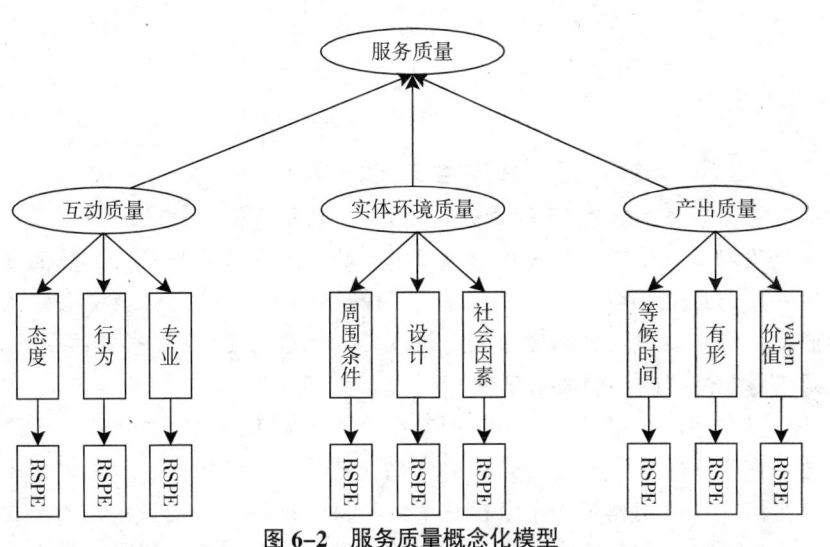

图 6-2 服务质量概念化模型

注：R—可靠性 SP—反应性 E—移情性

资料来源：Michael K. Brady, J. Joseph cronin Jr. Some new thoughts on conceptualizing perceived service quality: a hierarchical approach [J]. Journal of marketing, 2001 (7): 34-39.

的观点，通过文献研究和实证分析验证了多维度、分层次的结构模型，表明了以下几点：

（1）证明了顾客形成服务质量感知来自于三个基本维度：产出、互动和环境。

（2）证明了多个子维度的存在。

（3）表明可靠性、反应性、移情性在提供优秀的服务质量方面更重要，子维度回答的就是这方面的内容。

### 考试链接

1. 要记住服务质量的内涵，熟悉服务质量的各种模型和测量工具的特点和局限性。

2. 请运用差距模型或者顾客感知质量模型提出改善某企业服务质量管理的措施。

## 服务品牌管理

### 没有冬天的酒店

温特莱酒店位于北京 CBD 商务区，开业 10 年来围绕打造一个"没有冬天的酒店"的理念，管理层和员工都做了很大的努力。截止到目前，该酒店是北京唯一一家通过 ISO9001、ISO14001 和 OHSAS18001（职业健康安全体系）认证的酒店，有 8 位中国区国际金钥匙代表。一位台商 10 年来一直住在该酒店，他说是温特莱酒店的细腻打动了他。

总经理贾翠萍介绍说，为了打造温馨的商务酒店，管理层在许多方面进行了创造性探索。所有客房没有带 4 的号码，充分考虑了中国人的文化传统；在客房卫生间，专门制作了一个眼镜托架，为戴眼镜的客人提供方便；考虑到康体中心占地面积大、利用率不高，就把健身器材分布到各个楼层，供客人免费使用，不仅如此，还提供水果和矿泉水；为增加客房的文化内涵，所有名人住过的客房，都在门口做了明显标志，客房内有名人的照片、签字的饭店浴袍等用品。

2003 年，酒店特别推出了女性客房，在客房配置了女性用品以及女性喜欢的工艺品，投入使用后，受到了客人的欢迎。为了体现酒店为商务客人服务的特色，酒店在客房进行了一些富有文化韵味的布置，比如酒店和附近的社区、学校进行合作，把学生的绘画作品按照 CBD 主题的要求进行装裱。在公共卫生间，酒店还挂了许多漫画。酒店下大力推出湘粤菜系，在较短的时间内，就获得了中国餐饮名店称号，有 2 名厨师获得大师称号，五色豆、金猪手成为招牌菜。为加大宣传力度，酒店在部分楼层布置了一些彩色图片。"我们希望客人出了客房就能闻到菜的香味"，餐饮总监隋立华这样介绍。

温特莱的细腻也表现在对待员工的态度上。员工为酒店获得荣誉称号，酒店报销员工付出的费用。员工的家属生病了，酒店会派人去看望。在总经理的安排下，酒店率先在内部对员工进行职业生涯设计，根据每个员工的实际情况设计以后的发展道路，大大提高了员工的凝聚力和战斗力。

资料来源："一个没有冬天的酒店"：细腻之处见管理真功. 中国旅游报，2007 年 4 月 4 日.

➤ 问题讨论：
1. 该酒店在服务质量管理方面采取了哪些独特的手段和措施？
2. 这样做的效果如何？为什么？

## 本章小结

本章首先讨论了服务质量的内涵及其研究发展阶段，通过对服务质量不同观点的分析，可以得出服务质量具有以下几个特点：一是服务质量是顾客感知质量；二是企业提供的服务和顾客之间存在一种互动关系；三是顾客是服务质量的享用者，他同提供服务的人员一样对服务质量具有重要的影响。服务质量的发展可以分为三个阶段：第一阶段（1980~1985年），起步阶段；第二阶段（1985~1992年），发展阶段；第三阶段（1992年至今），深入阶段。

然后分类整理了服务质量的模型及各种测量方法。20世纪80年代初，北欧著名的芬兰学者Gronroos（1982）根据认知心理学的基本理论，提出了顾客感知服务质量，这成了后期服务质量模型完善和发展的奠基石。Lehtinen（1982）进一步分析了产出质量和过程质量概念，Lehtinen（1983）把服务质量又细分为实体质量、相互作用质量和公司质量。美国营销领域的学者对服务质量问题研究成果中最具代表性的是由PZB（A.Parasuraman, Valarie A. Zeithaml, Leonard L. Berry）三人于1985年提出的差距模型。之后学者在感知服务质量定义和差距模型基础上作了各种测量工具的开发。1988年，PZB通过两个阶段的实证研究，开发出22个项目、5个维度的测量量表，这5个维度是：有形性、可靠性、响应性、保证性和移情性，形成了被广泛使用的SERVQUAL量表。SERVQUAL量表被广泛应用于各种服务行业，但在这个推广过程中，由于不同的服务行业具有不同的特点，有关SERVQUAL量表的应用也出现了一些争议。后来，Cronin和Taylor（1992）开发的只测量服务绩效的SERVPERF量表，Brown, Churchill和Peter（1993）提出了无差异分数模型，Brady和Cronin, Jr（2001）开发出了服务质量概念化模型，即"多维度、分层次的结构模型"等多种测量工具。

## 深入学习与考试预备知识

### 质量发展的阶段

按照质量发展的特点，可以将质量大致分为四个发展阶段：

1. 质量检验阶段

这一阶段主要起源于20世纪20年代泰勒（F.W.Taylor）提出的科学管理

思想。基于科学分工，在计划职能和执行职能之间增加质量检验环节，专职负责监督，检查对计划、产品设计、质量标准等过程的贯彻执行。实践证明质量检测对于保证产品质量有着极其显著的作用，但其缺陷也是显而易见的。质量检验主要采用事后把关的方式，缺乏事前预防和事中控制的作用；同时这种检测要求对所有产品进行检测，在小规模生产阶段具有一定优势，但不适用于大批量生产。

2. 统计质量控制阶段

随着生产的不断发展，质量检验阶段的种种缺陷随之凸显。第二次世界大战期间，为满足军工生产的需要，美国政府要求在交货检验中采用抽样检查方法，并为此专门制定了一系列标准，开始了统计质量控制阶段。这种方法大大简化了质量检测工作，提高了工作效率，被广泛应用到其他行业和国家，但由于数理统计的艰深和晦涩极大地限制了该方法的进一步推广。

3. 全面质量管理阶段

20世纪50年代以来，学者们开始运用系统工程的理念综合分析质量问题。费根堡姆（1961）首次提出了全面质量管理（Total Quality Control, TQC）的概念，认为质量不仅是公司质检人员的责任，而且是全体人员的责任，同时质量管理不能仅局限于制造过程，而应将质量管理应用于产品生产的全过程，从此以后，质量管理进入新的发展阶段，全面质量管理的思想也逐步在全球范围内广泛传播。

4. 社会质量管理阶段

朱兰认为质量管理将不断受到自然、政治、经济、科技、文化的制约，21世纪将是质量的世纪。社会质量管理（Social Quality Management, SQM）的理念应运而生，宗蕴璋（2008）认为质量将逐渐成为一种文化，而服务质量将随着服务经济和服务产业的扩大而在质量管理工作中占据越来越重要的地位，同时服务也将体现模块化、社会化和公共化、国际化的特点，成为组织、行业乃至国家的一种核心资产、资源和竞争力。

## 知识扩展

### 国外零售业服务质量研究

综观中外对服务质量管理的研究，零售业一直被作为服务业的代表和样本成为研究对象和试验基地，服务质量概念及其测量方法大多以其作为研究对象。随着服务质量研究的不断深化和成熟，学者们对其他服务行业也进行了深入研究，无论在概念化模型方面还是测量方法上都有新的进展，Carman (1990) 认为需要考虑一些新项目或者改变某些项目的陈述方式定制化零售领域服务质量。考虑到问项—维度之间不稳定的关系，他在对轮胎零售商的研究中提出了 9 个维度。其中 4 个维度被 Gagliano 和 Hathcote (1994) 运用到零售服务领域。除了 SERVQUAL 方法外，Cronin 和 Taylor (1992) 开发出 SERVPERE 方法，Brown 等人提出了无差异量表 (Non-difference scales)，在零售领域有学者开发了专业的测量方法——RSQS (Dabholkar et al., 1996)，文献回顾表明 SERVQUAL 和 RSQS 是零售领域最为广泛使用的测量工具，因此，本部分将重点阐述 RSQS 的优点和不足。

Dabholkar et al. (1996) 运用定性研究技术，通过现场调查和探索性的深度访谈跟踪了顾客购物体验的心理过程，在 SERVQUAL 的基础上形成了 RSQS，该量表提出了实体方面、可靠性、人员互动、问题解决和政策 5 个基本维度。顾客从这 5 个维度来评估零售服务质量，认为零售服务质量是分层的因子结构 (Hierarchical Factor Structure)，总体服务质量是更高的或者二级的层次结构。

与 SERVQUAL 相比，RSQS 的创新性主要表现在以下三个方面：

一是较 SERVQUAL 模型中的有形性，实体方面包含的范围更广，除了包括有形的实体设施外，还包括商店布局和公共区域；

二是人员互动包括了 SERVQUAL 的反应性和安全性两个维度，主要测量顾客对服务者提供的服务和态度产生购买自信和信任的感知；

三是问题解决和政策是两个新的维度，体现了零售店在解决新问题时的能力以及影响服务质量的各项政策。

RSQS 虽然被视为一种服务质量需要改善的诊断工具，然而其局限性也不容忽视，由于不同零售场景下会产生不同的服务产出，因此一成不变的 RSQS 是不符合实际情况的，我们应关注对顾客特别重要的维度所涉及的问题，不断修正新老项目，这样 RSQS 才是适用的和有效的。

由于该工具很新，学者们对其不断进行完善。Winsted (1999) 认为在不同国家应用 RSQS 时要适应当地文化和地理特征。Imrie, Cadogan 和 McNaughton (2004) 通过研究指出不同文化观对服务质量维度的影响是不同的。最近的研究同样表明文化在感知服务质量构成中扮演着重要角色，学者们应尝试在不同国家和文化背景下，探讨研究顾客评估质量的差异性。在实践中，通过不同国家对 RSQS 量表的应用和验证来看，其适用性有其局限性。尤其值得关注的是，Kim 和 Jin (2001) 对美国和韩国的折扣店顾客进行的调查，两国顾客对折扣店的服务质量评价维度互不相同，且只有 4 个维度：美国顾客的评价在不同维度上的信度在 0.57~0.97 之间，韩国顾客的评价在 0.43~0.81 之间。这项研究表明，不同文化背景下的顾客对零售服务质量的评价内容及侧重点是不同的，国别文化是做理论应用时不可忽视的重要影响因素。

资料来源：王淑翠. 零售业服务质量的测量. 中国物价，2009（10）：52-55.

# 第七章 内部服务质量管理和外部服务质量管理

**知识要求** 通过本章的学习，掌握：

- 内部服务和外部服务的关系
- 内部服务质量管理
- 外部服务质量管理

**技能要求** 通过本章的学习，能够：

- 理解内部服务和外部服务的互动性
- 明确内部服务的含义
- 懂得如何提高内部服务质量
- 明确外部服务质量
- 懂得如何提高外部服务质量

## 学习指导

1. 本章内容包括：了解内部服务和外部服务的关系，懂得如何提高内部服务质量和外部服务质量等。

2. 学习方法：独立思考，抓住重点；与同学讨论内部服务和外部服务的关系；讨论如何改善内部服务质量和外部服务质量；评价分析周围企业的内外部服务质量管理状况，发现不足和误区等。

3. 建议学时：4学时。

服务品牌管理

# 第一节　内部服务和外部服务的关系

**东莞移动：提升内部服务水平，打造"服务—利润链"**

电信行业重组使行业的竞争转变成移动、电信和联通三大电信运营商的全业务竞争。电信行业竞争加剧，政府的监管力度和公众媒体的关注度不断加大，客户对运营商服务质量和服务水平的要求也越来越高。目前，中国移动通信集团广东有限公司东莞分公司（简称东莞移动）的内部服务质量水平与效率低下，严重制约了公司对外服务质量水平的提高并进而影响了东莞移动的进一步发展。根据服务—利润链理论（即服务—利润链在赢利能力、客户忠诚度以及员工的满意度、忠诚度、生产率之间建立起联系。该链条上的各个环节是这样的：利润和增长主要由客户忠诚度来驱动；客户忠诚度是客户满意度的直接结果；客户满意度在很大程度上受客户得到的服务价值的影响；服务价值是由满意、忠诚而且生产率高的员工创造的；员工满意度又主要来自于高质量的支持性服务和政策，这些服务和政策使员工们能够为客户创造价值），东莞移动希望通过卓越服务链构建工程（DGCM Excellent Service System，DESS）打造一条畅通有效的内部服务链，建立服务承诺机制，完善服务监控与管理体系，提升东莞移动的内部服务水平，使卓越的内部服务成为东莞移动进一步赢利与增长的助推器。

资料来源：东莞移动：提升内部服务水平，打造"服务—利润链"，移动公司同业沙龙网站，http://www.rayinc.cn。

思考题：

1. 服务—利润链说明了什么问题？
2. 根据服务利润链理论，内部服务失败将导致外部服务问题，请举例说明。

## 一、内部服务与外部服务的互动管理

Gary Salegna 和 Farzaneh Fazel 在 1996 年所做的一项研究表明，大多数企业不能成功实施全面质量管理是由于企业内部没有形成支持性的组织文化，没有树立顾客导向的质量观,存在员工对变革的抵制、部门冲突、组织沟通缺乏、员工不能得到充分授权、高层管理者缺乏对员工的信任等障碍。质量体系运转本身就是一个系统工程,任何一个环节失控,就会影响到整个体系的运转。质量管理体系运行中需要员工之间、部门之间的合作,合作障碍将会导致员工的不满和组织效率的低下。为了把质量体系推向落实,应首先解决员工在工作中的问题和困难,对他们进行培养和教育,以员工为本,尊重理解员工、关心员工、依靠员工、发挥员工的潜能,只有首先培育了专业、满意和忠诚的员工队伍,企业的质量管理才有可能获得最终的成功。

随着服务经济的发展和营销时代的变革,内外部营销相结合的平衡视角受到越来越多的关注,企业认识到在满足外部顾客的过程中,服务人员和顾客的接触瞬间对服务产出效果有着决定性作用。服务营销"三角形理论"已经阐明,企业—员工间的内部营销是支撑企业—顾客间外部营销和员工—顾客间互动营销的重要方面。科特勒早年提出过内部营销理念,但如何操作来建立高质量的企业—员工关系尚处于探讨中。服务质量也因为内部营销和外部营销的提出而相应地分为内部服务质量和外部服务质量,该提法得到了服务—利润链的印证,该链条指出内部服务质量是外部服务质量的前提和保证。内部服务质量简言之就是公司服务于员工的质量,是有关员工满意度管理的问题;外部服务质量是公司和员工服务于外部顾客的质量,是有关顾客的满意度管理问题。目前对外部服务质量研究比较内部服务质量更多些,如感知质量模型、SERVQUAL量表等。本节将从内部服务质量和外部服务质量两个方面对服务业的全面服务质量管理进行探讨。

从营销管理角度看,营销主要关注满足顾客的需要,然而,研究结果表明有满意员工的组织有更大可能创造顾客满意(Schneider,1999),营销者更需要研究如何让顾客和员工的需要都得到满足。新营销时代的到来呼吁对员工的更多关注,营销演变经历了不同时代,如顾客关注(Customer Focused)、由外向内营销(Outside-In)、一对一营销(One-to-One Marketing)、数据库营销(Data Driven Marketing)、关系营销(Relationship Marketing)、整合营销(Integrated Marketing)。从顾客关注到整合营销观念的演变,体现了更明显的内外部平衡视角,即让顾客和员工都满意。

## 二、员工满意与否反映内部服务质量

从服务业管理角度看,服务业的公司形象是影响顾客和利益相关者与企业关系的重要因素,而公司形象的形成和外部利益相关者所接触的线索密切相关。服务业的公司形象借助服务品牌来表现,服务品牌形成需要全部员工采纳和执行一致的事先决定的品牌个性（Harris 和 de Chernatony，2001）。在服务环境下员工不仅是公司的一部分，更是品牌形象大使。员工处在公司内部和外部环境的分界面上，他们的行为很大程度上影响着顾客对品牌形象的认识，公司必须认识到在实现组织承诺的一组价值中员工所扮演的关键角色。这样，公司自然要确保员工理解品牌价值和把品牌内部化到一定的程度：即员工被联盟和承诺实施品牌价值，越来越多的企业开始重视对员工沟通品牌细节和战略的必要性。

首先，关注员工是改善交互质量和外部服务质量的需要。公司品牌创建需要在顾客（外部）和员工（内部）界面间提高重视，在服务品牌连续性的传递中确保员工行为能符合管理者的期望。Gummesson（1999）指出接触点，即真实瞬间一定要保持一致的高质量，不仅包括可视的质量（Gronroos，2000），还包括伴随服务如何被提供的功能和情感质量。这些建议表明，公司品牌一致性不是只靠常见的营销和管理沟通实现，还需要通过组织员工、顾客和利益相关者的行为和交互质量来实现（范秀成，1999）。其次，关注员工是创造新的竞争优势的需要。Lance A. Bettencourt 和 Kevin Gwinner（1996）提出营销和组织行为方面的学者越来越关注顾客和服务企业前台员工的互动行为，称之为服务接触（Service Encounter），这种互动变为顾客对整个服务组织评价的焦点。更重要的是，服务接触提供给了服务企业为单个顾客定制服务的最大机会，这种定制机会是企业的竞争优势来源，会引导产生受欢迎的顾客服务质量的评价。员工定制化（Employee Customization）包括两个行为维度：人际适应性行为（Interpersonal Adaptive Behaviour）和服务供应物适应性（Service Offering Adaptation）。有关适应性的概念得到了学术界重视并日趋理论化，如适应性销售是指"在销售情景中基于感知信息、通过与顾客互动而调整的销售行为"。最后，关注员工是创造顾客满意和服务利润的需要。有确凿证据表明，满意的员工有助于产生满意的顾客，如果服务人员在工作中感受不到快乐，则顾客的满意也很难实现。本杰明·施耐德与戴维·鲍恩通过在 28 家银行支行对顾客与员工进行研究，发现服务的氛围与顾客总体的服务质量感知高度相关，也就是说，服务氛围和员工会反映为顾客对服务的经历。西尔斯公司也发现顾客满意度与员工的流动率密切相关。在其连锁商店中，顾客满意度高的商店，员工的流动率是 54%，而在满意度低的商店，流动率是 83%。员工的满意度与顾客满意度都对利润产生影响，通过服务—利润链也可以展示它们之间的关系。因此，我们在探讨服务质量、服务品牌和服务利润时，首先要研究内部员工的工作需要，然后设计出合理的工作岗位和分工体系，充分发挥每个员工的能力和兴趣，无论物质激励还是精神激励都要服务于创造满意的员工，这个过程就是

"员工买入",也是接下来要探讨的问题,而领导的思维重要性在之后的雇主品牌化部分将得到体现。

## 三、顾客满意与否反映外部服务质量

自美国学者 Cardozo 于 1965 年首次讨论顾客满意以来,已有越来越多的学者开始了对该理论的研究。至今,对顾客满意的定义依然存在分歧,正如美国学者 Peterson 和 Wilson 所说:"顾客满意度研究的最大特点可能就在于缺少定义。"在早期的文献中,Howard 和 Sheth(1969)将顾客满意度定义为"购买者对购买过程中所付出代价的回报是否适当的一种认知状态";Day(1977)认为顾客满意度的定义应包括四个因素:消费者感知的产品性能或服务质量、消费者的期望、采购或使用产品过程中的感知代价或牺牲、购后或使用后的评价;著名的营销大师菲利普·科特勒对顾客满意的定义为:"满意是指一个人通过对一个产品的可感知的效果(或结果)与他的期望值相比较后,所形成的愉悦或失望的感觉状态";ISO 9000:2000 对顾客满意的定义是"顾客对其要求已被满足的程度的感受"。尽管上述定义有些许分歧,但可以看到其共性在于,顾客满意是主观概念,是顾客对一个组织所提供的全部产品或服务在满足其需要方面所作的综合评价,是他们所感知到的顾客价值的判断,是心理预期与实际体验的比较。

以零售业为例,顾客满意指的是顾客对零售业所提供的人员服务、购物流程、环境设施、服务的便利性等方面的综合评价。这种有关外部服务质量的评价很大程度上取决于顾客的心理认知,源于顾客的心理预期与实际体验的比较。在心理预期的形成方面有多种来源:以前的使用经验、别人的推荐、企业的宣传和承诺、自己希望的理想状态等。一般认为,优异的服务质量会带来顾客满意。PZB(1996)认为,服务质量仅着重于服务因素,而顾客满意是一个更广泛概念,它受产品质量、价格、情景因素、个人因素及服务质量等的综合影响,服务质量是影响顾客满意的重要因素之一。Artreassen et. al. (2000)实证研究结果也表明,服务质量是顾客满意的前因。Cronin 和 Taylor(1992)针对银行、害虫防治、干洗及速食店进行服务质量研究,在结论中指出顾客满意对顾客的购买意图有显著的影响,服务质量是顾客满意的前因变量。Taylor 和 Baker(1994)针对游乐场、航空业、健康照顾及长途电话公司进行实证研究,结果表明"顾客满意是比服务质量更高一级的概念",也认为服务质量会影响顾客满意度。国内学者张雪兰(2005)、陆娟等(2006)、王海忠等(2006)的研究也证明了"服务质量对顾客满意具有直接的正向影响"。也有学者对服务质量与顾客满意度的关系持不同意见,但普遍认为,服务质量着重于服务因素，而满意度所涉及的范围比服务质量广，它受产品质量、价格、情景因素、个人因素及服务质量等因素的影响，服务质量是影响顾客满意度的重要因素之一。

## 第二节　内部服务质量管理

### 沃尔玛最独特的优势是员工

沃尔玛和它的继任者一再强调人对沃尔玛的重要性，员工被视为公司最大的财富。沃尔玛的人力资源战略可以归纳为三句话：留住人才、发展人才、吸纳人才。

沃尔玛致力于为每一位员工提供良好、和谐的工作氛围，完善的薪酬福利计划，广阔的事业发展空间，并且在这方面已经形成了一整套独特的政策和制度。

沃尔玛公司重视信息的沟通，提出并贯彻门户开放政策，即员工任何时间、地点只要有想法或者意见，都可以口头或者以书面的形式与管理人员乃至总裁进行沟通，并且不必担心遭到报复。任何管理层人员如借"门户开放"政策实施打击报复，将会受到严厉的纪律处分甚至被解雇。这种政策的实施充分保证了员工的参与权，为沃尔玛人力资源管理的信息沟通打下了坚实的基础。沃尔玛以各种形式进行员工之间的沟通，大到年度股东大会小至简单的电话会谈，公司每年花在电脑和卫星通讯上的费用达数亿美元。沃尔玛还是同行业中最早实现与员工共享信息的企业。授予员工参与权，与员工共同掌握公司的许多指标是整个公司不断升格的经营原则。分享信息和责任也是合伙关系的核心，员工只有充分了解业务进展情况，才会产生责任感和参与感，员工意识到自己在公司里的重要性，才会努力取得更好的成绩。

资料来源：人力资源案例：顾客和员工是企业永远的支柱. 考试大网站，http://www.examda.com.

思考题：
1. 为什么沃尔玛如此看重员工？
2. 沃尔玛采取了哪些措施管理员工？

## 一、员工满意的内涵以及测量

### 1. 员工满意的内涵

员工满意的内涵建立在顾客满意的研究基础上。对顾客满意的研究在20世纪60年代中期开始,不同的学者从不同的角度提出了各种理解,可谓见仁见智。1965年,Cardozo首次将顾客满意引入营销领域,开创了顾客满意研究的先河。早期对于顾客满意的定义并没有摆脱经济学中投入—产出的分析范式,如1969年,Howard和Sheth认为"顾客满意就是消费者所付出的代价与所获得的收益是否合理而进行评价的心理状态"。到了20世纪90年代,学者们终于意识到顾客满意是由顾客消费前的预期和消费过程中的心理评价决定的,于是他们开始从顾客期望与顾客感知价值的角度来定义顾客满意,尽管他们在表述上有所差别。如"顾客满意就是产品预期与结果的函数"(Kotler,1991),认为满意是指一个人通过对一种产品的可感知效果(或结果)与他(她)的期望值相比较后,所形成的愉悦或失望的感觉状态,等等。

对内部顾客的研究较少,在西方人力资源管理研究中,对员工满意的研究也不多见,满意一直被视为一个想当然而无须多谈的概念。1969年Locke将员工满意定义为"个人的工作达成或帮助达成工作价值而带来的愉快的情绪状态"。斯蒂芬·P.罗宾斯把员工满意定义为"员工希望得到的报酬与他实际得到的报酬之间的差距"。内部顾客满意如何形成?它有哪些影响因素呢?对这些问题的科学回答是进行内部顾客满意研究和获得满意的内部顾客所必须首先搞清楚的问题。

中国文化中的满意是指"满足自己的愿望,符合自己的心愿。满意是人的一种感觉状态、水平,是在比较自己对某事或某物的期望与实际情况后所产生的感觉"。一些中国学者也对内部顾客满意进行了定义,如南剑飞认为"所谓员工满意是和用户满意相对而言的,是指员工对其需要已被满足程度的感受,员工满意是员工的一种主观的价值判断,是员工的一种心理感知活动,是员工期望与员工实际感知相比较的结果";徐哲认为"员工满意度是相对于个体的生活满意度和总体满意度而言,特指个体作为职业人的满意程度,是员工比较薪酬、工作环境等方面组合的期望与薪酬、工作环境等方面组合的实际后得出的对满意度的评价"。尽管这些定义触及了员工满意的部分本质问题,但过于简单。从历史发展和社会环境的改变来看,员工满意度的内涵也在与时俱进、不断更新。

综上所述,无论是外部顾客满意还是内部顾客满意,从本质上看,都表现为个体心理的满足程度。所谓内部顾客满意,是指内部顾客根据以往的经验、企业的承诺以及从多种渠道获得的信息进行综合判断后，形成了对工作的心理预期，该心理预期与进入企业工作后获得的实际体验进行比较后所达到的一种心理状态。若预期超过实际体验，则员工不满意；若实际体验超越预期，则员工满意。内部顾客满意的动因仍值得继续探讨，尤其要考虑到新的经济发展阶段和不同的国别文化环境的差异。

2. 员工满意的测量

在测量员工满意方面，国外已经形成了多种方式和方法，在此介绍六种量表。一是工作满意度指数（Index of Job Satisfaction）是由 Brayfield 和 Rothe（1951）编制而成，衡量工作者一般的工作满足，亦即综合满意度（Overall Job Satisfaction）；二是明尼苏达满意度问卷（Minnesota Satisfaction Questionnaire，MSQ）是由 Weiss 等人（1967）编制而成的，MSQ 的特点在于对工作满意度的整体性与项目皆予以完整的衡量，但是缺点在于受测者是否有耐心和够细心完成 120 道题目，在误差方面值得商榷；三是工作说明量表（Job Descriptive Index，JDI）由 Smith、Kendall 和 Huilin（1969）编制而成，它主要衡量员工对工作岗位、薪资、升迁、上司和同事五个方面的满意度，JDI 的特点是不需要受测者说出内心感受，只由其选择即可，适用于教育程度较低的受测者；四是 SRA 员工调查表（SRA Employee Inventory），又称 SRA 态度量表（SRA Attitude Survey），是由芝加哥科学研究会（Chicago Science Research Association）（1973）编制而成，可测量工作者对 14 个工作方面的满意度；五是工作诊断调查表（Job Diagnostic Survey，JDS）是由 Hackman 和 Oldham（1975）编制而成，可测量员工一般满意度、内在工作动机和特殊满意度（包括工作安全感、待遇、社会关系、督导及成长等方面），以及测量工作者的特性及个人成长需求强度；六是工作满足量表（Job Satisfaction Inventory）是由 Hackman 和 lawler 编制而成，可测量受测者对自尊、自重、成长与发展、受重视程度及工作权利等 13 项指标。

参照国内外测量方法可以得出，决定工作满意度的重要因素可以概括为工作本身、组织环境、薪酬福利、个人发展、人际关系。工作本身包括工作环境、工作内容、工作职责等方面；组织环境是员工工作的软环境，其组织文化和制度政策影响和规范每个员工的行为和态度；在所有的工作分类中，员工们都将薪酬福利视为最重要或次重要的指标，薪酬福利能极大地影响员工的行为和工作成绩；个人的成长与发展已被越来越多的青年人作为选择职业、单位的首要指标，尤其企业中的知识型员工更是如此；人际关系是个体之间在社会活动中形成的以情感为纽带的相互联系，是直接影响员工满意程度的重要因素之一。

## 二、员工买入和雇主品牌化

内部营销是"成功地雇佣、培训和激励有能力的员工更好地服务顾客的任务",它不仅包括人力资源招聘培训和沟通的内容,也包含了企业何种程度上被认为是"被选择的雇主"和招聘过程中的吸引力问题。该概念明确说明了一个组织的员工是它的第一个市场,员工就是内部顾客,工作就是内部产品。当强调组织的整体目标时,要求工作产品一定要吸引人,能发展和激励员工,能满足内部顾客的需要和欲望。这既需要员工对工作和公司的欣赏,也需要公司管理好自身形象,吸引员工加盟,这就是内部营销需要具体开展的工作:员工买入和雇主品牌化。企业和员工之间的关系是双向互动关系,仅靠管理好任意一方是不够的。因此除了对员工进行适当管理提高企业业绩外,反过来,企业本身还要提高吸引力促进员工满意,即培育雇主品牌和雇主吸引力。

### 1. 员工买入

在员工买入方面,较早提出该概念并进行研究的是 Kevin Thomson 等人,他们集中于内部品牌化(Internal Branding)研究,提出最大限度的员工理解(知识买入,Intellectual Buy-in)和承诺(情感买入,Emotional Buy-in)能强化服务品牌和商业业绩,是品牌成功的发动机,开发了知识—情感买入矩阵,展示了管理者怎样能更好地使用内部沟通强化员工买入,进而改善业绩,增加"冠军"员工是战略性建议之一。一个成功的服务品牌不仅要做好外部沟通,外部化为一组受顾客欢迎的功能和情感价值,还需要借助品牌战略来驱动品牌内部化工作,争取到员工的理解和执行,某种意义上,品牌内部化过程决定了品牌外部化效果。因此企业必须重视员工对品牌战略的理解(知识买入)和承诺(情感买入)。

员工对品牌战略的理解就是"知识买入"。对内部营销研究的一个主要原因是员工满意和顾客满意密不可分。品牌成功的要件是团队活动的协调一致,这就需要建立一种适当而强烈的公司文化,以文化支撑品牌,借助内部沟通促进员工对品牌价值的承诺,从而使他们能按照企业需要的方式行动。另外,一个组织内不同部门的员工会接触混合的信息源来理解公司的品牌战略。即便从最高层传达了清晰的信息,内部的品牌沟通还是不能被精确地管理,因此需要整合各层次、各职能部门的内部沟通来减少误解。实践证明,在缺乏有效内部沟通下进行的兼并中,员工业绩降低20%,承诺降低11%,工作满意度降低21%;相比较,有效内部沟通的兼并中,业绩和承诺没有任何下降,工作满意度仅降低了2%(Schweiger,Denisi,1991)。在一个高级管理者不断从组织变化中寻求优势的时代,Worrall 和 Cooper(1997)通过调查发现有很少管理者得到了商业变化中的利益，主要源于少得可怜的内部沟通。同样，视沟通技能为核心竞争力的公司比那些不重视沟通技能的公司可以多得到24%的股东回报。

员工对品牌战略的承诺就是"情感买入"。如果说员工的行动是为了建立与顾客的关系的话，那么他们首先需要信任他们的公司战略并承诺实施。承诺是影响成功的长期品牌关系的显著因素。Moorman等人（1993）认为承诺（Commitment）是"维持一个有价值的关系的持久要求"。一个员工的承诺产生了组织中的个人身份、心理归属、关心组织的未来福利和忠诚。员工承诺因产业而不同，随资历而增长。员工的承诺在强化公司名声和成功品牌中扮演着媒介角色。成功的品牌具有有力的员工和顾客关系特征。现实中，情感的商业利益，如承诺、忠诚和信任被视为一个组织的"情感资本"。很多研究已表明，承诺的员工越多，一个组织的情感资本就越多。员工承诺的重要性最近也得到了Rucci等人（1998）的证实，在考察了美国零售商Sears最近几年里营销战略和内外部顾客关系的改革及关系中，发现Sears的改革目标不仅是要做受欢迎的销售地点，还要做受欢迎的工作和投资地点。研究证明5%的员工态度改进带来顾客满意度1.3%的改善，导致收益增长0.5%。在一年的改革中，员工和消费者满意都提高了大约4%，给Sears增加了200多万美元的额外收入。所以，员工的承诺（情感买入）会促进员工态度改进和工作满意度，进而改善了顾客满意和公司业绩。

2. 雇主品牌化

雇主品牌是"由雇佣公司识别的，由就业提供的集功能、经济和心理利益为一体的包裹"，和传统品牌一样，雇主品牌也有个性和定位。雇主品牌化就是在潜在劳动力群体心目中建立一个形象，比较其他公司而言的"伟大的工作场所"。在企业鉴别、获取和保留有技能的员工方面，借助广告来建立和保持引人注目和差异化的就业条件。具体来说，发展强势的雇主品牌需要五个步骤：①理解组织；②创造一个对员工的引人注目的承诺，而且反映出企业品牌对顾客的承诺；③发展测量品牌承诺实现程度的标准；④联盟所有人的行为用于支持和强化品牌承诺；⑤执行和测量。强势雇主品牌能潜在地降低员工获取成本，改善员工关系，比较那些雇主品牌差的企业增加了员工保留率和节省了薪水支出（Ritson，2002）。Collins和Stevens（2002）提出雇主品牌形象的两个维度和潜在员工的就业决定相关，这两个维度是：对公司的总的态度和感知到的工作属性。因此说，一个强势的雇主品牌是通过公司持续的雇主品牌化努力实现的差异化个性；这有利于吸引员工和满足员工，是实现内部营销所倡导的内部顾客满意的保证。

雇主吸引力是和雇主品牌化最相关的概念。这个概念在职业行为领域、管理领域、应用心理学领域、沟通领域（Bergstrom et al.，2002）、营销领域（Gilly 和 Wolfinbarger，1998）被广泛讨论。在商业新闻中也成了热门词汇，"最好的雇主"形象也成为更多企业努力的目标。雇主吸引力的评价和管理可借助五个维度来操作：兴趣价值、社会价值、经济价值、发展价值、应用价值。①兴趣价值是雇主借助提供令人兴奋的工作环境、新奇的工作实践激发员工创造力，从而对员工产生吸引力的程度。②社会价值是雇主借助提供有趣、愉快、好的同事关系和团队氛围的工作环境对员工产生的吸引力程度。③经济价值是雇主借助提供超过平均水平的薪水、奖金补贴、工作保险和提升机会对员工产生吸引力的程度。④发展价值是雇主借助提供认知、自我价值和自信、职业强化体验和未来就业跳板对员工产生吸引力的程度。⑤应用价值是雇主借助提供给员工应用和传授所学知识的机会、顾客导向和人本主义环境对员工产生吸引力的程度。改善雇主吸引力就是提升雇主品牌竞争力和品牌权益，雇主品牌化工作和员工买入行为促进了公司和员工间的良性互动，保证了内部营销的落实，必然提升员工满意和员工忠诚，因此也将更好地支持公司品牌形象，改善公司竞争力。

　　综上所述，员工在服务型企业的营销活动中具有重要性和特殊性，员工不仅决定了交易瞬间的服务质量和顾客满意，还影响了企业长期的服务利润和竞争优势，因此服务型企业需要采用内外部平衡视角，通过深化内部营销来保证外部营销的效果。在内部营销方面，要争取员工最大限度地理解和实施公司的品牌战略，即员工买入。当员工认同和承诺实施品牌战略后，员工才会在和顾客接触的"真实瞬间"中兑现公司品牌承诺，达到顾客满意，从而产生良好的外部服务质量。为了提高员工对品牌战略的承诺程度，服务型企业要加强自身品牌建设，提高员工的归属感和荣誉感。具体来说，在员工关心的五个价值方面培养公司对员工的吸引力：兴趣价值、社会价值、经济价值、发展价值和应用价值。公司有良好的雇主品牌和吸引力，自然会保证员工队伍和服务质量的稳定性。

## 第三节 外部服务质量管理

### 换不了的电饭煲

某日，一对老夫妇提着两个"三角牌"电饭煲来到某购物广场顾客服务中心，说电饭煲买了不到一个星期，觉得不适用，要求换货。总电台小姐将顾客带至家电服务中心，家电服务中心人员接待后将两个电饭煲开箱检查，发现电饭煲已经使用过了，而且还粘着米粒和水，于是向顾客解释说："不好意思，这两个饭煲您用过了，我们无法再次销售，所以不能给您更换。"老人一听顿时火了："如果不用我怎么知道不好用呢？不能换，就退掉！"

接待员听了，便又给她讲了有关"消法"三包的退换货规定，但顾客根本无心听，一直吵闹不休。这时，另一个接待员将已清理干净犹如新的电饭煲拿了过来，对顾客说道："不好意思，您这饭煲已使用过，不过我们考虑未超过7天，就给您换一次，但您这次一定要选择好，以后不能出现类似的情况，好吗？""好的！好的！没问题，我去选两个'美的'电饭煲。"服务中心人员给老人办理了退货手续，他们到"美的"专柜选购。这时，"三角牌"的促销员从此经过，看到她的两个电饭煲已被退货，便去找顾客理论，坚持不许顾客退换，顾客火冒三丈，本来说要买的"美的"电饭煲也不看了，最后扭头气呼呼地离开了卖场。

资料来源：商场管理——商场工作态度与商场服务质量之案例. 深圳市润鼎盛商场开发有限公司网，http://www.rundsh.com。

思考题：
1. 你认为顾客最终会如何评价该商场？
2. 若你是"三角牌"的销售人员，你会怎样处理该事件？

## 一、过程质量管理

1985 年美国学者 Parasuraman, Valarie Zeithamal 和 Leonard Berry 在对四家服务公司进行广泛的探索性质量调查后，提出了服务质量差距分析模型，该服务质量模型揭示了引起消费者不满的对服务的预期和享受到的服务之间的差距（差距5）是由服务过程中4个方面的差距决定的，差距5是差距1、差距2、差距3、差距4的逐渐累积，所以要提高服务质量水平就要尽量缩小这4方面的差距。由于这些差距难以完全避免，因此进行及时的服务补救也是重要的途径之一。该服务质量模型的意义在于为企业指明了服务质量的形成过程，从顾客调查—管理制度—服务传递—顾客体验的逐级传递中，认识和分析服务质量的差距形成。以零售业为例，提升零售业顾客服务水平也必须从缩小前4个差距入手实现最大限度上的顾客满意。

1. 减少差距1——认知差距

造成零售商对消费者对服务期望认识出现偏差的原因在于对消费者需求缺乏深入的调查了解。所以缩小认知差距，提供优质服务最重要的第一步就是要了解目标顾客需要什么，可以通过调查顾客和服务人员来了解需求信息。了解消费者需求不能凭主观判断，需要实际调查以掌握顾客真实的期望。具体说，可以采取抽样调查和顾客深度访谈方式。另外，顾客抱怨和投诉也是重要的信息来源。顾客抱怨往往能提供更具体的有关需求方面的信息，因此处理抱怨是获得准确信息和改善服务质量的重要手段。不满意的顾客可能会有抱怨，但未必投诉，所以零售业要鼓励顾客通过各种渠道反映对服务不满意的原因，譬如在商场显眼的地方设置顾客服务台或开设免费投诉电话，让顾客便于反映问题和得到问题的反馈，当然对顾客抱怨一定要及时处理才能真正提高服务质量。最后，加强一线员工的培训，鼓励他们更好地收集顾客信息。尤其是一线的售货员和顾客服务代表由于直接接触顾客，因此能更多地了解顾客对服务的期望和问题。

2. 减少差距2——标准差距

掌握了顾客的期望和需求后，企业要利用这些信息来制定适当的标准和建立相应的系统提供顾客满意的服务。服务质量标准要尽可能地体现出管理层对顾客服务期望的认识，缩小标准差距。服务—利润链已经表明，领导是驱动服务良好运作的最重要因素，管理层需重视并参与到服务运营中。首先，采取"走动式原理"（在酒店业流行），就是要求管理层重视顾客服务、了解基层业务。管理层的顾客意识也会感染和引导一线服务人员，促进一线服务人员为提高顾客服务而努力。其次，采用标杆管理。由于服务本身的无形性，给管理增加了很多挑战，如成本核定和价格制定、服务能力设计、服务质量管理等。通过标杆管理，企业可以选择做得最好的零售标杆企业，通过观察和了解他们的服务包装设计、服务规范、服务流程、价格水平等，根据自己和竞争者实力的差距，确定自己是模仿跟踪还是保持适当距离。该办法可为零售业提供一种可行、可信的目标,也可以促进企业持续改进服务水平。再次,服务标准要清晰、具体。服务标准除了要满足顾客需要这一基本原则外,应该清晰、具体并能量化,否则就不能指导员工。另外服务标准的制定让员工参与能让他们更好地理解和接受该标准,如果由管理层强行地下达标准只会受到员工的抵制。最后,定期进行评估反馈。需要不断地评估服务质量才能确保服务标准的实现。除了通过顾客调查来评估服务质量以外,还可以借助顾客调查报告对一线服务人员进行考评、奖罚和激励,例如,可以设计一些问题询问顾客:销售人员多久才问候你?销售人员的表现像是要做你这笔买卖吗?销售人员对商品的知识了解程度如何?等等。

3. 减少差距3——交付差距

设定好服务标准后,关键是在实施过程中如何减少交付差距,即减少服务标准和实际提供的服务之间的差距。首先,要培训员工。商场员工必须对商品和顾客需要有充分的了解,具备这些知识才能回答顾客的问题和推荐商品,同时也能逐渐地增强员工的自信和理解能力,有助于解决服务问题。而且员工在同顾客尤其是生气和不安的顾客打交道时,需要掌握一定的社交技巧。所以必须培训员工怎样提供更好的服务并安抚不满的顾客,尤其是对售货员和顾客服务代表。其次,适度的员工授权。零售业的服务接触大多是人—人接触(不像银行可以引入大量的自动存取款机减少人员接触),因此员工的情绪、态度常导致服务产出的不一致,顾客的差异化需求也加大了服务质量的差异化,这对企业品牌和形象的形成非常不利。因此零售业适当的员工授权行为可以增加接触中对突发事件和差异需求处理的灵活性,同时也可以提高员工的成就感和满意度,充分发挥员工的主动性和创造性,调动员工的智慧和减少员工流动率,提高员工生产效率。再次,激励员工。要提供相应的系统和设备来帮助员工有效地提供优质服务,如利用计算机系统提高结账速度,为收银员配备通话机同经理联系以快速处理一些问题。另外,要处理顾客问题并始终保持微笑,服务人员会承受不小的心理压力。所以营造同事间相互友爱支持,上级关心理解的氛围将是对服务人员有力的精神支持,能鼓励他们更好地工作。最后,调节服务供求关系。供不应求导致的服务排队现象很难保证交互质量,供求关系管理一直是服务业面临的难题。零售业的节假日、周末的销售高峰以及付款时的排队常导致顾客的抱怨。改善供求关系可以从供给和需求两方面做起,在服务供应方面,企业要把握需求变化规律,科学设计服务供应能力;在服务需求方面,企业可以通过价格变动和其他促销手段来调整需求,也可以利用预约方式储备需求。

### 4. 减少差距 4——体验差距

夸大提供服务会提高消费者的预期，而如果做不到的话，则顾客的体验达不到他们的期望，就会觉得不满，夸大宣传只会带来负面效果。首先，加强与消费者的积极沟通，合理界定服务承诺的水平。过高的承诺常会导致顾客的失望和不满，因此要科学合理地界定服务承诺的水平，避免夸大其词和模糊不清。另外，某些服务问题也常常是由于顾客知识不够、使用不当而导致的，譬如看病时缺乏基本的医学知识、在未读说明书之前不正确地使用产品等。所以服务宣传活动中应帮助顾客了解自己在接受服务前、服务中和服务后所应具备的知识和能力，扮演好合作的角色。告诉他们发现自己的合理需要、寻找适合自己的服务、正确理解服务和配合服务传递，以及告诉消费者服务问题的售后处理措施和投诉程序，引导顾客合理地反映问题和解决问题。其次，各部门之间积极沟通，宣传内容要高度一致。宣传计划由营销部门制定，而具体的服务是由其他部门来提供。所以如果各部门之间缺乏沟通则会导致宣传活动中的承诺和实际提供的服务不一致。因此在进行宣传时，营销部门和服务执行部门之间一定要沟通好才能协调一致。

## 二、结果质量管理

继 SERVQUAL 量表之后，有许多学者热衷于对服务质量的结果测量和评价。如针对零售业服务质量结果评价的最新量表是 Dabholkar、Thorpe、Rentz（1996）三位学者提出的"零售业服务质量阶层模型"及其量表，简称 RSQS 量表（见图 7-1），指出零售业的服务质量是两阶层模型，第一阶层有五个基本维度：实体方面、可靠性、人员互动、问题解决与政策组成，其中三个基本维度各含有两个次维度，即实体方面的次维度有方便、外观；可靠性包含正确、承诺两个次维度；人员互动则有信心及礼貌/帮助两个次维度，并发展出 28 个

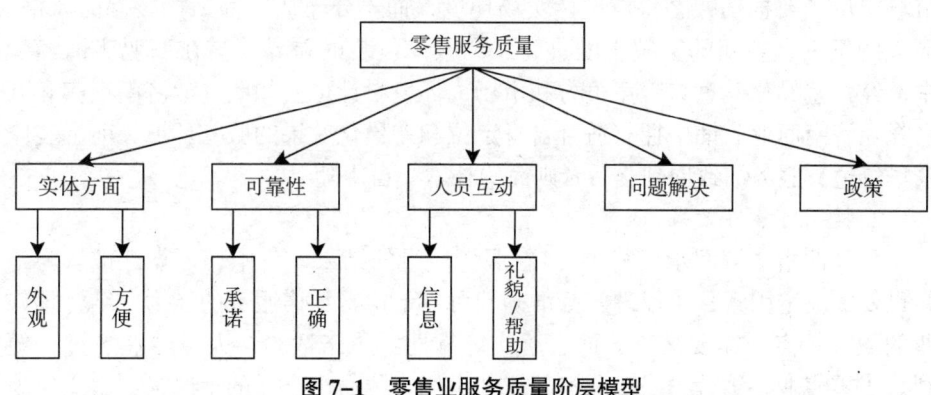

图 7-1　零售业服务质量阶层模型

题项的量表来衡量零售业的服务质量。经过实证研究，发现该模型和量表有较好的科学性，因此本部分以零售业为例，结合该量表对结果管理进行阐述。

### 1. 改善实体环境

由于服务的无形性，顾客对服务产品购买前的理解需要借助于一些有形的线索，因此服务的有形展示管理是必要而且重要的。早在1973年，科特勒把"营销氛围"作为一种营销工具，建议"设计一种环境空间，以对顾客施加影响"；1977年，萧丝塔克引入了术语"服务有形展示管理"。有形展示可定义为"指在服务市场营销管理的范畴内，一切可传达服务特色及优点的有形组成部分"。学者从构成要素的角度对有形展示进行划分，认为有形展示主要表现为三种要素类型：实体环境、信息沟通和价格。朱里·贝克（Julie Baker）把实体环境分为三大类：周围因素、设计因素和社会因素。周围因素是指不易引起顾客立即注意的背景条件，设计因素是顾客最易察觉的刺激，体现为一些美学因素和功能因素，社会因素指在服务场所内的人，包括顾客和服务人员。零售业要通过管理实体环境营造顾客的良好体验。首先，结合商品特点确定如何制造卖场氛围，因为顾客有不确定购买行为和感性购买行为，现场体验对其影响很大。如卖场熟食销售，可以通过透明的制作过程和自然的气味刺激顾客的视觉和嗅觉，满足其感观体验，促进购买；某些商品生动的造型，吸引顾客的兴趣而促进冲动购买。其次，要进行全程管理和细节管理。体验是一个过程，从顾客进入店铺的那一刻起，就开始了体验。所以能触动顾客感观、情感、思想、行为等方面的所有店铺构成要素都需要纳入管理对象，如店铺装修材料、色彩、空气湿度、灯光、商品摆放、声音、味道、固定设施的造型、员工的言行举止、体验路线、其他顾客等都影响体验结果。卖场既要通过环境心理学做好店铺装饰设计和产品摆放，还要管理好员工和其他顾客，创造和谐舒适的购物氛围。最后，要进行差异化的实体环境定位。不同的零售商有不同的顾客群和市场定位，要根据顾客特点设计卖场环境，而不要千店一面，如装修的风格、环境的氛围、空间的宽敞程度、商品和服务包装的差异等。在商业店铺经营中，经营差异化就意味着竞争力和市场，环境设计也要如此，如济南银座和万嘉隆在济南商业店铺中拥有适合自身定位和差异化效果的服务环境，前者装修豪华舒适、服务细致周到，后者则简约朴素、自由随意。

### 2. 提高可靠性效果

可靠性指"按照承诺行事"。在服务质量的结果评价中，可靠性被认为是最重要的决定因素，可以理解为准确、可靠地执行承诺服务的能力。结合零售业的服务特点，需要从三方面去落实可靠性：承诺适当、人员专业、过程便利。①零售业要结合自身的业态特点和市场定位做出合适的承诺，如银座作为一家国有百货公司,在假货横行的时代,把经营真货作为理所当然的义务,大张旗鼓地提出"买真货,到银座",该承诺不仅吸引了足够的消费者,而且也明显差异化于竞争者,最重要的是积累和奠定了企业的良好信誉和形象。作为一家定位中高档的百货公司,银座很少打价格牌,更不会主动引发价格战,坚挺的价格策略捍卫了企业的品牌资产和良好形象。②人员专业才能传递令顾客满意的服务,为此,零售商要不定期培训服务人员的专业知识和技能。除了各岗位共同的培训内容,如沟通技巧、礼仪、美容、商品保管、票据处理、英语口语等内容外,还要结合不同的商品种类进行不同的培训,如纺织品知识、色彩学、人体美学、家电知识、儿童生理知识等,这些知识能够帮助服务人员快速处理顾客的咨询,推荐适合的产品和品牌,消除购买疑虑和购买失误,使顾客满意。③过程便利会减少购物时间,提高购买效率。这涉及卖场环境的过程管理。所有的有助于完成顾客经历的服务工作活动构成了一个完整过程。这个过程中每个环节的工作,环节之间的交接配合,参与每个活动的人员表现,协调控制各个活动的规章制度都影响了顾客的经历和服务体验。因此把过程管理当作一个独立的营销组合要素来看是整合绩效、保证服务质量的前提条件。过程包括了一个产品或服务交付给顾客的程序、任务、日程、结构、活动和日常工作,它包括了有关顾客参与和员工判断的政策决定。通过过程的管理解决诸如效率、个性化服务、灵活性、满意度、程序化和标准化等方面的改善,在组织效率成本和管理难度与顾客参与、满意程度和差异化需求之间寻找最佳结合点。如零售业可以通过延长营业时间、增加收银柜台、合理设计不同楼层的商品类别创造购买的便利条件,提高顾客的购物效率。

3. 重视人员互动质量

从顾客的角度来看,当他与服务公司接触时,一项服务在服务接触或是真实瞬间中能够给他带来最生动的印象。接触过程中每一个环节和每一个员工都是重要的,零售业可以把这些真实瞬间连接起来构成一个服务接触层次,顾客正是在这些接触的过程中获得了对零售业服务质量的第一印象。因此,从零售业的角度来看,每一次的服务接触也提供了证明其作为合格服务提供者的潜力和提高客户忠诚度的机会。服务接触往往是愉快体验或不愉快体验的来源,因此通过对服务接触的研究和重视,减少不愉快事件的发生,开发和增加愉快经历。一方面,要求服务人员有强烈的顾客意识,有必要的授权处理特殊要求的能力,有专业熟练的业务能力,有快速有效的服务补救措施。零售业通过制作服务蓝图来考察顾客的每一个要求和管理每一次来自服务人员的接触,尽量保证每次接触都是愉快的真实瞬间。另一方面,零售业要管理好顾客。顾客在服务供应中可能扮演三种角色:顾客作为生产资源、顾客作为质量和满意的贡献者、顾客作为竞争者。对顾客的管理有两种观点：一种认为服务供应系统应尽量和顾客投入隔离，减少顾客给生产带来的不确定性；另一种观点认为指导培训顾客完成他们可以扮演的角色，最大限度地贡献于服务产出，可以提高组织生产力。研究表明，那些相信在服务中已有效地完成了自己任务角色的顾客更容易对服务感到满意，参与活动本身对他们具有一定吸引力，如一些顾客喜欢在互联网上购物而获得成就感。

**4. 提高问题解决能力**

零售业的问题主要指投诉的管理上，投诉管理基本上包含投诉预防、投诉受理、投诉处理、投诉分析四个方面，涉及企业管理人员、服务人员、流程管理、制度政策设计、公关传媒等多个方面，不仅仅是客户服务一个部门的职责。从客户投诉的预防、受理到处理，是为公司节约成本挽留老客户的经营过程，再通过投诉分析挖掘出商机，寻找市场新的卖点，使投诉成为服务利润链的发力点和企业潜在利润中心，即是从投诉管理走向投诉经营的过程。投诉管理工作中，首先，最重要的环节在于投诉预防工作，应从识别并处理好客户抱怨做起。抱怨是客户不满足的一个信号，企业应在发现的初期就把它处理好，无论是销售期间还是在最初的服务接触中，无论是在现场还是热线电话中，调动公司内每一位员工的主观能动性，鼓励其处理好每一起接触到的客户不满或抱怨。其次，做好投诉受理。企业一是要有一个平台，建立客户联络中心；二是要有顺畅的渠道，如投诉电话、电子邮箱、客户回访、服务渠道等；三是要有规范的处理流程，从记录、受理、处理、分析、反馈都流程化；所有核心的工作就是如何将客户的信息完整地收集进来，然后通过标准化的、人性化的管理将不同的客户不同的需求进行分流、处理。再次，进行投诉处理，投诉处理也是投诉管理的核心，是鼓励客户忠诚消费的行动。投诉处理可以减少客户"剧变"，并挽救那些濒临破裂的客户关系。客户投诉处理是一项集心理学、法律知识、社会文化知识、公关技巧于一体的工作，需调动多个部门一起解决问题。投诉还应进行层级化管理，通常可分为一般投诉、严重投诉和恶性投诉。应对不同的投诉设定严格的定义，并依此设定不同的处理流程，在团队中建立共享制度，以保证给处理人员或部门以统一的口径及处理思路。最后，投诉整理分析。做投诉分析的目的是从众多具体的投诉中，发现一些规律性或异常的问题，我们可以借此发现产品或服务的盲点。从客户投诉分析中，我们可以挖掘出有价值的东西，进而将信息资源变为知识资产。因此，投诉分析可以为企业提供持续改进的方向和依据，还可以通过投诉问题分析改进公司的质量管理体系，作为市场调查数据加以充分利用，挖掘顾客潜在需求。

### 5. 完善内部政策环境

无论宏观层面应对外部零售业的行业竞争压力，还是微观层面强化自身竞争力的需要，制度和政策设计都是重要的内容。零售业的内部制度和政策内容与服务质量密切相关，也就是说要通过完善内部政策环境来提高内部管理和控制能力。内部管理控制包括计划控制、生产控制、质量控制、物资存货控制、营销业务控制以及管理组织机构和组织人事控制等，涉及管理控制的各个部门。不仅需要通过制度政策合理划分各管理部门的权限，明确其责任，还要保障经营管理行为有计划、有组织地落实，高效经济地实现零售业的任务目标。就国有零售业而言，有三点建议：首先，零售业所有者的职能要实施到位。大型零售业一般属于国有企业，其成长原动力来自于国家税收任务和政治责任，作为经营者要本着对国家负责的态度，科学地避免经营风险，追求经济利益和社会效益的最大化。其次，完善法人治理结构。所有权与经营权的分离，促使所有者对经营者形成控制和制衡机制，防止经营者滥用权力。通过在企业内的权力机构、决策机构、监督机构和执行机构，保障所有者对企业最终的控制权，形成所有者、经营者、劳动者之间的激励和制衡机制，从而使三者的利益得到保障。最后，强化控制环境建设。包括员工的职业道德、组织结构、经营理念和风险、各种外部影响、董事会的关注和要求等。上述要求均需要通过各种内部政策和制度得到明确和规范，这样零售业的各项经营管理工作才会有序开展，外部服务质量才会得到保障。

**考试链接**

1. 要记住员工买入、雇主品牌化、过程质量管理和结果质量管理的内涵，理解内部服务质量和外部服务质量的关系。
2. 请结合宾馆服务探讨过程质量管理的具体措施。

## 本章小结

根据服务利润链原理，服务质量和服务利润一样，是由内而外逐级生成的。因此，首先要做好内部服务质量的管理，内部服务质量简言之就是公司服务于员工的质量，是有关员工满意度管理的问题；外部服务质量是公司和员工服务于外部顾客的质量，是有关顾客的满意度管理问题。在内部服务质量管理方面要重视内部营销思想和相关工作的落实，把员工当顾客来管理。在外部服务质量研究方面,成果较多,但主要从过程质量(如差距模型)和结果质量方面(如 RSQS 量表)开展研究工作。本文认为员工买入和雇主品牌化是做好内、外部服务质量管理的重要理念和管理措施。

成功实施全面质量管理有赖于良好的内部服务质量和企业文化,忽视员工满意的企业文化,必然导致员工对工作的抵制和敷衍,也会产生组织和员工间的摩擦和冲突,因此,作为高层管理者需要重视员工管理和员工满意,消除理念和任务执行中的障碍。首先解决员工在工作中存在的问题和困难,对他们进行培养和教育,形成一支专业、满意和忠诚的员工队伍。因此,培养内部顾客满意对零售业的服务质量工程是至关重要的。所谓的内部顾客满意,是指内部顾客在进入一个企业前与进入企业工作后,对预期价值与实际中的自我感知价值进行比较后所达到的一种心理上的平衡状态。研究发现,决定工作满意度的重要构成因素有工作岗位、组织环境、薪酬福利、个人发展、人际关系等因素。为了提高内部顾客满意度,需要落实内部营销工作,具体来说包括员工买入和雇主品牌化两方面。

本章对外部服务质量的阐述从过程质量管理和结果质量管理两个部分进行。在本文中,服务全过程的质量管理问题借鉴了差距模型(Gaps-model)进行了探讨,建议通过减少前 4 个差距最终降低第 5 个差距,即服务期望与服务体验的差距。在结果质量管理方面,借鉴了 RSQS 量表提出了改善质量的措施,具体说包括实体方面、可靠性、人员互动、问题解决与政策五个方面。

# 深入学习与考试预备知识

## 商品质量

商品质量的概念有狭义和广义之分,狭义的商品质量是指以国际或国家有关法规、标准或订购合同中的有关规定作为最低技术条件,来判断产品与其规定标准技术条件的符合程度,是商品质量的最低要求和合格的依据。广义的商品质量是指商品适合其用途的各种特性满足消费者需求的程度,是商品质量市场的反映。商品的各种特性要求能够满足需要,而且要求包括价格实惠、交货准时、服务周到等内容。商品质量的要求多种多样,由于不同的使用目的(用途)会产生不同的使用要求(需要),不同的消费者即使对于同一用途的商品,也会提出不同的要求。商品质量可以概括为商品适用性、商品寿命、可靠性、安全性、经济性、艺术性六个方面的内容。

商品质量是一个综合性的概念,它涉及商品本身及商品流通过程中诸因素的影响。从现代市场观念来看，商品质量是内在质量、外观质量、社会质量和经济质量等方面内容的综合体现。商品的内在质量是指商品在生产过程中形成的商品本身固有的特性，包括商品实用性能、可靠性、寿命、安全与卫生性等。商品的外观质量主要指商品的外表形态，包括外观构造、质地、色彩、气味、手感、表面疵点和包装等，它已成为人们选择商品的重要依据。商品的社会质量是指商品满足全社会利益需要的程度，如是否违反社会道德、对环境造成污染、浪费有限资源和能源等。商品经济质量是指人们按其真实的需要，希望以尽可能低的价格和使用维护成本，获得尽可能优良性能的商品。

商品的质量既有客观属性，如对标准的符合程度，也有其社会属性，如对顾客精神满足的程度，它涉及诸多社会因素的影响。结合具体零售企业来看，其商品质量的判断除了客观质量和自然属性外，还需要更多地考虑社会因素和零售业态的定位。比如YZ商业集团是山东这个经济大省中零售行业的一面旗帜，是高档百货商店的代表，消费者对其经营的商品质量的期望要大大高于对一般商店的要求。另外，从消费者收入不断增长的趋势来看，消费者对百货商店的商品质量要求也要高于其他零售业态。

## 零售业全面质量管理模型

零售业的全面质量管理包括商品质量管理和服务质量管理两部分。

1. 零售业的全面质量管理的目的是扩大顾客价值

顾客价值是评判一个商业组织竞争力的最终指标，顾客价值产生顾客满意和顾客忠诚，而顾客满意在考察企业竞争力方面，与市场份额指标同等重要，市场份额代表的仅是企业过去和现在的成绩，而基于顾客价值的顾客满意和顾客忠诚则是企业未来竞争力的驱动因素。因此零售业的全面质量管理应该以能否改善顾客价值和顾客满意为依据，这样质量管理工作才具有战略意义。顾客价值具有主观性和异质性，因此要求零售业必须有明确的目标顾客和市场定位，为特定的顾客和特定的差异化形象而设计复合价值链，使得商品的选购和服务的设计等商品和服务质量和谐一致，最大限度地保证质量、利用资源和优化差异化效果。

2. 零售业的全面质量管理包括商品质量管理和服务质量管理两部分

零售业的顾客价值的改善，依赖于商品价值链和服务价值链各自得到妥善管理和价值提升。顾客在购物时，既会考察商品质量，也会注意服务质量；既

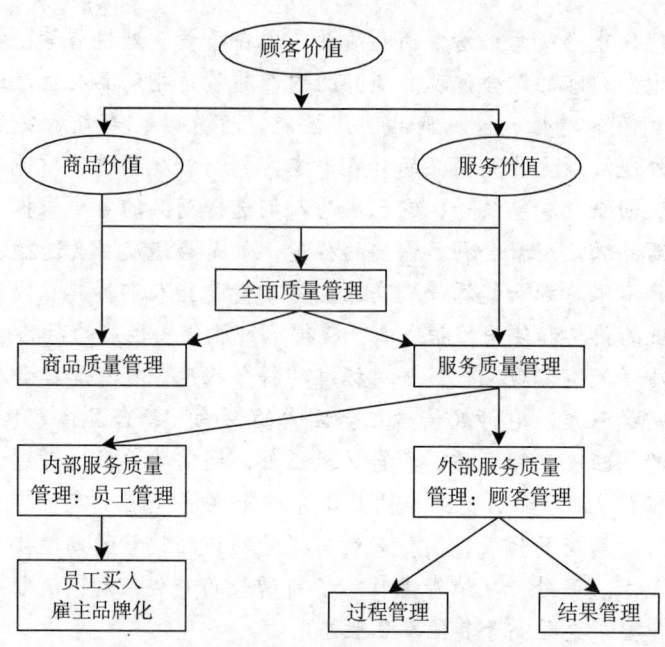

图7-2 基于顾客价值的零售业全面质量管理模型

会考虑货币成本，也会分析非货币成本（如体力、风险、所用时间）；既会权衡商品价值，也会权衡服务价值。因此每个链条都需要精心管理从而创造顾客价值。另外必须要注意的是，同时做好二者的管理并非易事，毕竟企业资源是有限的，因此需要了解顾客更看重商品价值还是服务价值，考察顾客对商品质量和服务质量的各自标准是什么？哪个价值链和质量更有顾客价值的开发空间？然后决定在各个链条上投入的资源和采取的行动，目的是借助最终的供应物（混合产品包）传递最多的顾客价值。

3：服务质量管理比较于商品质量管理更有战略意义

商品价值链是外生价值链，有显性化、易被跟踪、较客观的特点，而内生性的服务价值链，不易模仿、具隐蔽性、较主观，因此基于服务价值链开发竞争优势具有更好的持久性和差异性。从零售业长期发展和竞争环境来看，保持持久的差异化就是竞争优势之一。普拉哈拉德和哈默尔在1989年《哈佛商业评论》第一期发表的"与竞争者合作——然后胜利"，文中指出，在长期内对公司发展起决定作用的是公司的核心竞争力，核心竞争力是竞争优势的基础，应当是有价值的、异质的、完全不能仿制的和很难被替代的，而服务完全具备核心竞争力所要求的四个特征，可以作为培育核心竞争力和竞争优势的基点。相比较于商品质量管理，服务质量管理更具有开发竞争力的战略意义。

4. 全面质量管理的核心问题是商品——服务质量水平的界定及其组合

产品包之所以能满足消费者的需求,是由于商品和服务所具备的质量水平能给顾客带来超过其预期的价值。因此零售业的产品包是有关商品质量和服务质量不同水平的组合。对顾客而言,综合质量水平越高越好。对企业而言,无论商品质量还是服务质量的提供都要付出成本和费用,质量水平越高,成本和费用越高,这或者侵袭企业利润,或者降低企业价格竞争力。因此企业需要考虑的问题是:如何在满足顾客价值的要求的前提下,创造自身利润的最大化或者提高价格竞争力。事实上,商品质量和服务质量有着不同的成本曲线,而产品包的价格则是由商品和服务的共同成本费用决定的,因此,如何安排产品包中的商品和服务的质量水平组合,既满足顾客需要,又节省成本费用,是零售业全面质量管理中的核心问题。

资料来源:刘璐,王淑翠. 零售业全面质量管理模型构建研究. 山东社会科学,2010,173 (1):138~141.

# 第八章 内部营销

## 学习目标

**知识要求** 通过本章的学习，掌握：
- 员工的重要性
- 内部营销理念及实施

**技能要求** 通过本章的学习，能够：
- 理解员工对服务业的特殊意义
- 掌握员工满意和顾客满意的内部联系——服务利润链
- 内部营销的实施措施

## 学习指导

1. 本章内容包括：了解员工重要性，服务人员的满意、顾客满意和服务—利润链，服务人员的行为从多个角度影响服务质量的形成，内部营销理念及实施。

2. 学习方法：独立思考，抓住重点；与同学讨论内部营销的含义与意义；讨论服务人员的特殊地位；评价分析周围企业的员工管理状况，发现不足和误区等。

3. 建议学时：4学时。

## 服务品牌管理

第八章 内部营销

## 第一节 员工重要性

**员工是公司最踏实的顾客**

安利在国内拥有18万活跃的销售人员，公司为他们提供了一整套完善的培训与管理制度。而公司总部5000多名正式员工，除了人品、知识、经验、才能这些每家企业都看重的标准外，对他们的额外要求是：要有很强的亲和力，要非常重视与人的沟通。公司倡导的团队精神是服务精神和伙伴关系，最重要的是与前线营销人员好好配合，为他们做好服务。

公司有专门热线倾听营销人员的声音，直接在前线服务的2000多名员工更要在店铺里与业务员做好协作，传播产品知识和公司政策，充分了解顾客的认知和要求。这部分员工职位越高，越要求对顾客有深层次的服务探讨。

无论从顾客角度、营销人员的利益，还是公司长远发展考虑，安利认为帮助业务员是很重要的。营业代表对公司反映问题有了非常顺畅的渠道，他们也会在公司的引导下科学地认识伙伴关系，服从大局、积极配合公司政策。

总部员工要为营业代表服务，安利的伙伴关系就从尊重员工开始。其理念是：员工是公司最踏实的顾客。

资料来源：郭晓亮．安利．员工快乐才能让顾客满意．赢周刊，2006 (3)．

**思考题：**

1. 在服务型企业，服务员工和服务顾客哪个更重要？为什么？
2. 员工满意会给企业带来什么？

服务人员是"人"这个营销要素中的主体和管理重点。我们之所以关注服务人员，就在于他们同时承担着三种职能：①他们是服务；②他们是顾客眼中的组织；③他们是营销者。

在许多情况下，服务人员就是服务本身。例如理发师、保姆、教师等，服务人员本身提供了主要或全部服务，员工就是服务。即使服务人员不提供全程服务，他也是组织的代表，如一个商场的收银员，他的服务水平会影响顾客对整个商场的服务评价，而后勤员工则往往不会影响顾客的评价。由于服务员工代表组织，能够直接影响顾客的满意度，他们也就扮演了营销者的角色。他们的言谈举止会影响顾客对服务的期望、认知、购买和评价。无论员工是否被告知执行促销任务，他们都在发挥着营销的作用，可能会促进顾客消费，也可能阻碍顾客消费。因此我们的研究是如何引导他们形成积极影响。

## 一、服务人员的满意、顾客满意和服务利润链

有确凿证据表明，满意的员工有助于产生满意的顾客，如果服务人员在工作中感受不到快乐，则顾客的满意也很难实现。本杰明·施耐德与戴维·鲍恩通过在28家银行支行对顾客与员工进行研究，发现服务的氛围与顾客总体的服务质量感知高度相关。也就是说，服务氛围和员工在组织内部所经历的人力资源管理会反映为顾客对服务的经历。西尔斯公司也发现顾客满意度与员工的流动率密切相关。在其连锁商店中，顾客满意度高的商店，员工的流动率是54%，而在满意度低的商店，流动率是83%。由赖德·查克进行的研究显示，公司通过消极的人力资源方法向员工施压，员工反应为低激励与不满意。最终，员工的压力水平高所导致的较差的服务质量使顾客产生消极反应。员工的满意度与顾客满意度都对利润产生影响，通过前面讲过的服务—利润链可以得到解释。

## 二、服务人员的行为从多个角度影响服务质量的形成

服务人员行为驱动服务质量维度。从顾客对服务质量评价方面，白瑞及其同事提出了服务质量模型（SERVQUAL Model），即服务质量有五个维度：可靠性、响应性、安全性、移情性、有形性。而服务质量的五个维度都直接受服务人员的影响。可靠性，按承诺执行服务，几乎全部受一线员工的控制。即便是在自动化服务的情况下，幕后员工的工作也对确保系统正常运作起着至关重要的作用。一旦服务失误或出现差错，也主要由员工使服务回到正轨，并凭借自身判断决定进行服务补救的最佳途径。一线员工通过他们个人的助人意愿和服务的及时性，直接影响着顾客对响应性的感知。试想，在零售店中，你需要找人帮助找到某种服装，不同商店的服务员做出的反应会大相径庭。有人会无视你的存在，有人会及时提供帮助，并向别的分店打电话要求把这种衣服送来。有人会及时有效地帮助你，而有人对即便是非常简单的要求也会迟疑良久。

服务人员的行为影响服务质量中的多个差距。从服务质量的形成过程来看，帕若萨若门（Parasuraman）、泽丝曼尔和白瑞提出了服务质量差距理论，其中包含五个差距：差距1是顾客期望和公司对顾客期望的感知的差距；差距2指公司对顾客期望的感知和服务质量标准的差距；差距3指服务质量的标准

和服务传递间的差距；差距4指服务传递和顾客感知的服务之间的差距；差距5指顾客感知的服务和期望的服务之间的差距。差距5的大小决定了顾客的满意程度和对服务的最终评价。我们看到服务人员会传递信息给顾客以影响服务期望；服务人员对服务标准的理解会影响服务传递；服务人员对服务的传递过程影响了顾客的感知，最终影响了顾客感知和期望之间差距的大小。因此，从差距理论仍可以看出服务人员在服务质量形成过程中的重要作用。

服务人员的行为影响服务质量中的功能质量。Gronroos认为服务的质量由技术质量和功能质量组成，前者指顾客在他与服务业公司之间交易后所得到的实质内容，后者指服务的技术性要素是如何被移交的，如服务态度及员工行为等软件要素。那么其中的功能质量完全受服务人员的行为影响，而技术质量也在一定程度上受到服务人员的影响。如医生的处方治疗效果和医生护士的态度都会影响质量评价。

## 第二节　内部营销理念及实施

引导案例

### 丽兹—卡尔顿饭店：内部营销为本

大多数公司都只注重外部营销，追求品牌忠诚度和顾客满意的价值，而忽视了内部员工满意的一面。丽兹—卡尔顿饭店恰恰是从内部营销入手，提出"照顾好那些照顾顾客的人，进行了营销创新。这也是许多卓越公司成功的奥秘，即要提高品牌忠诚度，必须首先培养忠诚的员工，提高员工的满意度。

丽兹—卡尔顿饭店是一家拥有28个连锁分店的豪华饭店。它以杰出的服务闻名于世，吸引了5%的高层职员和上等旅客。超过90%的丽兹—卡尔顿饭店的顾客是回头客。尽管该饭店的平均房租高达150美元，但这28家丽兹—卡尔顿饭店的入住率仍高达70%。该饭店的著名信条是："在丽兹—卡尔顿饭店，给予客人关怀和舒适是我们最大的使命。我们保证为客人提供最好的个人服务和设施，创造一个温暖、轻松和优美的环境。丽兹—卡尔顿饭店使客人感到快乐和幸福，甚至会实现客人没有表达出来的愿望。"

丽兹—卡尔顿饭店为了履行诺言，不仅对服务人员进行极为严格的挑选和培训，使新职员学会悉心照料客人的艺术，还培养职员的自豪感。在挑选职员时，就像饭店质量部门副经理帕特里克·米恩（Patrick Mene）说的那样："我们只要那些关心别人的人。"为了不失去一个客人，职员被教导要做任何他们能做的事情。全体职员无论谁接到顾客的投诉，必须对此投诉负责，直到解决为止。丽兹—卡尔顿饭店的职员还被授权当场解决问题，而不是请示上级。每个职员都可以花2000美元来平息客人的不满，并且只要客人高兴，允许职员暂时离开自己的岗位。在丽兹—卡尔顿饭店，每位职员都被看做是"最敏感的哨兵、较早的报警系统"。丽兹—卡尔顿饭店的职员们都理解他们在饭店的成功中所起的作用，正如一位职员所说："我们或许住不起这样的饭店，但是我们却能让住得起的人还想到这儿来住。"丽兹—卡尔顿饭店承认和奖励表现杰出的职员。根据它的"五星奖"方案，丽兹—卡尔顿饭店向杰出的职员颁发各类奖章、"黄金标准券"等作为奖励。饭店的职员流动率低于30%，而其他豪华饭店的职员流动率高达45%。

　　丽兹—卡尔顿饭店的成功正是基于简单的内部营销原理，要照顾好顾客，首先必须照顾好那些照顾客人的人。满意的职员会提供高质量的服务价值，因而会带来满意的顾客，感到满意的顾客又反过来会给企业创利润。

资料来源：营销经典案例简述. 人生指南网，http://www.rs66.com.

**思考题：**
1. 该饭店采取了哪些措施让员工满意工作？
2. 除了物质激励外，企业还需要什么来维系员工？

## 一、内部营销的概念

　　服务公司必须有效地培训和激励直接与顾客接触的职员和所有辅助服务人员，使其通力合作，并为顾客提供满意的服务，这就是基于对服务人员的角色和重要性的认识而发展起来的内部营销所提倡的思想，在1981年由瑞典经济学院的克里斯丁·格罗鲁斯提出，具体内容见表8-1。

　　内部营销作为一种管理过程，能以两种方式将企业的各种功能结合起来。首先，内部营销能保证公司所有级别的员工，理解并接受公司的各种业务和活动。其次，它能保证所有员工得到足够的激励以及服务导向进行工作。内部营销强调公司在成功地达到与外部市场有关的目标之前，必须有效地进行组织与员工之间的内部交换过程。它的宗旨是把员工当顾客看待，是创造工作产品符合员工需求的策略。最终目标是鼓励高效的市场营销行为，建立这样一个营销组织，其成员能够而且愿意为公司创造真正的顾客。

表 8-1　内部营销的目标

| 内部营销整体目标 | 争取到能自动、自发且具有顾客意识的员工 |
|---|---|
| 战略层次目标 | 开创一种内在环境，以促使员工之间维持顾客意识和销售开心度：<br>支援管理方法<br>支援人事政策<br>支援内部训练政策<br>支援规划与控制程序 |
| 战术层次目标 | 向员工推销服务，支援服务（作为竞争手段），支援宣传及激励营销活动：<br>服务人员是服务业的第一级市场<br>服务人员必须了解为何必须要以某种态度工作，或者在某种情势下必须主动地支持某种服务及有关该服务的事项<br>雇佣员工必须接受公司的服务及其他有关活动，以期在与顾客接触时，会支持这些服务及有关活动<br>一项服务推出之前，必须有充分的准备让内部人员完全接受<br>必须要有畅通的内部沟通信息通道<br>内部的人员推销也是必要的 |

## 二、内部营销的实施

### 1. 为了获得人才而竞争

聘用尽可能优秀的人为顾客服务是服务营销中的关键，服务质量低劣的首要原因是雇佣了不合格的服务人员，这些不合格的服务人员不仅难以让顾客满意，而且破坏了公司形象。这反映出公司管理层在争取顾客的竞争中充满了激情和想象力，但在争取优秀职员的竞争中却表现得平庸而缺乏勇气。

### 2. 为履行服务而培训人员

服务人员有时缺乏对企业战略的理解，没有认识到自身角色的多重性和重要性。另外，在服务技巧方面也不成熟，这些原因经常导致服务质量低下和服务失误的发生。因此需要对服务人员进行培训，主要包括三个方面的内容：使员工能详尽地了解服务战略的运作，以及每个人与其他人，公司的其他功能部门及顾客相联系情况下的角色；促进员工对于服务战略的理解和建立良好的工作态度；建立和增进员工间的沟通、销售和服务技能。

### 3. 强调团队合作

集体归属感和荣誉感是降低服务工作单调和枯燥的有效途径。工友之间的互相帮助，彼此关怀可以增加工作的热情。集体创造的荣誉是继续保持良好服务的动力和有效激励。因此鼓励和奖赏团队绩效是必要的。

### 4. 适当授权

员工不是机器，高压政策和严格的管理会削弱员工对管理人员的信任，限制了员工个人发展和创造力的发挥，也不利于通过个性化服务而创造的满意服务，因此管理层需要适当授权给服务人员。一个强有力的被员工认可的公司理念能引导他们的行为，给员工创新的自信，这样做只需要更少的规章制度、技术和知识的分享，适当的授权和共同的奋斗目标激发了员工的热情。

5. 留住最好的员工

一个被招聘进来的优秀员工，又接受了公司系统的培训而成长起来的熟练而专业的服务人员，一旦流失，不仅是人力资源的损失，而且会对团队士气和整体服务质量产生负面影响。因此留住优秀的服务人员，不仅可以节约培训费用，而且有利于团队建设和公司的稳定发展。

### 考试链接

要记住内部营销的概念，理解服务人员的满意、顾客满意和服务利润链；服务人员的行为从多个角度影响服务质量的形成；内部营销的实施等问题。

### 案例分析

#### 海底捞的幸福：先让员工满意，顾客才会满意

在海底捞一家普通的门店里，200个客人中有150个是回头客。它的背后是特有的企业文化。很少有人会把工作与快乐、幸福联系在一起，但与海底捞普通员工聊天，他们会时不时地蹦出这些天真烂漫的词儿来。

进入餐厅，迎面而来的每一位服务员都会微笑着对你说"欢迎光临"，并一再让你当心脚下的台阶。一入座，递上围裙、给椅背上搭的衣服罩上罩子、贴心地为戴眼镜的顾客递上眼镜布、为长头发的女性顾客递上扎头发的牛皮筋。如果不幸遇上了高峰期，一时没有空座位，免费的美甲、擦皮鞋、上网服务可以让你舒舒服服地打发掉等待的时间。这里是海底捞，一家火锅店，没错，你进的不是五星级酒店。

"我叫徐光辉，光辉岁月的光辉，很好记，有什么需要就叫我！"他是一个河南小伙子，正在用夹杂着方言的普通话努力和客人交流。在海底捞，服务员一扫沉默，甚至变得有点"话痨"，响亮地介绍各色菜品，接到客人的要求，会像古时候客栈里的跑堂一样高声应答："好嘞！"随着分店的四处开花，海底捞将川人特有的热情与泼辣带到了大江南北。

1. 一个店长的晋升

朱银花，海底捞杭州一店店长。见到她的时候，这位干练的川妹子正在给新员工做培训，大家都亲切地叫她"朱姐"，而不是一本正经地称"朱经理"。

## 服务品牌管理

三年前，朱银花加入了海底捞，到如今成了杭州分店最资深人士。朱银花坦言这里和别的餐饮公司"很不一样，在这里工作很幸福"。为什么幸福呢？朱银花想了想，总结出了以下两点：公平的竞争环境和人性化的管理。

入职3个月，工作出色的朱银花就被提拔为领班。半年后，她通过考试成了北京片区的经理助理。两个月后，她又被提升为更高级别的厨师长。又过了几个月，朱银花已经成了海底捞北京石景山分店的店长。一年多的时间，朱银花的"连级跳"造就了一个晋升奇迹。

除了自己的努力，朱银花更愿意把这些成绩和海底捞公平的竞争环境联系起来。"我们这里所有的员工都来自农村，没有人是老板的亲戚，或者其他关系户。"这一点，在朱银花看来，是和其他餐饮行业很不一样的，同时也保证了公平的工作环境。

为了激励这些来自农村的员工的工作积极性，海底捞还有一个传统，就是将员工奖金中的一部分直接寄给他们的父母或亲人。普通服务员每月400~500元，店长级别800元，虽然金额不多，但这也让员工的家人分享到了这份荣耀。

2. 幸福在哪里

海底捞每开一家分店，都需要事先储备好扩张所需的合格员工，而不会烧钱拼门面数。比如杭州分店，2010年10月开张，所有的管理层及普通员工均是从北京门店调派而来，几个月站稳脚跟之后才开始招兵买马。如此步步为营的团队建设自然不是匆匆上岗所能比拟的。在海底捞，服务为大，撑起服务的就是这些一线员工。

幸福这个词也是海底捞的特殊岗位员工骆凤丹用来形容自己工作体验的一个词。这个来自重庆的小姑娘曾经在电子厂工作，习惯了与冰冷的机器和一成不变的流水线打交道，性格很内向，有时候一天也不说一句话。来到海底捞，成为一名美甲员工之后，她渐渐变得活泼起来了。"单位为我们提供住宿，而且都有专门的阿姨帮我们打扫，生病了还会有人来看你，送上营养品。"骆凤丹兴奋地说着公司为她做所的一切，"所以我工作的时候特别有热情，因为我心里很幸福，我希望每个客人都能和我一样幸福。"

资料来源：倪轶容. 海底捞的幸福：先让员工满意顾客才会满意，《浙商》杂志，2011（1）.

➡ **问题讨论：**

海底捞的员工管理、服务质量管理和品牌管理有关系吗？为什么？

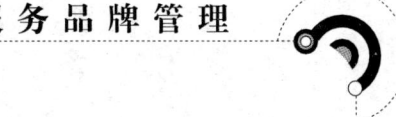

## 深入学习与考试预备知识

### 服务接触的管理

从顾客的角度来看,当客户与服务公司接触时,一项服务在服务接触或是真实瞬间中能够给其带来最生动的印象。例如,旅客在一家饭店所经历的服务接触包括登记住宿,由服务人员引导至房间,在餐厅就餐,要求提供唤醒服务以及结账等。商业客户在采购和使用设备时所经历的服务接触包括签订商业买卖合同、运输、安装、结账和售后服务,把这些真实瞬间连接起来就构成了一个服务接触层次(见图 8-1),顾客正是在这些接触的过程中获得了对组织服务质量的第一印象,而且每次接触都会对客户的整体满意度和再次进行交易的可能性产生影响。因此,从组织的角度来看,每一次的服务接触也提供了证明其作为合格服务提供者的潜力和提高客户忠诚度的机会。如图 8-1 所示。

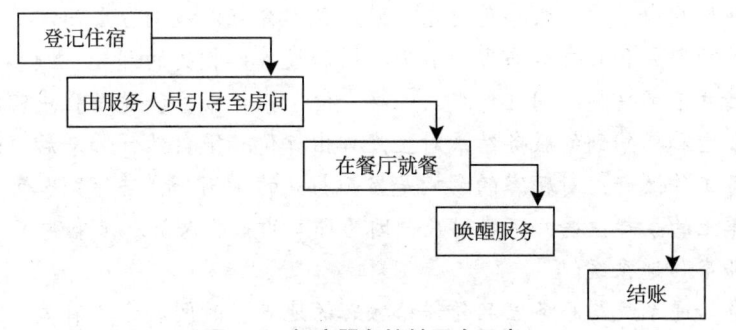

图 8-1 饭店服务接触层次示意

虽然说服务接触层次比较靠前的几级特别重要,但是在决定顾客满意度和忠诚度方面,任何阶段的接触都可能成为潜在的决定性因素。顾客和公司的第一次接触会使该顾客留下对公司的第一印象。因为在此之前,顾客往往对公司一无所知或了解甚少。即使公司与客户有许多联系,每一次接触对于在客户心目中建立公司的完美形象也起着重要作用。许多积极的体验积累起来会树立起高质量的公司形象,而负面接触则会产生相反的效果。从逻辑上说,在建立关系方面并不是所有的接触都同等重要,对每一次服务而言,都有一些特定的接触是实现顾客满意的关键。如医生的准确诊断比护士态度对病人更重要。除了关键接触外,还有一些重要接触。重要接触一旦做不好,往往会使服务产出前功尽弃。

资料来源:韩德昌.注意力营销.首都经济贸易大学出版社,2005 年 5 月,第 289 页.

## 知识扩展

### 服务过程中的多个系统

服务过程本身是多个系统存在并相互作用的过程。过程管理是一个复杂多变的课题。因此我们要善于剖析其中各个系统的组成要素和职能划分，调动每个可以调动的要素实现过程的良好运转，是我们研究这个问题的目的。任何一项服务业务都可以看作是包含服务营运系统的一个系统，在这个系统中首先对输入的数据进行处理，以形成服务产品的各个要素，然后进入服务传递系统，即对所有的要素进行最后的组装，把最终的服务产品传递给顾客。而服务传递系统构成了服务营销系统的大部分，因此服务过程管理也是对这三个系统协调整合的管理过程。

1. 服务营运系统

同戏剧演出一样，服务营运系统的可见部分可以被划分成同演员（服务人员）相关的部分和同舞台布置（有形场所和设备）相关的部分。顾客对后台发生的事情并不感兴趣。同任何观众一样，他们根据服务传递过程中实际接触到的那些要素和感知到的服务结果对生产作出评价。很自然，如果后台的人员没有把准备工作做好，对顾客的影响是显而易见的。例如，餐馆顾客可能会发现点的菜单上的菜却被告知不能供应，因为那天的采购人员忘记采购了。

2. 服务传递系统

服务传递系统与服务产品传递给顾客的地点、时间和方式有关。这个系统包括了服务营运系统的可见部分，而且需要同其他顾客产生接触。传统上，服务提供者和顾客之间的相互作用是紧密型的，但是出于生产效率和顾客便利两方面的考虑，寻求不需要亲自到场的服务的顾客发现，他们同服务组织之间直接接触的次数正在减少。简要地说，随着传递系统的变革，服务营运系统中的可见部分正在缩小，服务本身也从高度接触型向低度接触型转变。不同顾客有着不同接触程度的要求，这决定企业必须推出几种接触模式让顾客来选择，如银行既保留柜台交易，也推出了自动柜员机，同时还开展了电话上门服务和网上交易服务，每种模式都能得到特定的顾客群的支持。

3. 服务营销系统

其他要素也会影响顾客对服务组织的整体看法，这些要素包括广告和销售部门的沟通工作，来自服务人员的电话和信件，来自会计部门的账单，同服务人员和设施的偶然接触，大众媒体中的新闻故事和新闻评论，在当前或以前顾客中的口碑等，这些要素加上服务传递系统中的那部分就构成了我们所指的服务营销系统。从根本上说，这代表了顾客同有关组织发生接触或了解该组织情况的所有可能的途径。因为服务是经验性的，所以这些要素中的每一个要素都提供了关于服务产品的性质和质量的线索。不同要素间的不一致会削弱组织在顾客眼中的可信度。不同类型的组织，服务营销系统的结构可能会有很大的差异。

尽管服务营运系统明显属于生产职能，但是确保生产在顾客满意度和涉及效率成本控制这些生产上的问题之间取得平衡，却是市场营销人员的工作。许多生产工作是在幕后完成的，创造和传递一件好的产品是它们同营销职能间的共同任务。但是服务传递中的可见部分，既属于营运部门，也属于营销部门，双方部门经理必须协调一致。另外，营销经理也认识到，顾客同企业发生的许多接触其实是和服务人员的接触，这表明人力资源管理部门的重要性。洛夫洛克提出服务管理的三位一体论，指出在整个服务过程中，营销生产和人力资源职能之间的相互依赖关系。三个职能部门不仅要有自己明确的职责，而且这些职责之间要协调一致，互相补充，相互促进。

资料来源：韩德昌.注意力营销.首都经济贸易大学出版社，2005：291.

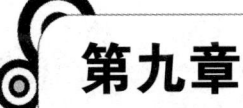

# 第九章 关系营销

## 学习目标

**知识要求** 通过本章的学习，掌握：

- 顾客的重要性
- 利益相关者理论
- 关系营销理念及实施

**技能要求** 通过本章的学习，能够：

- 理解顾客在服务性企业中的特殊性
- 了解利益相关者的构成
- 懂得如何引导顾客参与服务生产和传递
- 学会和顾客建立各种层次的关系
- 理解和利益相关者建立长期关系的意义

## 学习指导

1. 本章内容包括：了解顾客参与服务生产的特殊意义；利益相关者的构成；基于利益相关者理论的关系营销的含义；关系营销的层次和实施手段等。

2. 学习方法：独立思考，抓住重点；与同学讨论顾客参与的意义和挑战；讨论利益相关者理论对服务性企业的适用性；分析和评价周围企业的关系营销实施状况，发现不足和误区等。

3. 建议学时：4学时。

# 第九章 关系营销

## 第一节 顾客重要性

瑞典的 IKEA 公司已设法使自己从 20 世纪 50 年代的一家小家具邮购公司转变为世界上最大的家具零售商。1999 年，他们在世界上 28 个国家设立了 100 家商店，有将近 20 亿的顾客，获得了超过 60 亿欧元的收益。公司销售简单的斯堪的那维亚家具，价格比其他竞争对手低 25%~50%。大约 84% 的销售额来自欧洲，13% 来自北美，3% 来自亚洲。在中国大陆的第一家 IKEA 于 1998 年开业，在莫斯科的第一家商店于 1999 年开业。IKEA 公司全球扩张成功的关键在于公司的政策，它允许每一家商店根据当地的市场需求和预算制定自己的营销组合。

IKEA 公司引人注目的成功的另外一个关键是公司和顾客的关系。IKEA 公司使顾客加入其生产系统："如果顾客愿意承担一定的传统上由制造商和零售商所做的工作——组装产品以及把产品送回家，那么，IKEA 公司承诺将以最低的价格提供设计最好的产品。"影响 IKEA 的顾客成为基本的价值贡献者，他们通过参与制造和运送过程为自己创造价值。

IKEA 公司使价值的创造过程对顾客来说，成为容易的、有趣的、愉快的经历。公司的商店是令人愉快的购物场所，给那些需要的人提供免费的婴儿车、轮椅，并帮助照顾孩子。顾客进入商店时，将提供目录、卷尺、笔、信纸等供其使用，允许顾客自己完成通常是由销售人员和服务人员做的一些工作。付款后，顾客把所购物品用手推车送到自己的汽车上，如果需要，顾客可以租用或购买一个车顶架，来搬运较大的物品。这样，顾客为自己提供了家具装卸和运送的服务。

在自己家里，IKEA 的顾客可以根据书写细致、简单、直接的说明来组装新家具，承担制造商的角色。IKEA 每年用 17 种语言，38 个版本印刷 4500 万份目录，使其产品和说明在世界范围内都可以得到。

IKEA 成功的一部分可以归功于它认识到顾客可以作为企业系统的一部分，完成他们以前从未完成的角色。通过清晰地定义顾客的新角色，并且使完成这些角色变得有趣，公司贯彻了这一想法，这是其战略的创造性。通过该过程，顾客创造并增加了他们的满意度。

资料来源：作者根据 IKEA 公开资料整理.

➡ **思考题：**

1. IKEA 是如何管理顾客的？
2. IKEA 的顾客管理给它带来了什么？

顾客包括正在接受服务的顾客和其他顾客。接受服务的顾客直接参与了服务的传递过程，在不同服务中，参与程度不同。如听音乐会的顾客对服务的参与水平相对低于病人对诊治过程的参与。其他顾客在服务环境中的存在，会影响服务结果或服务过程的特征，也可能降低顾客满意和顾客对服务的感知。如拥挤的候车大厅，电影院里孩子的吵闹等，他们对服务产出和传递过程的影响大多是消极的，如果管理得当的话，也会产生积极的作用，如发廊里对等待的顾客提供书报阅读。

顾客在服务供应中可能扮演三种角色：顾客作为生产资源；顾客作为质量和满意的贡献者；顾客作为竞争者。服务的顾客应该被看做组织的"部分员工"，增加组织生产能力的人力资源。一些管理专家建议，考虑到顾客作为服务系统的一部分，组织的边界应该扩展。顾客的投入和由此产生的服务产品的质量和数量会影响到组织的生产力。而这种影响既有积极的一面，也有消极的一面，增加了服务产出质量的不确定性。因此对顾客的管理有两种观点：一种认为服务供应系统应尽量和顾客投入隔离，减少顾客给生产带来的不确定性。另一种观点认为指导、培训顾客完成他们可以扮演的角色，最大限度地贡献于服务产出，可以提高组织生产力。顾客在服务供应中扮演的另一个角色是其本身所接受服务的最终质量的贡献者。有效的顾客参与会提高满足顾客需要的可能性，顾客实际上也得到了他们寻找的利益。研究表明，那些相信在相互影响的服务中，已有效地完成了自己的一部分任务的顾客更容易对服务感到满意。一些顾客也喜欢参与服务供应，参与活动本身对他们具有吸引力。如一些顾客喜欢在互联网上购物，喜欢使用自动柜员机处理银行业务。另外，在一些情况下，由于顾客自我服务，服务价格往往低，这构成了顾客选择自由方便的自助服务的另一重要因素。服务顾客扮演的最后一个角色是潜在的竞争者。如果自我服务顾客被看做公司的资源，或者是部分员工，他们在某些情况下可以部分地或全部地为自己提供服务，而不再需要供应商。这样，在某种程度上，顾客就成为提供该服务的公司的竞争者，如维修汽车、装修住宅等。

有效管理顾客能吸引受众更多的注意力。通过分析顾客在服务供应中的角色和影响，应该认识到管理顾客的重要性。首先，要善于识别合适的顾客，即目标顾客，并为之开发服务产品。这也是企业资源的有限性提出的要求。企业应调查市场，了解潜在市场的规模，并根据自身资源和能力，选择适合自己企业的适当子市场。然后根据这些顾客的需求特性和行为偏好，设计和传递服务。其次要对目标顾客进行适当的教育和训练，使他们了解服务，并在服务传递过程中积极合作，和服务人员一起完成高质量的服务，实现顾客满意。教育形式主要有：入门推广活动，提供印刷品，服务环境中的直接提示或标识，向员工或其他顾客学习。满意的顾客会吸引更多潜在顾客的关注。再次，对不满意和投诉顾客的及时有效的补救也是提高注意力的很好措施。当然，对顾客的第一次服务就达到让顾客满意是最理想的目标，但是由于服务生产和传递过程中的复杂性，服务失误也是难免的，那么对失误服务的补救就非常必要和重要。因为通过调查表明，投诉顾客在得到及时合理的答复和补救后会更加满意和忠诚。因此企业应鼓励投诉，并利用补救服务获得顾客忠诚和良好口碑。

## 第二节　利益相关者理论

引导案例

### 南昌百货大楼与品牌供货商的一场争端

南昌百货大楼（简称"南百"）与品牌供货商之间的一场争端，让原本南昌闷热的夏天显得更加炽热。

2002年5月下旬，"南百"第四家卖场城东分店招商。"南百"告知各供应商进驻城东分店须按每种品牌1500元标准交纳入场费，并按每户每月450元标准交纳管理费，此规定一出即刻引起了众供货商强烈的不满和抵制。

为此，"上好佳"、"乐百氏"、"农夫山泉"、"郑新初"等200多种品牌商品的南昌供货商认为，按"惯例"交1500元的入场费可以接受，但收取450元的管理费毫无依据。"上好佳"南昌地区供应商明确表示不接受"南百"的招商条件后，"上好佳"商品被"南百"强行撤下货柜。同时，"完达山"牌奶粉、"阿明"牌瓜子等一些食品的供应商也接到了撤货通知。这令供货商大为吃惊和气愤：如果不交这两笔钱，供货商在"南百"其他三家卖场食品超市的业务也将被终止。

## 服务品牌管理

到了 6 月 19 日，距"南百"城东分店开业还有一个星期，"乐百氏"等近 200 个知名品牌食品的 16 家南昌供货商结成同盟，表示将同时把各自供应的品牌商品撤出"南百"。这将使"南百"失去约占 60%的副食品品牌。失去食品种类的 60%，"百货"称谓将名不副实，对顾客的吸引力无疑会大打折扣。

关键时刻，在多方面的介入和调停下，供货商和百货大楼握手言和，"南百"做出让步，25 家供货商如要进入城东分店，将免收相关费用，并将撤柜的产品在 6 月 28 日前全部重新上架。

资料来源：回眸 2002 年中国营销十大案例之广州凤凰城、南昌百货、乐华. 北京：IDC 专家网，http://www.soidc.net，2006 年 5 月 9 日.

▶ **思考题：**
1. 你认为南百的做法是否有道理？为什么？
2. 如何理解百货公司和各品牌供应商之间的关系？

## 一、利益相关者理论

### 1. 利益相关者理论的提出

1984 年，弗里曼出版了《战略管理：利益相关者管理的分析方法》一书，明确提出了利益相关者管理理论。利益相关者管理理论是指企业的经营管理者为综合平衡各个利益相关者的利益要求而进行的管理活动。与传统的股东至上主义相比较，该理论认为任何一个公司的发展都离不开各利益相关者的投入或参与，企业追求的是利益相关者的整体利益，而不仅仅是某些主体的利益。这些利益相关者包括企业的股东、债权人、雇员、消费者、供应商等交易伙伴，也包括政府部门、本地居民、本地社区、媒体、环保主义等压力集团，甚至包括自然环境、人类后代等受到企业经营活动直接或间接影响的客体。这些利益相关者与企业的生存和发展密切相关，他们有的分担了企业的经营风险，有的为企业的经营活动付出了代价，有的对企业进行监督和制约，企业的经营决策必须要考虑他们的利益或接受他们的约束。从这个意义上讲，企业是一种智力和管理专业化投资的制度安排，企业的生存和发展依赖于企业对各利益相关者利益要求回应的质量，而不仅仅取决于股东。这一企业管理思想从理论上阐述了企业绩效评价和管理的中心，为其后的绩效评价理论奠定了基础。

### 2. 利益相关者管理理论

利益相关者管理是指企业的经营管理者为综合平衡各个利益相关者的利益要求而进行的管理活动。通过利益相关者管理力图使企业的主要利益相关者实现利益共享、共同发展的目标，形成满意的合作关系。利益相关者管理理论就是明确谁是企业的利益相关者以及如何对这些利益相关者进行管理的理论,为企业提供有效管理利益相关者的步骤和方法。企业明确了利益相关者的身份之后,就要展开利益相关者的相关管理工作。利益相关者管理的重要职能就是对利益相关者详细描述、了解、分析,并加以管理。

关于如何管理利益相关者,很多学者都提出了自己的观点和模型,比如Freeman(1984)提出的利益相关者管理程序、Geogory 和 Keeney(1994)提出的包含利益相关者的战略制定程序、Altman 和 Petkus(1994)提出的利益相关者政策制定程序,一般认为,MacMillan 和 Jones(1986)提出的利益相关者管理的五个关键问题概括了利益相关者管理的核心内容(MacMillan 和 Jones,1986):①谁是企业的利益相关者?②企业的利益相关者都拥有哪些权益?③企业的利益相关者给企业带来了哪些机会?提出了哪些挑战?④企业对其利益相关者负有哪些责任(经济、法律、伦理以及慈善责任)?⑤企业应采取什么战略或举措才可以更好地应对利益相关者方面的挑战和机会?

利益相关者管理使企业和利益相关者之间形成了一种基于信任的长期稳定的合作关系,可以显著地降低契约成本。资源基础理论认为,企业竞争优势的获得和绩效的提高取决于企业运营过程中形成的各种无形的、有价值的、竞争对手难于模仿或直接取得的资产,包括良好的声誉、独特的组织文化、与客户和供应商之间长期稳定的合作关系、知识资产等。这些资产是企业历史发展过程中人力资源、组织资源和自然资源之间独特的长期相互作用的结果(Barney,1991),是企业核心竞争力的基础和源泉。企业与其利益相关者之间在长期的相互作用过程中能够创造并有效地利用这些资源,使企业在长期价值创造方面获得超越对手的竞争优势。

## 二、基于利益相关者理论的关系营销

利益相关者理论与关系营销理论在内涵上有很多相似之处。尽管利益相关者理论的作用还没有得到关系营销理论研究领域的充分认识,但是已有部分学者开始尝试去研究和挖掘关系营销理论与利益相关者理论之间存在的联系。Murphy(1994)认为企业的利益相关者之间互利的、长期的和伦理的关系是建立在确定、诚实、效率和平等基础之上,其目的是为所有的利益相关者创建经济、社会和环境价值。关系营销就是建立和培养企业与它的客户和其他利益相关者之间的长期互利的交换关系,它包含企业一切活动中的所有内部和外部客户,它关注于获得、维持和发展同他们的关系,通过提供更好的服务和产品以达到客户满意,从而增加企业的可持续竞争优势。理论和实践表明,利益相关者理论与关系营销理论的相互融合是大势所趋,符合社会经济发展要求

(Julien 和 Lampe, 1994; Raynoso 和 Mooras, 1995)。利益相关者理论为关系营销理论提供了新的内涵和战略视角。

关系营销的出现是以认识、理解和管理客户关系为基点的，早期的关系营销理论中关于关系营销定义的研究都是围绕着建立、维持和提升买卖双方的关系来阐述的。科特勒就曾将关系营销定义为企业进行创立、维持和提升与顾客关系的营销活动，这时的关系营销是有关顾客的关系研究。后来，关系营销研究逐渐拓展到企业的雇员市场和供应商市场，并且出现了内部营销理论和供应链管理理论，但是这些研究也都只是将关系营销的视野局限于与企业有市场交易关系或者说经济关系的群体，忽视了非交易关系的外部影响主体，如公众和传媒，公众可能不会直接购买企业的产品，但是他们却会通过与企业产品的潜在客户的交谈实施对这些潜在客户的影响，最终影响到企业的营销绩效。利益相关者理论的提出，大大丰富和完善了关系营销的视野，使关系营销的研究视角拓展到顾客之外的所有的利益相关者群体，根据利益相关者理论中利益相关者的定义就可以为企业提供一个判定关系营销对象的标准。这样，关系营销就从仅仅注重顾客群体扩展到关注所有利益相关者群体，从仅仅关心经济关系扩展到关心非经济关系，丰富了关系营销理论的内涵。

除此之外，利益相关者管理方法适合关系营销的实施，利益相关者理论认为企业在制定营销战略时应该考虑各个利益相关者的要求，使利益相关者满意，致力于长期关系的发展，这和关系营销理论不谋而合（Murphy, 1994）。在辨别出这些对企业关系营销有影响的群体后，企业应该如何在关系营销战略的制定过程中满足他们的需要，从而制定出更有效的关系营销战略呢？利益相关者的管理方法可以为关系营销战略的制定提供一个可以借鉴的模式。

Kotler（1986, 1987）提出的大营销指出市场营销需要在处理外部环境的方法上有所突破，营销者需要比在传统环境中（顾客、供应商、分销商和中介）处理更多的外部力量（政府、工会、特殊利益群体和公众），企业不应将外部环境仅仅作为一个市场营销行为的限制因素，而应该是中性的可控的变量。Anderson（1982）提出现有的企业理论太狭隘而且没能使营销战略的发展考虑到所有相关变量。内部与外部环境是制定营销战略的重要因素，过去的营销理论中，企业对外部不可控的环境进行思考时，常常通过采用顾客导向或者说让顾客满意的战略来考察环境（Baker, 1992）。利益相关者理论提供了一个方法：将商业环境因素引入到战略制定与企业管理框架中。Freeman（1984）认为企业只有考虑到所有能影响企业又受到企业影响的群体的利益，企业的目标才可能实现。应用利益相关者理论，企业应该从关注"双赢"模式转化为"多赢"模式，这样才能形成稳定的、长期的、多方的合作关系，实现企业同外部环境间的良性互动，而不是简单适应。因此，企业在形成战略时应针对特定的环境考虑到不同的力量或利益相关者群体，随环境变化而调整和制定关系管理措施。利益相关者理论可以帮助关系营销在制定战略时有效地认识不同利益相关者及其需要，使其制定的战略更加长期有效。

## 第三节 关系营销理念及实施

引导案例

### 联想的关系营销

1. 联想与顾客的关系：心连心

为了提高顾客的满意度，联想推行五心服务的承诺："买得放心、用得开心、咨询后舒心、服务到家省心、联想与用户心连心"，大大拉近了顾客与公司的关系。在顾客购买阶段，联想不仅提供各种优质售中服务（接受订单、确认订单、处理凭证、提供信息、安排送货、组装配件等），而且帮助零售商店营业人员掌握必要的产品知识，使他们能更好地为顾客提供售中服务。另外还推出家用电脑送货上门服务，售后阶段帮助用户安装、调试、培训等，联想设立投诉信箱，认真处理消费者的投诉，虚心征求消费者的意见，并采取一系列补救性措施，努力消除消费者的不满情绪。

建立健全的服务网络，提供优质的服务。联想在全国104个城市设有140多家联想电脑服务站，保证遍布全国的联想电脑用户都能接受到完善、周到、快捷的服务。这样，联想创造和保持了一批忠诚的顾客。此外，忠诚顾客的口头宣传可起到很好的"蚁群效应"，增强企业的广告影响，也大大降低了企业的广告费用。

2. 联想与代理商的伙伴关系

1993年以前，联想的销售模式为直销。1994年，联想开始建立安全的代理体制。联想的代理队伍日益壮大，到1996年代理商和经销商就达到了500多家。联想靠的是什么来发展与代理商的合作关系呢？

第一，信誉保证。联想对代理伙伴承诺了许多优惠的条件：向代理商提供质量可靠、技术领先、品种齐全的产品；建立合理的价格体系和强有力的市场监督体制；通过强大的市场宣传攻势来营造更好的电脑销售氛围；向代理商提供良好的售后服务保障等。联想以实实在在的行动实现自己的承诺，取得了很好的口碑。

第二，保障代理商的利益。许多电脑厂商迫于竞争的压力，逐渐压缩流通环节的利润，而联想却考虑如何保障代理商的利益；通过加强内部管理和运筹能力来降低成本，向市场提供极具竞争力的价格；通过对市场进行强有力的控制和监督，防止代理商违规操作，进行恶性的削价竞争，只要代理商坚决地执行联想制定的价格，就可以获得较好的利润。

第三，与代理商共同发展。将代理商纳入联想的销售、服务体系，也纳入分配、培训体系，大家荣辱与共，一同成长。

3. 联想与合作伙伴结盟关系

1988 年联想公司进军海外市场的第一步，并不是贸然在海外设立子公司，而是在香港寻找合作伙伴，如香港导远公司和中国技术转让公司。因为联想公司深知本身虽然以中国科学院为后盾，有雄厚的技术开发能力，但缺乏海外营销的经验和渠道，所以必须与合作伙伴结盟，以扬"技术"之长、避"国际营销"之短。事实证明，联想走出的关系营销这一步是十分正确的。三方合资经营的香港电脑公司取得了极大的成功，在开办当年，公司营业额达到了 1.2 亿港元，不仅收回全部的投资，还拿出 100 万港元购买了香港一家有生产能力的 Quantum 公司，为香港联想自行研制开发产品建立了一个基地。

现在，联想在研究开发上采用"内联外合"策略："内联"是指联想加强国内厂商的联合，真正做到资源共享，优势互补；"外合"是指进一步加强与国际著名厂商的合作，包括技术、产品还有销售的合作。联想在与盟友的合作中，不仅在贸易、资金积累和技术应用方面取得了非常显著的业绩，更重要的是联想从这些国际高科技企业中学到了成熟的管理经验、市场推广、经营理念和严谨、科学的生产运作体系。

资料来源：关系营销案例. 豆丁网. http://www.docin.com.

思考题：
1. 联想的利益相关者指哪些主体？
2. 促使联想采取这些措施的思想是什么？

# 一、关系营销的定义和级别

所谓关系营销，是把营销活动看成是一个企业与消费者、供应商、分销商、竞争者、政府机构及其他公众发生互动作用的过程，其核心是建立和发展与这些公众的良好关系。得克萨斯州 A&M 大学的伦纳德·L.贝瑞（Leonard L.

Berry）教授于1983年在美国市场营销学会的一份报告中最早对关系营销作出了如下的定义："关系营销是吸引、维持和增强客户关系。"在1996年又给出更为全面的定义："关系营销是为了满足企业和相关利益者的目标而进行的识别、建立、维持、促进同消费者的关系并在必要时终止关系的过程，这只有通过交换和承诺才能实现。"工业市场营销专家巴巴拉·B.杰克逊（Jackson B.B, 1985）从工业营销的角度将关系营销描述为"关系营销关注于吸引、发展和保留客户关系"。摩根和亨特（Morgan 和 Hunt, 1994）从经济交换与社会交换的差异来认识关系营销，认为关系营销"旨在建立、发展和维持成功关系交换的营销活动"。顾曼森（Gummesson, 1990）则从企业竞争网络化的角度来定义关系营销，认为"关系营销就是市场被看作关系、互动与网络"。

库特在他的一篇文章中，将众多针对关系营销的研究成果划分为三大流派：英澳流派、北欧流派及北美流派。库特认为，英澳流派主要建立在克里斯托弗、佩恩和巴伦泰恩的研究基础之上，强调的是将质量管理、服务营销理念和客户关系经济学紧密地联系在一起。北欧流派来源于以克伦鲁斯为代表的北欧学者们的研究成果，建立在将工业营销的互动网络原理、服务营销理念以及客户关系经济学相结合的理论基础之上。北美流派则主张在企业内部就对买卖双方的关系进行强化教育，并相应地提高企业在这方面的经营管理水平，其中以贝瑞和李维特的研究成果最具代表性。

贝瑞和帕拉苏拉曼归纳了三种建立顾客价值的方法：一级关系营销（频繁市场营销或频率营销）维持关系的重要手段是利用价格刺激对目标公众增加财务利益；二级关系营销在建立关系方面优于价格刺激，增加社会利益，同时也附加财务利益，主要形式是建立顾客组织，包括顾客档案和正式的、非正式的俱乐部以及顾客协会等；三级关系营销增加结构纽带，同时附加财务利益和社会利益。与客户建立结构性关系，它对关系客户有价值，但不能通过其他来源得到，可能提高客户转向竞争者的机会成本，同时也可能增加客户脱离竞争者而转向本企业的收益。

## 二、关系营销理念及实施措施

1. 理念

关系营销的市场模型概括了关系营销的市场活动范围。在关系营销概念里，一个企业必须处理好与下面六个子市场的关系：

（1）供应商市场：任何一个企业都不可能独自解决自己生产所需的所有资源。在现实的资源交换过程中资源的构成是多方面的，至少包含了人、财、物、技术、信息等方面。因此，我们将佩恩所说的招聘市场归入供应商市场是合理的。与供应商的关系决定了企业所能获得的资源数量、质量及获得的速度。生产 1 辆汽车需要 8000~10000 个零配件，任何一个企业都不可能单独生产全部零部件，必须通过其他供应商进行专业分工协作生产。麦道飞机公司 1993 年生产的 100 架喷气式客机，有 18 种重要的零部件是由供应商负责设计的，公司因此而节约了 2 亿美元的生产成本。由此可以看出，企业与供应商必须结成紧密的合作网络，进行必要的资源交换。另外，公司在市场上的声誉也是部分地来自于与供应商所形成的关系。例如，当 IBM 决定在其个人电脑上使用微软公司的操作系统时，微软公司在软件行业的声誉便急速上升。

（2）内部市场：内部营销起源于这样一个观念，即把员工看作是企业的内部市场。任何一家企业，要想让外部顾客满意，它首先得让内部员工满意。只有工作满意的员工，才可能以更高的效率和效益为外部顾客提供更加优质的服务，并最终让外部顾客感到满意。内部市场不只是包括企业营销部门的营销人员和直接为外部顾客提供服务的其他服务人员，而应该包括所有的企业员工。因为在为顾客创造价值的生产过程中，任何一个环节的低效率或低质量都会影响最终的顾客价值。

（3）竞争者市场：在竞争者市场上，企业营销活动的主要目的是争取与那些拥有与自己具有互补性资源竞争者的协作，实现知识的转移、资源的共享和更有效的利用。例如，在一些技术密集型行业，越来越多的企业与其竞争者进行了研究与开发的合作，这种方式的战略联盟可以分担巨额的产品研发费用和风险。种种迹象表明，现代竞争已发展为协作竞争，在竞争中实现双赢的结果才是最理想的战略选择。

（4）分销商市场：在分销商市场上，零售商和批发商的支持对于产品的成功至关重要。IBM 公司曾花费一亿美元为其 PC Jr.做广告，结果还是以失败而告终，原因在于作为第三方的供应商和零售商反对该产品，IBM 公司投入了大量的资源去争取顾客，而忽略了与零售商、经销商等对产品销售起关键作用的个人或组织建立积极的关系，扼杀 PC Jr.的正是作为市场基础的分销商。

（5）顾客市场：顾客是企业存在和发展的基础，市场竞争的实质是对顾客的争夺。最新的研究表明，企业在争取新顾客的同时，还必须重视留住老顾客，培育和发展顾客忠诚。例如，争取一位新顾客的费用往往是留住一位老顾客所需费用的 6 倍。企业可以通过数据库营销、发展会员关系等多种形式，更好地满足顾客需求，增加顾客信任，密切双方关系。

（6）影响者市场：金融机构、新闻媒体、政府、社区，以及诸如消费者权益保护组织、环保组织等各种各样的社会压力团体，对于企业的生存和发展都会产生重要的影响。因此，企业有必要把它们作为一个市场来对待，并制定以公共关系为主要手段的营销策略。

2. 实施步骤

关系营销的组织设计：为了对内协调部门之间、员工之间的关系，对外向公众发布消息、处理意见等，通过有效的关系营销活动，使得企业目标能顺利实现，企业必须根据正规性原则、适应性原则、针对性原则、整体性原则、协调性原则和效益性原则建立企业关系管理机构。该机构除协调内外部关系外，还将担负着收集信息资料、参与企业的决策的责任。

关系营销的资源配置：面对当代的顾客、变革和外部竞争，企业的全体人员必须通过有效的资源配置和利用，同心协力地实现企业的经营目标。企业资源配置主要包括人力资源和信息资源。人力资源配置主要是通过部门间的人员转化，内部提升和跨业务单元的论坛和会议等进行。信息资源共享方式主要包括利用电脑网络、制定政策或提供帮助削减信息超载、建立"知识库"、"回复网络"以及组建"虚拟小组"。

关系营销的效率提升：与外部企业建立合作关系，必然会与之分享某些利益，增强对手的实力，另一方面，企业各部门之间存在不同利益，这两方面形成了关系协调的障碍。具体的原因包括：利益不对称、担心失去自主权和控制权、片面的激励体系、担心损害分权。

## 考试链接

要记住利益相关者理论、关系营销的内涵，理解基于利益相关者理论的关系营销、关系营销的级别、关系营销理念及实施措施等问题。

## 案例分析

### 马狮关系营销案例

马狮百货集团（以下简称马狮）是英国最大且盈利能力最强的跨国零售集团，以每平方英尺销售额计算，伦敦的马狮每年都比世界上任何一个零售商赚取更多的利润。马狮在世界各地有2400多家连锁店，"圣米高"货品在30多个国家出售，出口货品数量在英国零售商中居首位。《今日管理》的总编罗伯特·海勒曾评论说："从没有企业能像马狮那样，令顾客、供应商及竞争对手都心悦诚服。在英国和美国都难找到一种品牌像'圣米高'如此家喻户晓，备受推崇。"这句话正是对马狮在关系营销上取得成功的一个生动写照。

早在20世纪30年代，马狮的顾客以劳动阶层为主，马狮认为顾客真正需要的并不是零售服务,而是一些他们有能力购买且品质优越的货品,于是马狮把其宗旨定为"为目标顾客提供他们有能力购买的高品质商品"。马狮认为顾客真正需要的是质量高而价格不贵的日用生活品,而当时这样的货品在市场上并不存在。于是马狮建立起自己的设计队伍,与供应商密切配合,一起设计或重新设计各种产品。为了保证提供给顾客的是高品质货品,马狮实行依规格采购方法,即先把要求的标准详细制定出来,然后让制造商按此标准制造。由于马狮能够严格坚持这种依规格采购之法,使得其货品具备优良的品质并能一直保持下去。

马狮要给顾客提供的不仅是高品质的货品,而且是人人力所能及的货品,要让顾客因购买了"物有所值"甚至是"物超所值"的货品而感到满意。因而马狮实行的是以顾客能接受的价格来确定生产成本的方法,而不是相反。为此,马狮把大量的资金投入到货品的技术设计和研发,而不是广告宣传,通过实现某种形式的规模经济来降低生产成本,同时不断推行行政改革,提高行政效率以降低整个企业的经营成本。

此外,马狮采用"不问因由"的退款政策,只要顾客对货品感到不满意,不管什么原因都可以退换或退款。这样做的目的是要让顾客觉得从马狮购买的货品都是可以信赖的,而且对其物有所值不抱有丝毫的怀疑。

在与供应商的关系上,马狮尽可能地为其提供帮助。如果马狮从某个供应商处采购的货品比批发商处更便宜,其节约的资金部分,马狮将转让给供应商,作为改善货品品质的投入。这样一来,在货品价格不变的情况下,使得零售商提高产品标准的要求与供应商实际提高产品品质取得了一致,最终形成顾客获得"物超所值"的货品,增加了顾客满意度和企业货品对顾客的吸引力。同时,货品品质提高增加了销售,马狮与其供应商共同获益,进一步密切了合作关系。从马狮与其供应商的合作时间上便可得知这是一种何等重要和稳定的关系。与马狮最早建立合作关系的供应商时间已超过100年,供应马狮货品超过50年的供应商也有60家以上,超过30年的则不少于100家。

在与内部员工的关系上,马狮向来把员工作为最重要的资产,同时也深信,这些资产是成功压倒竞争对手的关键因素,因此,马狮把建立与员工的相互信赖关系,激发员工的工作热情和潜力作为管理的重要任务。在人事管理上,马狮不仅为不同阶层的员工提供周详和组织严谨的训练,而且为每个员工提供平等优厚的福利待遇,并切实做到真心关怀每一个员工。

例如,一位员工的父亲突然在美国去世,第二天公司已代他安排好赴美的机票,并送给他足够的费用;一个未婚的营业员生下了一个孩子,她同时要照顾母亲,为此,她两年未能上班,公司却一直发薪给她。

这种对员工真实细致的关心必然导致员工对工作的负责和热情，使马狮得以实现全面而彻底的品质保证制度，而这正是马狮与顾客建立长期、稳固、信任关系的基石。

资料来源：马狮关系营销案例．http://jpkc.gdcp.cn.

➡ 问题讨论：

1. 零售商的利益相关者包括哪些？
2. 马狮针对哪些利益相关者采取了什么管理手段和措施？
3. 这样做的效果如何？

## 本章小结

　　顾客包括正在接受服务的顾客和其他顾客。接受服务的顾客直接参与了服务的传递过程，在不同服务中，参与程度不同，会影响服务结果或服务过程的特征，影响顾客满意和顾客对服务的感知。顾客在服务供应中可能扮演三种角色：顾客作为生产资源；顾客作为质量和满意的贡献者；顾客作为竞争者。服务的顾客应该被看做组织的"部分员工"，增加组织生产能力的人力资源。

　　利益相关者管理理论是指企业的经营管理者为综合平衡各个利益相关者的利益要求而进行的管理活动。利益相关者管理指企业的经营管理者为综合平衡各个利益相关者的利益要求而进行的管理活动。通过利益相关者管理力图使企业的主要利益相关者实现利益共享、共同发展的目标，形成满意的合作关系。利益相关者管理理论就是明确谁是企业的利益相关者以及如何对这些利益相关者进行管理的理论，为企业提供有效管理利益相关者的步骤和方法。利益相关者理论与关系营销理论的相互融合是大势所趋，符合社会经济发展要求。利益相关者理论为关系营销理论提供了新的内涵和战略视角。

　　所谓关系营销，是把营销活动看成是一个企业与消费者、供应商、分销商、竞争者、政府机构及其他公众发生互动作用的过程，其核心是建立和发展与这些公众的良好关系。贝瑞和帕拉苏拉曼归纳了三种关系：一级关系营销、二级关系营销、三级关系营销。关系营销的市场模型概括了关系营销的市场活动范围。在关系营销理论里，一个企业必须处理好与下面六个子市场的关系：供应商市场、内部市场、竞争者市场、分销商市场、顾客市场、影响者市场。关系营销的实施步骤有三步：组织设计、资源配置和效率提升。

## 深入学习与考试预备知识

### 西方关系营销理论的主要观点

20世纪80年代后半期,随着服务业的快速发展,营销学者们积极探讨传统的营销组合是否能够有效地推广到服务领域,服务营销需要哪些营销工具?在研究中,营销学者逐步认识到人在服务的生产和推广过程中所具有的特殊作用,并由此衍生出了两大领域的研究:即关系营销和服务系统设计。在关系营销这个领域中,"关系营销"(Relationship Marketing)一词是白瑞(L. Berry)于1983年首先提出的,1985年杰克逊(Jackson)强调了关系营销的重要性,使这一概念受到了广泛关注。主要观点被划分为三大流派,代表性的观点有:

L.Berry(1983)从建立重视客户关系的企业文化,将会对企业进行的外部营销活动产生积极的影响,企业保持老顾客比吸引新顾客的营销效率更高的现象出发,认为:关系营销的实质是保持和改善现有顾客。

Jackson(1985)认为关系营销是企业与个别顾客发展稳固、持续关系的营销导向。

Gronroos(1989)认为关系营销建立、维持和加强与顾客的关系,通过相互交换和实践承诺来达成满足双方的目标。

Copulsky 和 Wolf(1990)认为关系营销结合了广告、促销、公共关系和直销等要素,来建立一种比较有效率的营销方式,这种营销方式旨在通过一些相关的产品和服务,来发展与消费者的持续关系。

Berry 和 Parasuraman(1991)认为关系营销是吸引、发展和保持与顾客之间的关系。

Doely 和 Roth(1992)认为关系营销就是通过与主要客户建立、维持长期的良好关系,从而使企业成为主要供应商的过程。

Gummesson(1994)则从企业竞争网络化的角度来定义关系营销,他认为:全球竞争日益在企业网络之间进行,而不再是单个企业之间的竞争。关系营销就是把营销看作关系、网络和互动。

Morgan 和 Hunt(1994)从经济交换与社会交换的差异来认识关系营销,认为:关系营销是旨在建立、发展和维持成功交换关系的所有营销活动。

Berman(1996)认为关系营销就是以信任和承诺为基础在买卖双方之间建立及维持长期的关系。

从国外学者在不同时期给出的关系营销概念的解释可以看出,关系营销学者对关系市场的认识经历了一个由窄到宽的过程,早期的关系营销理论的研究视角大都只是局限在顾客市场或企业与顾客的买卖关系上。关系营销的核心内容就是关系的创建、维持和提升。

### 平衡计分卡

平衡计分卡(Balanced Score Card)是由美国哈佛大学的卡普兰、诺顿两位教授提出的一种企业管理思想,其设计的核心是"怎样准确评价企业的真正价值"。平衡计分卡的定义是:"简单说来,平衡计分卡表明了企业员工需要什么样的知识、技能和系统(学习和成长角度),才能创新和建立适当的战略优势和效率(内部流程角度),使公司能够把特定的价值带给市场(客户角度),从而最终实现更高的股东价值(财务角度)",主要从四个重要方面来衡量企业:

(1)财务角度:企业经营的直接目的和结果是为股东创造价值。尽管由于企业战略的不同,在长期或短期对于利润的要求会有所差异,但毫无疑问,从长远角度来看,利润始终是企业所追求的最终目标。

(2)客户角度:如何向客户提供所需的产品和服务,从而满足客户需要,提高企业竞争力。客户角度正是从质量、性能、服务等方面,考验企业的表现。

(3)内部流程角度:企业是否建立起合理的组织、流程、管理机制,在这些方面存在哪些优势和不足?从以上内部流程着手,制定考核指标。

(4)学习与创新角度:企业的成长与员工能力素质的提高息息相关,企业唯有不断地学习与创新,才能实现长远的发展。

平衡计分卡作为一种战略绩效管理及评价工具,需要一定的实施条件:①高层管理者的支持和推动,因为平衡计分卡是公司战略管理的工具,没有高层的支持根本不能成功;②比较成熟的绩效管理、能力评估、浮动工资制度等体系;③比较好的计算机支持系统,对于人数众多的大公司来说,要想不断地跟踪、处理数据,不断进行调整,没有计算机支持无法进行;④需要专业的战略和人力资源管理咨询。

# 参考文献

[1] A. Parasuraman, Valarie A. Zeithaml, Leonard L Berry, A conceptual model of service quality and its implications for future research [J]. Journal of Marketing, 1985, 49: 41-50.

[2] Aaker, D. A., Managing Brand Equity: Capitalizing on the Value of a Brand Name [M]. New York: The Free Press, 1991.

[3] Ambler, T. and Barrow, S.. The employer brand [J]. Journal of Brand Management, 1996, 4 (3): 185-206.

[4] Bergstrom, A., Blumenthal, D., Crothers, S.. Why internal branding matters: the case of Saab [J]. Journal of Communication Management, 2002, 5 (2/3): 133-142.

[5] Brown, t.j., g.a.churchill, j.p.peter.Improving The Measurement of Service Quality [J]. Journal of Retailing, 1993, 69 (1): 127-139.

[6] Chu-Mei Liu. The Multidimensional and Hierarchical Structure of Perceived quality and Customer Satisfaction [J]. International Journal of Management, 2005 (9),Vol.22: 426-435.

[7] Collins, C.J., Stevens, C.K..The Relationship Between Early Recruitment Related Activities and The Application Decisions of New Labor-market Entrants: A Brand Equity Approach to Recruitment [J]. Journal of Applied Psychology, 2002, 87 (6): 1121-1133.

[8] CroninJ, JosephJr, Steven A and Taylor. Measuring Service Quality: A Reexamination Extension [J]. Journal of Marketing, 1992, 56 (2): 55-68.

[9] Dabholkar PA., Thorpe DI and RentzJ. A measure of service quality for retail stores: Scale Development and validation [J]. Journal of Academy of Marketing science, 1996, 24 (1): 3-14.

[10] David A.Aaker, Erich Joachimsthaler. The Brand Relationship Spectrum

the Key to the Brand Architecture Challenge [J]. California Management Review, Vol. 42, No. 4, Summer, 2000: 8-23.

[11] David A. Aaker. Leveraging the Corporate Brand (Cover Story) [J]. California Management Review, Vol. 46, No. 3, Spring, 2004: 6-18.

[12] Done. Schultz. Branding's New Horizons Reclaim the Future with an Improved Research Agenda [J]. Marketing Research, 2005: 22-23.

[13] Done. Schultz. The Marginalized Brand [M]. M M, 2004: 12-13.

[14] Duncan, Tom and Moriarty, Sandra E..A communication-based marketing model for marketing relationships [J]. Joumal of Marketing, 1998, 62 (2): 1-13.

[15] Farquhar, P.H..Managing Brand Equity [J]. Marketing Research, 1989, Vol (1): 24-33.

[16] Farzaneh Fazel, Gary Salegna, An integrative approach for selecting a TQM/BPR implementation plan, International Journal of Quality Science, 1996 (1): 6-23.

[17] Gary Davies, Rosa Chun. Gaps Between the Internal and External Perceptions of the Corporate Brand [J]. Corporate Reputation Review, 2002 (5): 144-158.

[18] Gatewood, R.D., Gowan, M.A., Lautenschlager, G.J..Corporate image, recruitment, image and initial job choice decisions [J]. Academy of Management Journal, 1993, 36 (2): 414-427.

[19] Gilly, M.C., Wolfinbarger, M.. Advertising's internal audience [J]. Journal of Marketing, 1998, 62 (1): 69-88.

[20] Gronroos, C..Service Management and Marketing: A Customer Relationship Management Approach. John Wiley & Sons, 2nd, 2000: 136-145.

[21] Gummesson, Evert. Total relationship marketing [M], Oxford: Butterworth-Heinemann, 1999: 102-135.

[22] Harris, F., de Chernatony, L..Corporate Branding and Corporate Brand Performance. European Journal of Marketing, 2001, 35 (3/4): 441-451.

[23] James Gregory, L. J. Sellers. Building Corporate Brands [J]. Pharmaceutical Executive, 2002: 38-42.

[24] John M.T. Balmer, Stephen A. Greyser. Managing the Multiple Identities of the Corporation [J]. California Management Review, 2002 (44): 72-87.

[25] Joseph Arthur Rooney. Branding: a Trend for Today and Tomorrow [J]. Journal of Product & Brand Management, 1995, 4 (4): 48-55.

[26] Keller, K. L.. Conceptualizing Measuring and Managing Customer-based Brand Equity [J]. Journal of Marketing, 1993 (57): 1-22.

[27] Keller, K. L.. Strategic Brand Management [M]. Beijing: Prentice Hall and Renmin, University of China Press, 1998.

[28] Kevin Lane Keller.Brand Synthesis: the Multidimensionality of Brand Knowledge [J]. Journal of Consumer Research, 2003 (29): 596-600.

[29] Kevin Thomson, Leslie de Chematony, Lorrie Arganbright, Sajid Khan. The Buy-in Benchmark: How Staff Understanding and Commitment Impact Brand and Business Performance [J]. Journal of Marketing Management, 1999 (15): 819-835.

[30] Lance A. Bettencourt, Kevin Gwinner.Customization of the service of the service experience: the role of the frontline employee [J]. International Journal of Service Industry Management, 1996 (7): 3-20.

[31] Leslie de Chernatony, Francesca Dall' olmo Riley. Defining a 'Brand' beyond the Literature with Experts' Interpretations [J]. Journal of Marketing Management, 1998 (14): 417-443.

[32] Leslie de Chernatony, Susan Drury, Susan Segal-Horn. Identifying and Sustaining Services Brands' Values [J]. Journal of Marketing Communications, 2004 (6): 73-93.

[33] Leslie de Chernatony, Susan Segal-Horn. Building on Services' Characteristics to Develop Successful Services Brands [J]. Journal of Marketing Management, 2001 (17): 645-669.

[34] Locke E. What is Job Satisfaction? Organizational Behavior and Human Light at the End of the Tunnel [J]. Psychological Science, 1969 (2): 240-246.

[35] Majken Schultz, Leslie de Chernatony. Introduction the Challenges of Corporate Branding. Corporate Reputation Review, 2002 (5): 105-112.

[36] Nigel Hollis. Branding Unmasked [J]. Marketing Research, 2005: 24-29.

[37] Peter Doyle. Building Value~Based Branding Strategies [J]. Journal of Strategic Marketing, 2001 (9): 255-268.

[38] Ritson, M. Marketing and HE collaborate to harness employer brand power. Marketing, 2002 (10): 24.

[39] Rosann L. Spiro, Barton A. Weitz. Adaptive selling: conceptualization, measurement, and nomological validity [J]. Journal of Marketing Research.

1990, 27 (1): 61-69.

[40] Rucci, Anthony, Kim, Steven and Otiinn, Rued. The Employee-customer-profit Chain at Sears [J]. Harvard Business Review, 1998, January-Febmary: 82-97.

[41] Schneider, Susan C. Human and Inhuman Resource Management Sense and Nonsense [J]. Organization, 1999, 6 (2): 277-284.

[42] Schweiger, David and Denisi, Angelo. Communication with Employees Following A Merger: A Longitudinal Field Experiment [J]. Academy of Management Joumal, 1991 (3): 110-135.

[43] Shocker, D. A., Rajendra K. S., Robert W. R.. Challenges and Opportunities Facing Brand Management: an Introduction to the Special Issue. Journal of Marketing Research, 1994 (31): 149-158.

[44] Won-all, Les and Cooper, Cary L.. The quality of working life: 1997 survey of managers' changing experiences [R]. London, The Institute of Management, 1997: 43-56.

[45] Zeithaml, Valarie A and Bitner, Mary Jo. Services marketing. New York: McGraw-Hill, 1996: 236-265.

[46] 白长虹, 范秀成, 甘源. 基于顾客感知价值的服务企业品牌管理. 外国经济与管理, 2002, 24 (2): 7-13.

[47] 彼得·圣吉. 第五项修炼——学习型组织的艺术与实务. 上海: 三联书店, 1998: 237-267.

[48] 陈迅, 韩亚琴. 企业社会责任分级模型及其应用. 中国工业经济, 2005 (9): 99-105.

[49] 陈子光. 影响知识分子工作满意度的主要因素. 应用心理学, 1990 (5): 16-22.

[50] 范秀成. 顾客体验驱动的服务品牌建设. 南开管理评论, 2001 (6): 16-20.

[51] 范秀成. 交互过程与交互质量. 南开管理评论, 1999 (1): 8-12.

[52] 范秀成. 品牌权益及测评体系分析. 南开管理评论, 2000 (1): 9-15.

[53] 符国群. 关于商标资产研究的思考. 武汉大学学报, 1999 (1): 70-73.

[54] 郭媛媛. 基于利益相关者理论的关系营销战略研究: (博士学位论文). 沈阳: 辽宁大学, 2007.5.

[55] 韩明亮, 张娟, 李琪. 航空公司旅客服务质量实证研究. 中国民航学院学报, 2005 (1): 29-32.

[56] 经理人．洲际酒店投资品牌和员工．浙江：中国饭店网，http：//www.ch-ra.com/index/news_13699.htm？Page=2.

[57] 克里斯廷·格隆鲁斯著．服务管理与营销（第三版），韦福祥等译．电子工业出版社，2008（4）．

[58] 刘璐，王淑翠，顾宝炎．服务型企业——员工互动关系管理：员工买入和雇主品牌化．商业经济与管理，2008（7）：31-36.

[59] 刘璐，王淑翠．零售业全面质量管理模型构建研究．山东社会科学，2010.173（1）：138-141.

[60] 刘雁妮，刘新燕．基于顾客感知服务质量的服务品牌化分析．中国农业银行武汉培训学院学报，2003（2）：41-44.

[61] 卢泰宏，黄胜兵，罗纪宁．论品牌资产的定义．中山大学学报（社会科学版），2000（4）：17-22.

[62] 陆娟．论服务品牌忠诚的形成机理．当代财经，2003（9）：64-67.

[63] 麦维德．中国服务企业的品牌战略．中国企业家，2002（6）：114-115.

[64] 南剑飞等．员工满意度模型研究．世界标准化与质量管理，2004（2）：17.

[65] 品牌排名是如何算出来的．广州：千家网，http：//www.qianjia.com，2009年3月10日．

[66] 沙永全．航空公司服务质量问题的成因分析．世界标准化与质量管理，2005（7）：34-36.

[67] 斯蒂芬·P.罗宾斯．管理学（第四版）．北京：中国人民大学出版社，1997：59-64.

[68] 斯蒂芬·P.罗宾斯．组织行为学．北京：中国人民大学出版社，1997.

[69] 孙丽辉．顾客满意理论研究．东北师大学报（哲学社会科学版），2003（4）：18-23.

[70] 汪纯孝，温碧燕，姜彩芬．服务质量、消费价值、旅客满意感与行为意向．南开管理评论，2001（4）：11-15.

[71] 王建军．基于服务质量的用户满意研究．青海社会科学，2001（2）：36-40.

[72] 王淑翠，郭清．医院品牌的成长路径解析，健康研究，2010.30（6）：455-458.

[73] 王淑翠，李桂华．零售业的公司品牌化趋势——基于英国零售业品牌战略演变分析．商业经济与管理，2007（8）：27-31.

[74] 王淑翠，王伟．服务质量文献综述．山东经济，2005（5）：24-27.

［75］王淑翠. 零售企业公司品牌化战略研究. 北京：人民邮电出版社，2009.7.

［76］王淑翠. 零售业服务质量的测量，中国物价，2009（10）：52-55.

［77］夏征农. 辞海. 上海：上海辞书出版社，2003.

［78］徐哲. 组织支持与员工满意度相关分析研究. 天津商学院学报，2004（1）：21-22.

［79］于春玲，赵平. 品牌资产及其测评中的概念解析. 南开管理评论，2003（1）：10-13.

［80］张传忠. 品牌资产价值评估中的边界. 商业经济与管理，2002（12）：10-13.

［81］张婷，吴先锋. 利用服务质量差距模型提高电信企业服务营销质量. 价值工程，2005（7）：53-57.

［82］张文号. 我国大型零售商自有品牌策略研究：（硕士学位论文）. 广州：暨南大学，2002.10.

［83］宗蕴璋. 质量管理（第二版）. 北京：高等教育出版社，2008.3.

# 后 记

服务品牌管理是一门研究服务性企业品牌特性、管理活动的规律及品牌创建的应用学科。为了适应全国高等教育自学考试工商企业管理专业（品牌管理方向）和中国品牌管理岗位水平证书考试的需要，我们组织有关专家和学者，在追踪和总结国内外最新文献和研究成果的基础上，结合中国服务业的发展现状和实践需要，编写了此书。

本书突破了传统的教科书模式，服务品牌管理理论教育和技能培养相辅相成，对中外服务品牌管理理论及重要研究主题进行了详细论述，建立了独特的教材体系和内容。该书共包括九章内容，即绪论（一般品牌和服务品牌）、相关概念和理论、品牌化模型、服务品牌创建过程、创建服务品牌的其他支持要素、服务质量管理、内部服务质量管理和外部服务质量管理、内部营销、关系营销，着重从服务品牌管理和创建的特殊性中去发现和总结规律，介绍新理论和新观点。这九章内容可以帮助学生补充和完善服务品牌管理知识，拓宽思维和视野。

在教材写作方面，文献资料丰富，理论观点创新，逻辑严密，层次清晰，重点突出，理论和技能培养并重。通过学习，学生能够在理解服务特性和服务品牌特性的基础上，选择合适的品牌管理和创建理论及方法，对服务性企业进行有效的品牌管理，尤其在公司品牌化、品牌创建过程和服务质量管理方面，将学到较新、较权威的理论知识和方法。

本书是市场营销专业和品牌管理专业专科生、本科生、MBA、市场营销方向研究生、品牌经理、服务性企业经理、市场策划人员及所有来自于服务性机构的有识之士的理想读物，无论是商业性服务组织，还是非营利性服务机构，都可以从中汲取营养以创建良好的服务品牌和机构形象。

杭州师范大学的王淑翠副教授任本书主编，负责全书的框架设计、内容编写和总纂定稿。浙江商业职业技术学院的杨敏副教授和杭州师范大学钱江学院的汤筱晓老师任副主编，负责书稿的文字整理、格式编辑和配套练习题的编写。杭州师范大学的2008级研究生刘乐、2009级研究生孟强和刘海港同学为全书整理了案例资料。对以上团队成员所付出的辛苦和努力，作者表示由衷的感谢！除此之外，作者还要感谢杭州师范大学的同事应维华、任建萍、余红剑、周厚余、王春晓、娄盛、彭伟斌、郦瞻、柯丽敏等老师，与他们的专业交流启发了作者的学术思维，为本书成稿提供了很多知识和思想。最后诚挚感谢中国市场学会的赵宏大主任和郑祖辉副主任给予的指导和支持！感谢经济管理出版社的勇生主任的修改和指正！由于目前较少看到服务品牌的专业教材，因此本书整理和引用了大量学术文献的最新观点，这些文献提升了此书的理论体系和创新效果，在此对原作者致以诚挚的谢意。书中不当之处敬请读者批评指正，欢迎提出宝贵意见。(E-mail: wangsc2003@126.com)

王淑翠

2012年4月于杭州

附：

# 中国品牌管理岗位水平证书考试 《服务品牌管理》考试大纲

## 教育部考试中心

### 目 录

Ⅰ 考核能力要求
Ⅱ 考试形式和试卷结构
Ⅲ 考试内容和考核要求

## Ⅰ 考核能力要求

本课程是中国品牌管理岗位水平（初级）证书考试的必修课程，主要考核内容包括：一般品牌和服务品牌、公司品牌和品牌化维度、品牌化模型、服务品牌创建过程、创建服务品牌的其他支持要素、服务质量管理、内部服务质量和外部服务质量、内部营销、关系营销。本课程探讨了市场经济下服务品牌管理和建设的理念、要素和基本过程，特别关注了服务质量的管理，并探讨了来自于企业的其他支持要素。

通过对以上内容的学习，要求考生能够在理解服务品牌特殊性基础上，学习公司品牌、品牌化和服务质量管理等基本理论，掌握内部营销和外部营销的理念及技巧，从内外结合视角创建服务品牌。

本课程考试要求考核识记、领会、简单应用、综合应用四种能力。

识记：要求考生知道有关的名词、概念、原理、知识的含义，并能正确认识或识别。

领会：要求在识记的基础上，能把握相关的基本概念、基本原理和基本方法，掌握有关概念、原理、方法的区别与联系。

简单应用：要求在领会的基础上，运用所掌握的基本概念、基本原理和基本方法中的少量知识点，分析和解决一般的理论问题或实际问题。

综合应用：要求考生在简单应用的基础上，运用学过的多个知识点，综合分析和解决比较复杂的实际问题。

## Ⅱ 考试形式和试卷结构

《服务品牌管理》为中国品牌管理岗位水平（初级）证书考试必修课程，具体考试规则如下：

1. 必修课程考试采取闭卷、笔试的方式。
2. 必修课程考试时间为150分钟。试卷总分为100分，60分为及格。
3. 考核范围包括本大纲考试内容所规定的知识点及知识点下的知识细目。
4. 试卷中对不同能力层次要求的分数比例为：识记占20%，领会占20%，简单应用占25%，综合应用占35%。
5. 试卷中试题的难易程度分为：易、较易、较难和难四个等级。每份试卷中不同难度试题的分数比例一般为2∶2∶3∶3。
6. 试卷中的题型有：单项选择题、多项选择题、名词解释、简答题、论述题、案例分析题。

## Ⅲ 考试内容和考核要求

### 第一章 绪 论

■ **考核要求**

| 基本考核内容 | 考核标准 | | |
|---|---|---|---|
| | | | 内容 |
| 1. 一般品牌<br>2. 服务品牌 | 知识 | 识记 | 品牌定义的12个主题 |
| | | 领会 | （1）品牌权益<br>（2）服务品牌研究的滞后<br>（3）服务品牌创建特殊性 |
| | 技能 | 简单应用 | （1）区别商品品牌和服务品牌<br>（2）服务品牌管理中的特殊问题和措施 |
| | | 综合应用 | 服务品牌中体现了哪些"品牌定义" |

## 第二章 相关概念和理论

■ 考核要求

| 基本考核内容 | 考核标准 | | |
|---|---|---|---|
| | | | 内容 |
| 1. 公司品牌<br>2. 品牌化维度 | 知识 | 识记 | (1) 公司品牌定义 |
| | | | (2) 公司品牌化 |
| | | 领会 | (1) 公司品牌化的特殊性 |
| | | | (2) 公司品牌化的维度 |
| | 技能 | 简单应用 | (1) 说出公司品牌和商品品牌、服务品牌的区别和联系 |
| | | | (2) 识别不同服务业的品牌化维度 |
| | | 综合应用 | 结合某著名服务企业考察分析其品牌化措施和内容 |

## 第三章 品牌化模型

■ 考核要求

| 基本考核内容 | 考核标准 | | |
|---|---|---|---|
| | | | 内容 |
| 1. 品牌化模型<br>2. 内部化和外部化的关系<br>3. 公司品牌内涵的来源<br>4. 公司品牌外部化过程 | 知识 | 识记 | (1) 公司品牌外部化 |
| | | | (2) 公司品牌内部化 |
| | | | (3) 公司远景 |
| | | | (4) 公司任务 |
| | | | (5) 公司文化 |
| | | 领会 | (1) 内部化和外部化是相对独立的沟通过程 |
| | | | (2) 内部化和外部化结果相互依赖和影响 |
| | | | (3) 品牌内涵传递的一致性是最终管理目标 |
| | | | (4) 公司品牌外部化过程 |
| | 技能 | 简单应用 | (1) 划分公司品牌外部化工作和内部化工作的各自内容 |
| | | | (2) 评价分析所熟悉的服务性企业的品牌内涵 |
| | | 综合应用 | 设计某服务性企业的公司品牌外部化过程的步骤 |

附：中国品牌管理岗位水平证书考试《服务品牌管理》考试大纲

## 第四章 服务品牌创建过程

■ 考核要求

| 基本考核内容 | 考核标准 | | |
|---|---|---|---|
| | | 内容 | |
| 1. 服务品牌创建过程文献评述战略视角的公司品牌创建过程<br>2. 价值视角的服务品牌创建过程 | 知识 | 识记 | (1) 品牌权益 |
| | | | (2) 5Cs 理论 |
| | | | (3) 股东价值 |
| | | | (4) 消费者价值 |
| | | 领会 | (1) 品牌权益的创建说 |
| | | | (2) 品牌创建四阶段过程说 |
| | | | (3) 品牌创建主题说 |
| | | | (4) Laurie Young（2003）的 5Cs 理论 |
| | | | (5) 战略视角的公司品牌创建过程 |
| | | | (6) 基于股东价值的品牌构建说 |
| | | | (7) 基于消费者价值的品牌构建说 |
| | 技能 | 简单应用 | 结合品牌创建观点讨论某服务品牌建设中的问题和缺陷，并提出建议 |
| | | 综合应用 | 运用任何一种品牌创建理论设计某服务企业的品牌创建过程 |

## 第五章 创建服务品牌的其他支持要素

■ 考核要求

| 基本考核内容 | 考核标准 | | |
|---|---|---|---|
| | | 内容 | |
| 1. 品牌创建需要内外结合<br>2. 品牌创建需要内部营销导向的企业文化<br>3. 品牌创建需要流程型组织结构<br>4. 品牌创建需要企业社会责任 | 知识 | 识记 | (1) 内部涉入 |
| | | | (2) 外部涉入 |
| | | | (3) 流程型组织结构 |
| | | | (4) 企业社会责任 |
| | | 领会 | (1) 内部营销导向型的服务企业文化的核心思想 |
| | | | (2) 内部营销导向型的服务企业文化的主要内容 |
| | | | (3) 流程型组织结构的建设 |
| | | | (4) 企业社会责任的含义和意义 |
| | 技能 | 简单应用 | (1) 举例说明品牌创建中的内外结合<br>(2) 讨论企业社会责任可以如何体现出来 |
| | | 综合应用 | (1) 设计某服务企业的流程型组织结构<br>(2) 综合设计某企业服务品牌创建中的各项支持要素 |

## 第六章　服务质量管理

■ 考核要求

| 基本考核内容 | 考核标准 | | |
|---|---|---|---|
| | | | 内容 |
| 1. 服务质量的内涵及其研究发展阶段<br>2. 服务质量的模型构建及测量方法 | 知识 | 识记 | (1) 服务质量的内涵 |
| | | | (2) 服务质量的各种模型 |
| | | | (3) 服务质量的各种测量工具 |
| | | 领会 | 服务质量发展阶段 |
| | 技能 | 简单应用 | 服务质量和商品质量的管理有哪些不同？需要些什么措施 |
| | | 综合应用 | (1) 运用差距模型或者顾客感知质量模型提出改善某企业服务质量管理的措施<br>(2) 运用SERVQUAL量表测量某种服务企业的服务质量水平，分析差距和原因 |

## 第七章　内部服务质量管理和外部服务质量管理

■ 考核要求

| 基本考核内容 | 考核标准 | | |
|---|---|---|---|
| | | | 内容 |
| 1. 内部服务和外部服务的关系<br>2. 内部服务质量管理<br>3. 外部服务质量管理 | 知识 | 识记 | (1) 员工满意 |
| | | | (2) 员工买入 |
| | | | (3) 雇主品牌化 |
| | | | (4) 过程质量管理 |
| | | | (5) 结果质量管理 |
| | | 领会 | (1) 内部服务与外部服务的互动管理 |
| | | | (2) 员工满意与否反映内部服务质量 |
| | | | (3) 顾客满意与否反映外部服务质量 |
| | 技能 | 简单应用 | 举例说明内部服务和外部服务质量的关系 |
| | | 综合应用 | 运用服务—利润链理论为企业内外部服务质量管理提出管理建议 |

## 第八章　内部营销

■ 考核要求

| 基本考核内容 | 考核标准 | | |
|---|---|---|---|
| | | | 内容 |
| 1. 员工重要性<br>2. 内部营销理念及实施 | 知识 | 识记 | 内部营销概念 |
| | | 领会 | （1）服务人员的满意、顾客满意和服务—利润链 |
| | | | （2）服务人员的行为从多个角度影响服务质量的形成 |
| | | | （3）内部营销的实施 |
| | 技能 | 简单应用 | 调查某企业的员工满意度状况 |
| | | 综合应用 | 如何系统地设计各种制度和工作岗位让每个员工满意 |

## 第九章　关系营销

■ 考核要求

| 基本考核内容 | 考核标准 | | |
|---|---|---|---|
| | | | 内容 |
| 1. 顾客重要性<br>2. 利益相关者理论<br>3. 关系营销理念及实施 | 知识 | 识记 | （1）利益相关者理论 |
| | | | （2）关系营销 |
| | | 领会 | （1）基于利益相关者理论的关系营销 |
| | | | （2）关系营销的定义和级别 |
| | | | （3）关系营销理念及实施措施 |
| | 技能 | 简单应用 | 识别某服务性企业的利益相关者的构成主体 |
| | | 综合应用 | 设计某企业面向利益相关者的关系营销措施 |